U0453141

本书为教育部人文社科青年项目（批准号：10YJC790264）和浙江省社科基金（批准号：10CGJJ04YBQ）研究成果。

本书出版还受到教育部人文社科重点基地浙江工商大学现代商贸研究中心项目（10JDSM03Z）以及浙江省人文社科重点研究基地浙江工商大学（应用经济学）项目的资助。

融资成本、企业家形成与内生产业集聚

Financing Costs, Entrepreneurs and Endogenous Industry Cluster

王永齐 ■ 著

中国社会科学出版社

图书在版编目（CIP）数据

融资成本、企业家形成与内生产业集聚/王永齐著．—北京：
中国社会科学出版社，2016.5
ISBN 978-7-5161-7518-7

Ⅰ.①融… Ⅱ.①王… Ⅲ.①产业经济学—研究 Ⅳ.①F062.9

中国版本图书馆 CIP 数据核字（2016）第 018022 号

出 版 人	赵剑英
责任编辑	侯苗苗
特约编辑	明　秀
责任校对	石书贤
责任印制	王　超
出　　版	中国社会科学出版社
社　　址	北京鼓楼西大街甲 158 号
邮　　编	100720
网　　址	http://www.csspw.cn
发 行 部	010-84083685
门 市 部	010-84029450
经　　销	新华书店及其他书店
印　　刷	北京明恒达印务有限公司
装　　订	廊坊市广阳区广增装订厂
版　　次	2016 年 5 月第 1 版
印　　次	2016 年 5 月第 1 次印刷
开　　本	710×1000　1/16
印　　张	12
插　　页	2
字　　数	203 千字
定　　价	45.00 元

凡购买中国社会科学出版社图书，如有质量问题请与本社营销中心联系调换
电话：010-84083683
版权所有　侵权必究

自　序

就本书而言，与其他学者研究产业集聚动因不同的是，企业家这一能动性最强的要素在经典的分析框架中往往被忽视或者被假设为同质的，而这正是本书关注的焦点。即异质性的企业家的预期、决策和行为模式的差异正是产业集聚形成的动因，也是产业集聚区域经济内生发展并不断演化的动力。就现实的经济运行过程来看，企业的行为即是企业家的行为，产业集聚的过程即是企业家不断显现集聚的过程，这一过程中的一系列效应是诱发产业集聚的根本动力。现有的研究往往关注的是这些效应本身，而没有对企业家在集聚过程中的行为选择进行相应的分析。毕竟，将企业家纳入分析框架会对函数构造和实证分析增加不小的难度。

如果把企业家当作一种普通的要素纳入生产函数，无非是将生产三要素调整为四要素，在这一函数中，仍然无法厘清这些要素之间的联系，更为重要的是，简单的函数变量增加使得我们无法理解企业家精神所体现出来的创造性破坏这一过程在产业集聚过程中的作用机理。这种简单的函数变量的调整局限性在于静态分析，而企业家的行为和决策往往依赖于其所处的环境随时进行调整，这一调整的动态性往往体现在生产函数的再造方面。

如果把企业家当作新的生产函数创造者，那么，企业可以理解为具有潜在价值的异质资源组合，企业家的重要功能就在于将这些异质性资源进行有效的组合，根据需求和竞争态势调整资本、一般劳动、专用技术人员在企业内部的配置比例，在这样的组合过程中不断打破原有的生产过程并创造出新的生产函数。这一函数最根本的目的是要将企业家所获取的新知识及其内在的隐性知识在企业内部进行流动。

如果把企业家精神的核心表现为市场机会的把握以及创造出新的市场机会，新的市场机会表现为两种形式：一是把握现有产业发展过程中体现出来的潜在利润机会，二是基于知识整合能力基础上的预期通过企业家自身不断的试错过程在平衡收益成本的前提下进行创新,以实现"创造性破坏"从而促使新产业的形成。新产业的形成所带来的创新收益将给予企业家合理的报酬,通过示范效应会吸引更多的企业家进入这一新产业,或者是激发潜在企业家转化为显性企业家,从而带动整个产业的发展。产业规模的扩大将会导致市场容量扩张,由于企业家知识的异质性,不同的企业家基于其自身的知识结构选择不同的生产链条中的某一环节,分工不断演化,促进整个产业上中下游生产链的完善,从而降低生产成本。这种"创造性破坏"体现出来的企业家精神转化为企业家行为的过程对于产业集聚区域内的产业调整和产业升级至关重要,正是企业家精神转化和企业家精神溢出效应推动着产业集聚的内生演变,从而给产业动态集聚带来活力和推动力。从这个角度而言,产业集聚的发展和演变正是企业家实施"创造性破坏"带来的市场过程和市场结果,集聚内部企业通过技术创新链和产品链加以连接,从而使得产业集聚具有可持续性并保持产业集聚区的活力。

基于这样的产业集聚机制,本书的框架概括如下:

第一章提出本书研究的主要问题。

第二章从现有理论对产业集聚的机制进行概述,旨在通过文献梳理把握产业集聚形成动因的脉络,并在此基础上提出本书的思想,即产业集聚的过程本质上为企业家不断显现和累积的过程,在这一过程中,金融市场起着重要的联结作用,这一联结的效果直接决定了产业集聚的效果。

第三章阐述了企业家视角下的产业集聚机制,将产业集聚的过程理解为企业家集聚过程,即产业集聚的本质在于企业家集聚。首先对企业家在经济过程中的作用进行简单的述评,强调企业家这一特殊的人力资本对经济的影响,尤其是企业家精神对经济的影响。然后对企业家行为在产业集聚过程中的作用加以阐述:(1)企业家精神是产业集聚的动力;(2)企业家质量决定产业集聚的能力;(3)企业家显现决定产业集聚的活力;(4)企业家行为决定着区域动态比较优势。企业家动力、能力和活力决定了区域产业集聚的效果及其所在市场交易过程中获得的动态比较优势。

第四章探讨了企业家行为过程中的金融依赖问题。着重研究以下几个方面的问题:(1)企业家显现过程中对金融市场的依赖。金融市场的效率将直接决定着企业家能否从隐性转换为显性。(2)金融市场与企业家精神的激发。企业家精神是创业创新的统一,金融作为现代经济活动的核心要素，是培育企业家精神的关键因素。功能良好的银行和资本市场，不仅可以通过识别并向最有机会在创新产品和生产过程中成功的企业家提供融资而促进了技术创新，而且可以通过与企业家签订合约，通过激励和监督的结合，导致了企业家最优的努力程度，从而提高企业创新成功的概率。(3) 金融市场与企业家动力提升。金融市场效率的高低直接决定着企业家发现新的市场机会和实施创新决策动力，金融市场如果能够为企业家提供一系列低成本的信息流和服务流并提供相应低成本的资金支持，这将使得企业家实施创新的利润得以超出现有的收益，创新才可能发生。(4) 金融市场与企业家动力拓展。金融制度的创新和不断的多元化对企业家的创业活动和经济发展具有举足轻重的作用，因为制度的创新和多元化本身起到了甄别企业家精神的社会选择过程，这一创新不仅将有财富但风险偏好不同的人区别开来了，而且将企业家的类型也区别开来了，从而使资本家或投资者与企业家可以更好地进行链接。

第五章通过构建理论模型从机理上论证金融市场、企业家形成与产业集聚的内在关联。通过数理模型的推导可以得出以下几个方面的论点：(1) 一个高效率的金融市场在降低融资成本的同时也降低了对企业家能力的要求，金融市场效率越高的地区同样拥有较高的企业家比重；融资成本的上升相应地提高了企业家形成的最低能力值，也就意味着融资成本的上升提高了边际企业家的能力要求，这必然不利于企业家的形成，从而减少了企业家形成的数量和产业集聚的规模。(2) 融资成本的上升减少了单位资本的边际社会产出，根本的原因在于融资成本的上升提高了劳动力选择建立企业的最低能力值，从而导致企业家数量的下降，减少了企业形成数量，产业集聚程度下降，使得单位资本对社会产出的贡献下降。

第六章在理论模型的基础上，根据模型参数，构建企业家、企业家创新、金融市场与产业集聚的相关指标。并对这些指标的构建方法和数据来源加以说明，并具体阐述在指标选择上哪些指标更能反映本书的主题，尤其是产业集聚的指标，以 25 个工业行业作为依据，采用区位熵的方法构建产业集聚指标。通过这些指标的描述，判断不同区域的企业家密度、创新水平和产业集聚程度，并且通过 5 个金融市场指标比较，分析了不同区域的金融市场效率，对这些指标的变动趋势的描述可以直观地理解企业家、企业家创新、金融市场与产业集聚之间可能存在的联系。

第七章通过计量方法对理论模型加以检验，实证结果也证实了理论的存在性问题,即企业家在产业集聚过程中的确起着重要且显著的作用,金融市场在这一过程中起着重要的联结作用。在此基础上,通过区域之间的比较分析,证实了不同区域之间产业集聚程度的差异根本的原因在于企业家显现的水平之间的差异,造成这种情况的深层次原因则在于金融市场效率在不同区域之间的差异,东部地区企业家对产业集聚的影响要明显高于中西部地区,之所以存在这样的结果,原因在于东部地区相对于中西部地区拥有着更为高效的金融市场,这在提升东部地区企业家显现速度方面要优于中西部地区,企业家显现速度的差异决定了区域之间产业集聚水平的差异。

第八章则进一步对区域经济发展差异进行分析,通过构建财富水平的7个指标来具体判断企业家、企业家创新、产业集聚对区域财富水平的影响。实证结果同样显示:企业家密度、创新、产业集聚是造成区域财富水平差异的重要原因,之所以区域间财富水平存在显著差异,根本原因在于企业家精神差异和企业家创新水平的差异。在此基础上,还比较分析了东部地区不同省份之间企业家精神和创新水平的差异对区域内部财富水平影响的不同。总的来看,企业家密度和创新水平较高的地区,其相应拥有较高的财富水平。缩小地区差异的根本方法在于提升欠发达地区的企业家显现速度并激励企业家创新。

第九章给出总结性评论。强调企业家的行为选择是产业集聚的根本原因,企业家的逐利过程是企业家形成以及集聚的根本所在,金融市场则在这一过程中起着外部约束和联结的作用,完善的金融市场对于提升企业家动力、拓展企业家能力和激发企业家活力起着重要作用。这也就意味着金融市场的发达程度对于企业家选择范围和行为过程起着约束作用,而企业家选择范围越大,企业家对经济的影响相应越大,这对于区域产业集聚程度提升和财富水平积累都起着至关重要的作用。

本书为教育部人文社科青年项目(批准号:10YJC790264)和浙江省社科基金(批准号:10CGJJ04YBQ)研究成果。本书出版还受到教育部人文社科重点基地浙江工商大学现代商贸研究中心项目(10JDSM03Z)以及浙江省人文社科重点研究基地浙江工商大学(应用经济学)项目的支持,特此致谢。

目　录

第一章　问题的提出 … 1
第一节　产业集聚动因分析的传统 … 1
第二节　产业集聚的本质在于企业家集聚 … 4
第三节　企业家集聚过程中的金融依赖 … 8
第四节　本书的框架 … 9

第二章　产业集聚机制：现有的理论解释 … 15
第一节　分工与产业集聚 … 15
第二节　外部经济与产业集聚 … 19
第三节　报酬递增、运输成本与产业集聚 … 23
第四节　历史、预期与产业集聚 … 27
第五节　关联效应与产业集聚 … 31
第六节　竞争优势与产业集聚 … 36
第七节　交易费用与产业集聚 … 37
第八节　本章小结 … 40

第三章　企业家视角下的产业集聚过程 … 42
第一节　企业家与经济增长的研究 … 42
第二节　企业家与产业集聚动力 … 44
第三节　企业家与产业集聚能力 … 46
第四节　企业家与产业集聚活力 … 49
第五节　企业家与动态比较优势 … 51
第六节　本章小结 … 52

第四章 企业家行为过程中的金融依赖 ································ 54
第一节 金融市场与企业家显现 ································ 54
第二节 金融市场与企业家精神激发 ································ 56
第三节 金融市场与企业家动力提升 ································ 58
第四节 金融市场与企业家能力拓展 ································ 59
第五节 本章小结 ································ 61

第五章 融资成本、企业家形成与产业集聚：机理分析 ································ 63
第一节 理论模型与推论 ································ 63
第二节 进一步解释 ································ 67

第六章 企业家、金融市场与产业集聚：中国表现 ································ 69
第一节 企业家衡量 ································ 69
第二节 企业家创新行为 ································ 72
第三节 金融市场发展水平 ································ 74
第四节 产业集聚的程度 ································ 78

第七章 企业家、金融市场与产业集聚：经验分析 ································ 81
第一节 全国面板数据的实证检验 ································ 81
第二节 不同区域数据的比较 ································ 85
第三节 区域内部不同省份比较 ································ 93
第四节 本章小结 ································ 97

第八章 企业家、企业家精神与财富积累 ································ 98
第一节 财富水平衡量 ································ 98
第二节 全国面板数据的实证检验 ································ 102
第三节 不同区域面板数据的比较 ································ 106
第四节 区域内部比较分析 ································ 113
第五节 本章小结 ································ 117

第九章　总结性评论……………………………………………… 119

　　第一节　企业家行为选择与产业集聚的内生性……………… 119
　　第二节　企业家行为选择过程中的金融依赖………………… 120
　　第三节　企业家行为选择与区域发展差异…………………… 122

参考文献………………………………………………………… 124

附　表…………………………………………………………… 151

后　记…………………………………………………………… 182

第一章 问题的提出

第一节 产业集聚动因分析的传统

产业在特定空间的集聚以及为什么在这一区域集聚均受一定规律支配并呈现出一定的特性，这种空间的集聚产生的诸多效应给企业带来了竞争优势的同时也对经济发展产生影响。基于此，产业集聚的研究逐渐成为经济学领域备受关注的重要研究领域之一，大量学者从各种不同的角度对产业集聚进行了理论探讨和实证分析，其关键任务就是确定产业集聚对于经济发展之实际意义。

结果同样印证了经济活动的空间集聚和经济增长之间存在着一种自我强化机制，产业集聚无论是对于知识溢出、人力资本积累和创新、降低竞争成本和机会主义倾向，还是在提高企业的竞争优势方面都起着重要的作用。①

已有的研究文献从不同层面对产业集聚给经济体本身带来的好处进行了实证分析，既然产业集聚对经济影响深远，那么，不可回避的问题就是产业集聚又是如何形成和演变的呢？对这一问题的理解要比纯粹实证研究结果的意义重要。总的来看，经济学对于产业集聚问题的研究基本上可以归为古典、新古典和新经济地理学和交易费用理论四个类别。

古典经济学对产业集聚动因的研究主要集中于分工，斯密（中译本，2001）的开拓性研究为我们理解分工在产业集聚过程中的作用提供了基

---

① 关于知识溢出方面的研究可参考杰斐（1989）、杰斐等（1993）、罗森塔尔和斯特兰奇（2004）的研究；人力资本积累和创新方面的研究可参考奥德斯和费尔德曼（1996）、巴普蒂斯塔（2000）的研究；降低竞争成本和机会主义倾向的研究可参考帕尼西亚（2002）、贝卡蒂尼等（2003）的研究；关于竞争优势方面的研究可参考波特（1990，1998）的研究。

本的分析方法，其对产业间分工的分析实际上成为现代产业集聚理论成因的理论基础，① 产业间分工实际上涉及了产业链的延伸和中间品交易问题，由于企业间分工导致的报酬递增和交易费用的节约成为产业集聚的根本动因，但分工受限于市场范围和市场规模的观点成为斯密理论中的遗憾。马歇尔（中译本，1997）继承了斯密分工理论和报酬递增现实在产业发展中的作用，将经济组织代替分工网络来分析产业区的形成问题，力图从外部经济角度解释报酬递增的来源，实际上将分工问题转变为在既定的分工和组织环境下，如何实现最大的效用问题，但其对外部经济来源解释以及静态分析替代动态演进条件下的报酬递增都是不合理的，尤其是没有解释在生产函数和资源禀赋不变的情况下分工为什么能够提高总体生产率。卡尔多指出了马歇尔及以后的主流经济学的一般均衡框架对古典分工理论的偏离。②

杨格对斯密直观朴素的分工思想进行重新阐述，并突破了斯密的分工受限于市场范围的观点，第一次严格论证了市场范围，迂回生产和企业间分工的动态正反馈机制。而随着乘数理论的发展，杨格的理论更多地被描述为"分工决定分工"，即市场规模引致分工的深化并导致市场规模扩大这样一个循环累积、互为因果的演进过程。③ 缪尔达尔1957年提出的"循环因果"实际上包括了产业间分工和乘数思想，即一个新的产业一旦出现在一个地区，就会通过需求、劳动力素质提高、产业关联以及地方服务业的发展进一步吸引新的产业，进而使得工业在空间上累积。④ 但缪尔达尔更多考虑的是在外部规模经济基础上导致的这种产业集聚现象，而没有具体讨论分工的作用。赫希曼1958年进一步将缪尔达尔的思想归纳为包括"前向联系"和"后向联系"的累积循环过程，而这一过程正好可

---

① 斯密将分工分为企业内分工、企业间分工和一国内的社会分工，并具体讨论了分工的决定因素及其对生产率的影响，而企业间分工的形式以后产业集聚理论的发展提供了基本的逻辑思路，无论是以后的新古典理论、新空间经济学还是交易费用理论对产业集聚成因的分析都绕不开企业间分工和中间品交易。

② 参考卡尔多（1972，1975，1979，1981，1985）等一系文章的研究对这种观点的阐述。

③ Young, Allen, "Increasing Returns and Economic Progress", *Economic Journal*, Vol. 38, No. 152, 1928, pp. 527–542.

④ Gunnar Myrdal, *Economic Theory and Under-developed Regions*, London: Duck-Worth Press, 1957.

以验证杨格关于"分工决定分工"思想。①

但此后有关产业集聚的文章似乎忽视了分工导致的一系列激励的作用机制,直到杨小凯、贝克尔、博兰德和黄有光为代表的以非线性"超边际分析方法"重新将分工和专业化的思想进行数理化和模式化的分析,才重新激起人们从理论和现实的层面对分工与产业发展的相互关系进行深入分析,尤其是杨小凯1991年和2000年的文章以斯密和杨格的分工思想来讨论专业化分工在产业集聚和城市形成过程中的作用机制,为以后的研究从分工和专业化角度来重新讨论区位因素在经济增长过程中的作用提供了开拓性的研究。

新经济地理学在不完全竞争、规模报酬递增、差异产品、生产要素可以自由流动等假定条件之下,认为当企业和劳动力集聚在一起以获得更高的要素回报时,存在本地化的规模报酬递增,具有规模报酬递增的工业生产活动的空间格局演化,最终结果将会是产业集聚,产业集聚的动力在于规模经济、运输成本、市场规模以及关联效应和外部效应所带来的收益。②

制度经济学将交易费用分析法具体运用到区域产业集群发展研究中,把劳动分工、交易费用与产业的空间集聚联系起来认为:工业化的过程中孕育着新的产业空间、在合理的劳动分工基础上形成的产业集聚有助于减少环境的不确定性、改变小数目条件、克服交易中的机会主义和提高信息的对称性,从而达到交易费用最小化。③

此外,波特从竞争优势、斯科特从人力资本积累、罗素从知识扩散、贝卡蒂尼从降低竞争成本角度对产业集聚的形成动因进行不同层面的分析。

概括而论,上述这些观点基于不同的假设条件从不同的视角对产业集

---

① Albert Hirschmann, *The Strategy of Economic Development*, Newhaven: Yale University Press, 1958.

② 参见克鲁格曼(1991)、克鲁格曼和维纳布尔斯(1995)、藤田昌久和蒂斯(1996)、普加和维纳布尔斯(1996)、藤田昌久等(1999)、藤田昌久和克鲁格曼(2004)的研究。这些研究构建了新经济地理学,将原先完全竞争的假设加以拓展,从不完全竞争、规模报酬递增角度对产业集聚过程进行解释。而金(1995,1999)、阿米蒂(1997)、布鲁哈特等(1998)、布雷克曼等(2002)的研究则证实了新经济地理学的现实意义。

③ 关于交易费用与产业集聚方面的研究可参见威廉姆森(1975)、西米和塞内特(1999)、戈登和麦凯恩(2000)、斯托波和维纳布尔斯(2004)、麦凯恩和谢夫(2004)的研究。

聚这一现象给予解释，这对于我们深入理解产业集聚的本质进而对于政策取向具有重要意义。综合分析可以发现，上述理论的分析很大程度上是基于现有已经存在的企业为什么会集中到一个特定的区域进行分析，而没有解释企业是如何在一个区域内形成和演化的。

第二节 产业集聚的本质在于企业家集聚

从产业集聚的过程来看，体现出来的结果从表面来看是企业数量在一个区域的不断增加的过程，至于企业为什么会不断聚集在一起，从而形成整个产业链的上中下游企业在某一区域的分布趋于不断的集中。针对这一现象的解释，不同的学者从不同的切入点给予的研究结论显示：分工、制度、历史传统、交易费用、竞争优势等因素都是产业集聚形成的原因。这些研究有助于我们理解产业在一个区域内部的形成和演化过程。虽然这些研究着眼于不同的视角从一个侧面对产业集聚的现象给予解释，但仔细研究不难发现，这些研究大都侧重于企业本身的特性以及企业之间存在的关联，强调产业集聚的具体形态就是以产品的生产链为核心的产业集群，集群内的企业在同一区域范围内存在着密切的竞争与合作关系，即通过已有的产业集聚案例探求企业层面和企业关联层面的因素以支持各自的论点。

而从某种意义上来看，产业集聚实质上是要素集聚，产业在特定区域的集聚过程就是要素不断向这一区域流动和积累的过程。如果从要素流动角度来看待产业集聚形成的过程，以克鲁格曼为代表的新经济地理学的相关研究最具代表性，其更加注重劳动力要素和资本要素同时流动情形下的产业集聚机制。从这个角度而言，要素流动性和商品流动性高低不同是造成区域产业集聚形成机制不同的重要原因。遵循新经济地理学的基本分析框架，国内学者不断开始利用"中心—外围"理论来解释产业集聚现象并扩展到用于解释区域经济发展差距原因。

而经典的新经济地理学只是考虑了劳动和资本这种要素的流动对区域产业发展的影响，这种两要素模型在解释某些地区的产业发展时往往面临着一定的困境，国内研究的拓展之一在于从劳动要素抽离出人力资本以作为区别一般劳动的特殊要素，从而将两要素模型扩展为三要素模型。如李永华等（2006）的研究认为，人力资本存量和流量水平是城市产业集群生成的关键因素,它们在产业集群的不同转化阶段发挥着至关重要的作用。胡晨光等(2012)认为,集聚经济圈产业集聚的原动力以集聚经济圈基于社会关系"嵌入性"的人力资本、技术资本以及实物资本等要素禀赋的"异质性"双重分工优势为内容。这种区域要素禀赋相对其他区域的竞争优势,在集聚经济圈的发展与形成过程中,表现为欠发达区域要素禀赋"逆嵌入性"流动以及集聚经济圈在其产业竞争力基础上的高速增长和产业集聚。

而企业家作为一种能动性最强的特殊人力资本却并没有被纳入到分析框架中,如果将企业家要素从人力资本中加以分离,并作为一种单独的要素纳入生产函数,那么,生产函数中的产出将取决于四种要素,并且企业家要素的投入还将内生决定着其他要素的投入,毕竟企业家最终决定着企业内部的资本—劳动比。

$$Y = f[E, H(E), L(E), K(E)] \tag{1-1}$$

其中,E 表示企业家要素投入;$H(E)$ 表示人力资本,如专用性人力资本或异质性人力资本,这在诸多学者的研究中经常被用来解释区域经济发展差异的指标;$L(E)$ 表示一般的劳动投入;$K(E)$ 表示资本投入。式(1-1)表明,产出水平取决于企业家要素投入、人力资本投入、一般劳动投入和资本投入,而企业家要素本身还内生决定着其他三种要素的投入进而从两方面决定着产出水平,一是企业家要素自身的投入水平决定着产出。二是通过影响其他要素的投入影响着产出水平,如果将上面的生产函数加以转换可以表现为下面的形式。

$$Y = \alpha (H(E)L(E))^{\beta} K(E)^{1-\beta} \tag{1-2}$$

调整后可得到:

$$Y = \alpha \left(\frac{H(E)L(E)}{K(E)} \right)^{\beta} K(E)$$

通过将企业家要素纳入柯布—道格拉斯函数可以看出,企业家要素通过影响人力资本、一般劳动和资本的投入以及资本—劳动比影响着产出水平。因此,如果要考察一个地区的产出水平并用来衡量产业集聚程度,必然要涉及企业家这一要素在集聚过程中的作用,毕竟企业家决定着其他要素的投入,如果说要素集聚决定着产业集聚,那么企业家将决定着要素集聚进而决定着产业集聚。

从有关产业集聚形成动因的研究来看,主要从分工、外部性、规模报酬递增、预期、历史因素、关联效应、竞争优势和交易费用等不同角度来探讨企业为什么会集聚在特定的区域。而这些用来解释产业集聚形成的动因实际上都可以通过企业家及其行为选择来加以解释。企业间分工可以理解为企业家根据一系列约束选择其从事于生产链条当中的哪个环节；关联效应、外部性和规模报酬递增可以理解为企业家通过内部和外部安排实现产出最大化；预期可以理解为企业家预期，企业家的预期决定着企业的分工模式、最优要素组合及产出结果；历史因素可以理解为企业家为什么会在某一区域进行持续性生产，而其他区域则并不存在这种可能；交易费用可以理解为企业家通过一系列契约安排来降低交易成本。总的来看，无论采用哪一种理论来解释产业集聚形成机制都绕不开企业家在这一过程中的作用。

在产业集聚的形成过程中企业家是一个非常重要的要素，企业家是创业活动的主要策动者，产业集聚的过程实际上是基于市场机会捕获过程中企业家不断显现的过程以及由此引发的一系列制度激励。而现有文献对产业集聚机制的理论研究，并没有对形成集聚的企业来源进行区分，暗含性地假设了这些企业都是来源于集聚区域之外的。事实上，区域内的初始企业中不断有人力资本型员工离职创业，在当地创立新的同类企业，逐步形成当地的特色产业。可以说，企业家是产业集群成长的初级行动团体，企业家精神作为一种非正式制度对集群成长具有持续的影响。萨克森宁的研究表明，在产业集群的最初发展阶段，外部效应集聚因素和结网协同对集群并没有太大的影响，而企业家对承担风险并建立新企业的愿望，以及他们进入现有技术和市场领域的能力对于集群的产生都是决定性的。[①] 企业家作为一种特殊资源参与企业的价值创造过程，因此，产业集群的发展尽管会受到种种区域资源的影响，但企业家资源有别于一般意义上的资源，就在于其表现出的对其他资源的整合能力，这种能力是一个企业乃至一个集群取得竞争优势最重要的能力。正是在这一逻辑层面上，企业家资源的供给及其流入对于地方产业集群的形成与发展意义重大。

李景海和陈雪梅（2008）的研究认为，企业家适应建设性危机并抓住新机会从事创业活动，创造新的生产要素和有利于他们利益的条件，反

---

① AnnaLee Saxenian, "The Origins and Dynamics of Production Networks in Silicon Valley", *Research Policy*, Vol. 20, No. 5, 1991, pp. 423 – 437.

过来，有助于外部资源的发展。企业家创业活动是产业集聚内生性的主要条件，产业集聚作为复杂的适应性系统，它的外部资源随着企业家创业活动而不断发展起来。企业家的形成是企业集聚发生和演化的重要表现形式之一。实证研究表明，通过企业家形成这一机制引致的产业集聚模式对于产业发展起着重要作用，产业集群中的新企业出现大多都是从原有的企业中获得了大量的知识外溢的人员建立起来的，因此，获得新知识并建立新企业人员就成为知识外溢的载体，企业家精神就成为知识扩散和产业集聚的机制。[①]

莱斯利和卡根 1994 年提出，最好将技术集群看成相互依赖的生态学结构，企业家操纵激活他的自我系统达到其目标。正是在企业家对其外部环境的创造性反馈反应中，集群的特点得以形成。[②] 如果刺激因素和环境合适，这些初始的变化汇聚成能够对相反的冲击进行调节的功能集群，企业家是集群形成的一个关键因素，企业家精神作为最初的火花，最终导致企业家精神的不断涌现。田红云等（2006）研究发现，在企业集群形成和发展的所有阶段，企业家的动力都是极其明显的，企业家是集群发展的原动力，产业集群的发展证明，产业集群是企业家群体的共同行为选择的产物。Audretsch 和 Fritsch 1994 年对德国数据进行了研究，结果发现高开业率的地区都有高的经济增长表现，该地区的产业集中也很明显，企业家精神已经成为地区经济增长的重要引擎。[③] 这种情况在美国和欧洲其他国家也得到了类似的证实。Feldman 和 Francis（2003）研究了华盛顿网络产业和生物产业的集中及创新聚集的形成，认为企业家是知识外溢当地化的关键核心个体，产业或创新的聚集不仅仅是因为一些共享资源在初始状态就聚集在一个特定地区，而且还因为企业家在该特定地区的工作，企业家也是一个当地化的经济现象，许多企业家最初时都在同一个地区就业和工作；而且企业家在模型中也是内生的，他们组织资源和建立机制来支持自己新建企业的发展。为了共同的利益，这些企业家聚集在一起，并为了共

[①] 王程和席酉民（2006）、张正义（2007）、陈继明（2007）对中国的相关研究从企业家的角度探讨了产业集聚的过程。

[②] Stuart Leslie and Robert Kargon, "Electronics and the Geography of Innovation in Post – War America", *History and Technology*, Vol. 11, No. 1, 1994, pp. 217 – 231.

[③] David Audretsch, Michael Fritsch, "On the Measurement of Entry Rates", Bergakademie Freiberg Technical University Working Papers, No. 93 – 5, 1994.

同利益而采取共同行动,当更多资源如金钱、网络、专家和一些共享基础设施集中在一定地区,就会有更多的企业家向这一地区集中。①

第三节 企业家集聚过程中的金融依赖

如果说产业集聚的本质在于企业家集聚,那么,金融市场则在企业家与产业集聚中起着重要的联结作用。其联结点在于企业集聚过程中的投资问题,集聚的过程是新企业不断形成的过程,而新企业的形成包括三种形式:一是现有厂商在区域内的规模扩张;二是区域外的企业在区域内建立新企业;三是企业中劳动力在现有的企业中通过培训或干中学获得的知识积累水平和个人适应市场能力值超过建立新企业对劳动力的能力要求时,如果成为企业家的净收益超过其现有的收益,其就会从现有企业中流出而建立一个新的企业。由于运输成本、外部经济、知识溢出以及交易成本等方面的影响,新建立企业往往选择在相同地区,这时企业的数量将会上升,产业集聚便随之发生。

无论是哪一种产业集聚的模式都涉及投资问题,当新建企业所需的投资额大于其自身拥有的财富总额时,势必需要向金融市场进行融资,这时,金融市场与企业家形成的关联程度将直接影响到产业集聚规模和速度,尤其是对于第三种形式出现的产业集聚现象,企业家的不断显现和形成是产业集聚的最主要形式,当知识积累水平超过建立新企业所需要的企业家才能临界值时,如果融资成本较低、从金融市场获得资本的可能性越高以及获得资本规模没有政策性歧视约束,那么,劳动力选择建立新企业的可能性则越高,通过企业家显现这一路径发生的产业集聚效果将更加显著。

反之,如果金融市场效率低下导致融资成本高昂,如资本市场不健全、利率非市场化、信贷规模约束、中小企业贷款利率上浮等政策使得企业不得不向多家银行同时贷款乃至向民间资本借贷,必然增加其贷款成本,降低企业的净收益,这也就意味着只有具备更高的人力资本积累和企

---

① Maryann Feldman, Johanna Francis, "Fortune Favours the Prepared Region: The Case of Entrepreneurship and the Capitol Region Biotechnology Cluster", *European Planning Studies*, Vol. 11, No. 7, 2003, pp. 765 – 788.

业家才能时新建企业的收益才可能超出其现有收益,即融资成本的上升势必:(1)提高了劳动力建立新企业所需的最低能力值,进而提高了企业家新建企业的门槛,导致其新建企业变得不经济甚至无利可图;(2)劳动力将会放弃建立企业所需要知识的积累水平,只要其能力值能够满足原有企业需求即可,留在原有企业获得固定收入将变得更为理性,而不愿意进一步积累知识以达到建立新企业的要求;(3)导致新建企业数量减少和整个社会的资本边际产出的下降,产业集聚的效果将受到影响。

拉加和津加莱斯1998年的研究结果表明:金融市场的不完美性会对企业的投资决策和产业增长产生重要影响,而金融发展降低了企业实施外源融资的成本,使得产业增长与企业创新得到较明显的积极效应,其依据在于,新建企业的成长较现有企业更依赖于外源融资,所以在外源融资成本下降时,更容易出现新企业。[1] 其结论的有效性依赖于一个隐含的假设条件是否合理,即配置到新建企业中的资本的边际生产率要高于其留在现有企业时的边际生产率。伍格勒2000年的研究确认了这一假设的合理性。因此,上述结论也就意味着金融市场的发展提高了资本配置效率。

第四节 本书的框架

第二章从现有理论对产业集聚的机制进行概述,旨在通过文献梳理把握产业集聚形成动因的脉络,并在此基础上提出本书的思想,即产业集聚的过程本质上为企业家不断显现和累积的过程,在这一过程中,金融市场起着重要的联结作用,这一联结的效果直接决定了产业集聚的效果。现有关于产业集聚的机制研究主要表现在以下几个方面:(1)分工与产业集聚。强调分工带来的专业化导致技术进步,技术进步产生报酬递增,而进一步的分工依赖于市场范围的扩大,分工既是经济进步的原因又是其结果,这个因果累积的过程所体现出的就是规模报酬机制,对这一机制的激励反应就成为产业集聚的根本动因。从这个意义上来讲,产业集聚是为了获取分工带来的技术进步和报酬递增自发形成的产业空间集聚过程,这一

---

[1] Raghuram Rajan, Luigi Zingales, "Financial Dependence and Growth", *American Economic Review*, Vol. 88. No. 3, 1998, pp. 559–586.

过程正是基于分工意义上的要素累积和报酬递增自我强化过程。（2）外部经济与产业集聚。认为产业集群形成的原因在于社会层面的规模报酬递增带来的外部经济，即创造出熟练劳动力市场、专业化服务性中间行业和技术外溢，并且改进铁路交通和其他基础设施所带来的报酬递增是导致产业在特定空间集聚的动因。（3）报酬递增、运输成本与产业集聚。将垄断竞争模型纳入张伯伦分析范式、需求联结与要素区域内流动、运输成本与要素跨地区流动等方面加以拓展，探讨报酬递增与运输成本问题以及与不完全竞争市场结构往往糅合在一起，对报酬递增与运输成本的权衡成为分析产业集聚的基本思路。（4）历史、预期与产业集聚。强调无论是单一产业集聚还是多制造业中心集聚，从产业集聚均衡的结果来看，在某些参数范围之内总是存在着多重均衡，在多重均衡情况下，一个地区的集聚结果和规模往往取决于这一地区的初始条件，这也就意味着一个地区的产业集聚情况取决于其本身的历史基础以及由此带来的路径依赖，一个地区的产业集聚现状依赖于其历史积累并决定了其将来发展方向。并且，基于现期实际工资差异或预期工资差异导致的劳动力流动促使一个地区的市场容量扩大，这反过来又促使企业向这一区域集中，并不断呈现出自我强化的正反馈机制。（5）关联效应与产业集聚。强调产业内部不同企业之间必然存在着分工问题，分工意味着企业之间存在着产业链的依赖问题，这种依赖形成的循环累积同样会引发企业不断向一个地区集中。上下游企业的集中可以低成本获得专业化投入品并提高企业产出和收益率从而促进资本积累。并且，这种联结效应可以导致产品种类多样化以及企业间不断增进的生产率溢出。从产业垂直关联效应来考虑产业集聚实际上是对货币外部经济的进一步深化。（6）竞争优势与产业集聚。产业集聚形成的一个动因就在于其可以提高企业的竞争力和生产率，从而使得企业倾向于流向企业数量集中的区域，从而使这一区域进一步扩张。（7）交易费用与产业集聚。随着产业集聚形成和扩张，市场容量和产品种类带来的交易规模和交易成本也随之上升，而种种交易过程中带来的各种交易费用和风险将对产业集聚产生影响，这时，从交易费用角度解释产业集聚过程就显得十分重要了。如果把产业集聚过程中运输成本作为交易费用的一个方面，其实就可以把产业集聚的重要原因归结于降低交易过程中的种种风险和费用，集聚可以减少机会主义风险并减少信息交流成本。

第三章阐述了企业家视角下的产业集聚机制，将产业集聚的过程理解为企业家集聚过程，即产业集聚的本质在于企业家集聚。首先对企业家在经济过程中的作用进行简单的述评，强调企业家这一特殊的人力资本对经济的影响，尤其是企业家精神对经济的影响。然后对企业家行为在产业集聚过程中的作用加以阐述：（1）企业家精神是产业集聚的动力。追求利润最大化是企业家选择集聚的根本动力所在。正是由于企业家对追求利润的自发性和普遍性，在竞争效应和示范效应的作用下，众多企业家选择具有较低创业成本与预期较高收益的产业，在不断的模仿、创新过程中形成了产业的聚集。虽然我们可以从分工、外部性、规模报酬递增、预期、历史因素、关联效应、竞争优势和交易费用等不同角度来探讨企业为什么会集聚在特定的区域这一现象，但这些因素实际上都可以归结为企业家追求利润最大化过程中基于自身知识积累约束下的行为选择。（2）企业家质量决定产业集聚的能力。市场的不确定性就要求企业家能够根据不完整的信息组合进行有限理性的判断和决策。企业家才能的高低决定着其对市场的判断准确程度进而决定着企业究竟是选择现有知识基础上的路径依赖，还是创新基础上的路径突破。企业家能力通过竞争效应和分工效应影响着企业的自生能力，进而决定着一个区域产业集聚的能力和效果。企业家通过外部资源整合以及内部资源组合的调整决定着企业的自生能力以及产业的发展。（3）企业家显现决定产业集聚的活力。正是企业家对市场机会的把握带来的创新不断推动着企业的发展，创新的扩散效应带动着整个产业的发展，这样的"创造性破坏"过程是产业发展的推动力，这也正是产业发展体现出来的活力，企业家精神的显现程度和频率决定着产业发展的活力。换言之，企业家活力决定着产业发展的活力。（4）企业家行为决定着区域动态比较优势。企业家动力、能力和活力决定了区域产业集聚的效果及其所在市场交易过程中获得的动态比较优势。

第四章探讨了企业家行为过程中的金融依赖问题。着重研究以下几个方面的问题：（1）企业家显现过程中对金融市场的依赖。既然产业集聚本质在于企业家集聚，应当关注的问题就在于，企业家是如何在一个地区不断形成的。一些研究也同样表明，产业集群中的新企业出现大多都是从原有的企业中获得了大量的知识外溢的人员建立起来的，因此，企业家精神就成为知识扩散和产业集聚的机制，基于这样的理解，那么金融市场在企业家显现与产业集聚的过程中就起着重要的联结作用，毕竟劳动力选择从原有企业流出成为企业家并建立自己的企业，都将涉及投资，如果投资额大于其自身拥有的财富，势必要向金融市场融资，这时，金融市场的效率将直接决定着企业家能否从隐性转化为显性。（2）金融市场与企业家精神的激发。企业家精神是创业创新的统一，金融作为现代经济活动的核心要素，是培育企业家精神的关键因素。如果根据熊彼特意义上企业家精神定义，那么，企业家精神最根本的现实体现结果就是要实现新的组合，也就是经济发展，是靠从原先的利用方式中把劳动力及土地的服务抽调出来才得以成功的。在这一过程中，货币和其他支付手段起着这种基本作用，在实现新的组合之时，就确实出现了一个有待弥合的资金缺口，弥合这个缺口是贷款者的职能。功能良好的银行和资本市场，不仅可以通过识别并向最有机会在创新产品和生产过程中成功的企业家提供融资，而促进了技术创新；而且可以通过与企业家签订合约，通过激励和监督的结合，导致了企业家最优的努力程度，从而提高企业创新成功的概率。（3）金融市场与企业家动力提升。金融市场效率的高低直接决定着企业家创新决策。企业家发现新的市场机会，在企业家对预期收益和成本进行权衡以后，如果能够获得创新利润，市场机会将会转变为企业家的创新行为，金融市场如果能够为企业家提供一系列低成本的信息流和服务流并提供相应的低成本的资金支持，这将使得企业家实施创新的利润得以超出现有的收益，创新才可能发生；反之，金融市场的低效率将导致企业家创新成本高昂并降低其创新利润，最终使创新变得并不具有经济性。从这个角度而言，金融市场影响着企业家创新的动力。（4）金融市场与企业家动力拓展。金融制度的创新和不断的多元化对企业家的创业活动和经济发展具有举足轻重的作用，这不仅仅是因为制度的创新和多元化更好地满足了企业家对资本投资的融资需求，更为重要的是，金融制度的创新和多元化本身起到了甄别企业家精神的社会选择过程，这一创新不仅将有财富但风险偏好不同的人区别开来了，而且将企业家的类型也区别开来了，从而使资本家或投资者与企业家可以更好地进行链接。因此。有了资本市场、风险投资等金融制度的创新，一个创业型的企业家可以通过选择创办自己的企业而不是管理别人的企业来实现企业家才能，相当于企业家创业、初创企业创新等风险较大的活动可以通过直接融资渠道获得资金，并通过资本市场提供的一系列低成本信息流和要素流进一步提升企业家能力。

第五章通过构建理论模型从机理上论证金融市场、企业家形成与产业集聚的内在关联。通过数理模型的推导可以得出以下几个方面的论点：

（1）一个高效率的金融市场在降低融资成本的同时也降低了对企业家能力的要求，金融市场效率越高的地区同样拥有较高的企业家比重；融资成本的上升相应地提高了企业家形成的最低能力值，也就意味着融资成本的上升提高了边际企业家的能力要求，这必然不利于企业家的形成，从而减少了企业家形成的数量和产业集聚的规模。（2）融资成本的上升减少了单位资本的边际社会产出，根本的原因在于融资成本的上升提高了劳动力选择建立企业的最低能力值，从而导致企业家数量的下降，减少了企业形成数量，产业集聚程度下降，使得单位资本对社会产出的贡献下降。

第六章在理论模型的基础上，根据模型参数，构建企业家、企业家创新、金融市场与产业集聚的相关指标。并对这些指标的构建方法和数据来源加以说明，并具体阐述在指标选择上哪些指标更能反映本书的主题，尤其是产业集聚的指标，以 25 个工业行业为依据，采用区位熵的方法构建产业集聚指标。通过这些指标的描述，判断不同区域的企业家密度、创新水平和产业集聚程度，并且通过 5 个金融市场指标比较分析了不同区域的金融市场效率，对这些指标的变动趋势的描述可以直观地理解企业家、企业家创新、金融市场与产业集聚之间可能存在的联系。

第七章通过计量方法对理论模型加以检验，实证结果也证实了理论的存在性问题，即企业家在产业集聚过程中的确起着重要且显著的作用，金融市场在这一过程中起着重要的联结作用。在此基础上，通过区域之间的比较分析，证实了不同区域之间产业集聚程度的差异根本的原因在于企业家显现的水平之间的差异，造成这种情况的深层次原因则在于金融市场效率在不同区域之间的差异，东部地区企业家对产业集聚的影响要明显高于中西部地区，之所以存在这样的结果，原因在于东部地区相对于中西部地区拥有着更为高效的金融市场，这在提升东部地区企业家显现速度方面要优于中西部地区，企业家显现速度的差异决定了区域之间产业集聚水平的差异。

第八章则进一步对区域经济发展差异进行分析，通过构建财富水平的 7 个指标来具体判断企业家、企业家创新、产业集聚对区域财富水平的影响。实证结果同样显示：企业家密度、创新、产业集聚是造成区域财富水平差异的重要原因，之所以区域间财富水平存在显著差异，根本原因在于企业家精神差异和企业家创新水平的差异。在此基础上，还比较分析了东部地区不同省份之间企业家精神和创新水平的差异对区域内部财富水平影响的不同。总的来看，企业家密度和创新水平较高的地区，其相应拥有着较高的财富水平。缩小地区差异的根本方法在于提升欠发达地区的企业家显现速度并激励企业家创新。

第九章给出总结性评论。强调企业家的行为选择是产业集聚的根本原因，企业家的逐利过程是企业家形成以及集聚的根本所在，金融市场则在这一过程中起着外部约束和联结的作用，完善的金融市场对于提升企业家动力、拓展企业家能力和激发企业家活力起着重要作用。这也就意味着金融市场的发达程度对于企业家选择范围和行为过程起着约束作用，而企业家选择范围越大，企业家对经济的影响相应越大，这对于区域产业集聚程度提升和财富水平积累都起着至关重要的作用。

第二章　产业集聚机制：现有的理论解释

第一节　分工与产业集聚

由于相关产业集聚形成动因的种种理论是一个相对松散的集合体，所以本节的目的旨在通过文献梳理把握产业集聚形成动因的脉络，并在此基础上提出本书的思想，即产业集聚的过程本质上为企业家不断显现和累积的过程。在这一过程中，金融市场起着重要的联结作用，这一联结的效果直接决定了产业集聚的效果。

将分工纳入产业集聚分析过程基本遵循斯密—杨格定理：分工带来的专业化导致技术进步，技术进步产生报酬递增，而进一步的分工依赖于市场范围的扩大，分工既是经济进步的原因又是其结果，这个因果累积的过程所体现出的就是规模报酬机制，对这一机制的激励反应就成为产业集聚的根本动因。从这个意义上来讲，产业集聚是为了获取分工带来的技术进步和报酬递增自发形成的产业空间集聚过程，这一过程正是基于分工意义上的要素累积和报酬递增自我强化过程。

但由于分工问题涉及的并不是新古典意义上的线性均衡解而是角点解，因此自杨格以后，虽然分工问题仍然是经济学研究的重点领域之一，但分析工具的局限使得其很难得到数理化和模型化。这一问题直到将非线性"超边际分析方法"重新将分工和专业化的思想进行数理化和模式化的分析，才重新激起人们从理论和现实层面对分工与产业发展的相互关系进行深入分析。以杨小凯（1988，1991，1997，1999）、杨小凯和博兰德（1991）、杨小凯和黄有光（1993）、杨小凯和史鹤凌（1992）、杨小凯和莱斯（1994）、贝克尔和墨菲（1992）的研究最具代表性，这些研究成果的基本特征主要体现在以下几点：

1. 专业化经济替代规模经济

斯密定理和他"看不见的手"的著名理论形成了两难困境。正如斯蒂格勒1951年指出的那样，如果这一定理普遍适用，那么典型的产业结构必定是垄断；如果典型的产业结构是竞争，那么这一定理就是错误的或无足轻重的。为了解决这一困境，马歇尔（1997）区分了内部经济和外部经济，试图解释报酬递增来源规模经济，阿罗的干中学模型、罗默的内生技术进步模型、卢卡斯的人力资本模型等的研究都力图从不同的角度解释报酬递增的来源，但这些解释实际上规避了分工与报酬递增的关系。[①] 尤其是规模经济的概念忽略了分工经济现象，从而是对古典专业化和分工经济的一个错误描述。[②]

罗森（1978）的文章最早将经济研究回归斯密传统，通过运用线性规划而非边际分析方法来研究外生比较优势条件下个人专业化水平和整个社会的分工水平，认为劳动分工内生决定于个人对自我专业化水平和专业化模式的选择，而这种选择即使在没有规模经济的情况下也存在。在这样的框架内，劳动分工不是一个技术概念而是解释生产率来源概念。即随着交易范围扩大，生产率进步效应则更加明显。这种专业化经济带来的生产进步和报酬递增与纯技术性概念的规模经济依赖于对投入产出关系描述有着根本区别。

贝克尔（1981）的研究则内生化了个人专业化决策，通过运用超边际分析解决了专业化分工导致的角点解问题。罗森正是认识到了其1978年文章中的外生比较优势存在的问题，进而发展出内生比较优势模型来解释个人专业化水平决策，通过采用阿罗（1979）、贝克尔（1981）以及巴泽尔和俞（1984）关于劳动分工增加固定学习和知识投资的利用率观点，

[①] 以阿罗、罗默和卢卡斯为代表的新经济增长理论，虽然都是从分工的角度来解释经济增长的，但与斯密和杨格理论中的分工还是有着很大的区别：1) 用均衡分析方法规避了杨格定理中的非均衡分析；2) 供给尤其是中间品供给是这些内生增长理论的关键，这与杨格从需求角度来分析分工和增长有着重要的理论区别；3) 内生增长理论强调固定成本的重要性，而杨格虽然也注意到固定成本的作用，但并没有着重分析；4) 内增长理论强调的是马歇尔的外部经济，而杨格则强调的是网络外部性。关于内生增长理论与斯密、杨格理论中关于分工与经济增长的关系的不同区别，可参见 Mario Lavezzi, "Smith, Marshall and Young on Division of Labour and Economic Growth", *European Journal of the History of Economic Thought*, Vol. 10, No. 1, 2003, pp. 81–108.

[②] 专业化经济和规模经济学另外一个区别是，前者可以在没有企业时只对个人设定，而后者则可以在不对一个企业内的个人专业化水平和模式进行定义的情况下，只对一个企业而设定。（杨小凯和张永生，2003）

其模型认为代理人将最大化学习的收益和成本之差,即:

$$V = w_1 k_1 t + w_2 k_2 (1-t) - C(k_1, k_2) \tag{2-1}$$

其中,t 表示分配于生产商品 i 上的时间;k_i 表示生产商品 i 上的学习和培训水平;C 表示学习和培训的总成本;w_i 表示生产商品 i 上的收益系数。结果显示,如果 $\partial^2 C / \partial k_1 k_2 = 0$,两个个体通过完全专业化生产不同的产品使得各自福利水平上升。

并且,罗森(1983)模型中的专业化经济完全属于个体专业化决策,由此导致的报酬递增具有区域化特点,这将意味着潜在的专业化经济与完全竞争是兼容的,这也实际上证实了杨小凯和黄有光1998年的研究。廖柏伟和杨小凯(2000)的超边际分析进一步从理论上阐述了企业规模与生产率的反向变动关系,即随着企业间分工水平上升,生产率将得以提升,而企业规模则随之缩小。张轶凡(2004)的研究则证实了这一结果,即企业间分工水平越高,市场容量将越大,企业间整体生产率将不断上升,而企业规模则趋于下降。正是从这个角度来讲,产业集聚区的企业即使规模较小仍然会获得专业化经济带来的报酬递增,而企业集聚又将促使市场规模扩张进而促进分工和专业化水平提高,这样一个正反馈机制使得产业集聚区的企业形成和生产率提升同时演进。

2. 生产者和消费者完全统一

在新古典的分析框架内,消费者和生产者是完全自我独立的经济主体,个体只能选择作为消费者或生产者,杨小凯(1988)的模型内生化了个体专业化水平以及社会中的劳动分工水平,在模型中,消费者—生产者得以一体化,每个个体既偏好多样化消费又偏好专业化生产。每个消费者—生产者的生产函数和时间约束可由式(2-2)描述:

$$x_i + x_i^s = l_{xi}^a,\ y_i + y_i^s = l_{yi}^a,\ l_{xi} + l_{yi} = L \tag{2-2}$$

其中,x_i,y_i 是消费者自我提供的商品;x_i^s,y_i^s 是其出售的商品;l_{xi},l_{yi} 是花费在生产 x 和 y 商品上的时间;L 是花费的时间总和;a 是专业化程度参数。超边际分析基本都采纳了这一生产函数并在此基础上讨论分工对于经济不同领域影响的实际意义。[①]

[①] 杨格定理虽然强调了分工和专业化在经济发展中的作用,但其有关分工和专业化的概念很难加以量化,杨小凯通过将生产者和消费者统一起来进行分析,并正式提出了分工和专业化的界定和衡量问题,这为以后分工和专业化分析给出了基本的概念界定和分析方向。

通过生产函数可以看出,消费者既可以多样化生产和消费也可以专业化生产并多样化消费,而专业化水平意味着消费者的生产范围减少。如果用 $X_i = \dfrac{x_i + x_i^s}{l_{xi}}$ 和 $Y_i = \dfrac{y_i + y_i^s}{l_{yi}}$ 分别表示生产 x 和 y 的生产率,$L_{ji} = \dfrac{l_{ji}}{L}$ 表示消费者生产商品 j 的专业化水平,通过构建消费者—生产者合一的生产函数,将专业化生产与劳动分工和生产率进步得以联系起来从动态均衡的过程替代传统的静态以及比较静态分析。

3. 动态均衡替代静态均衡

动态均衡的基本分析是通过将斯密、杨格、科斯的思想相结合,引入交易费用的分析框架,重新将古典经济学中关于分工与专业化的思想变成均衡模型。杨小凯(1988,1991)建立了基本的分工模型,结合上述消费者—生产者生产函数和时间约束可以得到个人最大化目标函数:

$$\max u_i = (x_i + kx_i^d)(y_i + ky_i^d) \qquad (2-3)$$

通过这一模型,杨小凯以及以后的学者都从这一目标函数出发研究分工的专业化演进与报酬递增的关系。总的来看,此类模型解释了三个主要的问题:

第一,分工演进促进市场规模与产品市场需求的扩大。按照杨格定理,分工和市场规模之间存在着正反馈机制,杨小凯的模型则证明了杨格定理的存在性,即分工—市场规模扩张—分工深化—市场规模继续扩张这样的路径演进过程持续发生,同时人们的交易随着这一演进过程不断提高,从而为产业集群的形成与发展提供了前提与市场基础;另外,分工演化将导致人们消费多样化进而导致产品种类多样化,市场需求也随之扩张,这进一步导致产品的市场规模扩张,为企业在地域上的集中奠定了市场基础。

第二,分工导致生产率提高。杨小凯(1988,1992)、博兰德和杨小凯(1992,1995)的研究基本上认为分工和专业化程度决定着知识的积累速度和获得技术性知识的能力,进而决定着报酬递增。分工的演进取决于交易费用和分工收益的比较并呈现出一个自发演进的过程,因此,通过大量的关于分工组织的试错实验,人们可以获得更多的关于分工组织的制度性知识,从而选择更有效的分工结构,改进交易效率,提高分工水平,使生产者获得技术性知识的能力提高,形成内生技术进步。

第三,集聚可以提高交易效率、降低交易成本并进一步促进分工。杨小凯和威尔斯（1990）、杨小凯和黄有光（1995）、杨小凯（1997）的研究解释了分工和交易成本之间的两难冲突问题，即分工深化不可避免地导致交易成本的增加，而交易成本则成为分工深化的障碍，从而减少人们之间的交易行为，而企业在地域上的集中则可以解决这一两难冲突。杨小凯、张永胜（2003）关于城市形成的研究则证明了分工网络在地域上的集中可以提高交易效率、降低交易成本，从而使分工水平和总体生产率水平得以提高。①

以上分析表明，从分工角度来探讨企业区域集中的问题，主要遵循的是分工、交易费用、交易效率之间的逻辑关系，分工和交易费用之间的两难冲突以及分工收益和交易费用之间的折中成为分工问题的主线，交易效率的改进则成为分工演进的主要目标，分工只有在促进交易效率提高的情况下，专业化才有可能，而企业集聚则成为解释分工、交易费用和交易效率之间相互关系演进结果的最好注脚。

第二节　外部经济与产业集聚

马歇尔在分析产业生产成本作为产量函数时引入了外部经济这一术语，他认为：我们把任何产品的生产规模的扩大所产生的经济效应划分为两类：第一类经济取决于产业的一般发展，第二类经济取决于从事工商业的单个企业的资源、它们的组织以及它们管理的效率。我们把前者称为外部经济，把后者称为内部经济（马歇尔，中译本，1997），在此基础上，马歇尔首先从"外部经济"角度对产业集聚形成这个问题进行了探讨，认为产业集群形成的原因在于社会层面的规模报酬递增带来的外部经济，即创造出熟练劳动力市场、专业化服务性中间行业和技术外溢，并且改进铁路交通和其他基础设施所带来的报酬递增是导致产业在特定空间集聚的动因。

威纳（1932）则具体区分了技术外部经济与货币外部经济，即基于

---

① 杨小凯、张永胜（2003）以及以后与城市化和工业化有关的文献都基本遵循着相同的效用函数和约束条件，从不同角度论述了分工、交易效率与企业集聚、人口流动、产品种类多样化、经济增长等相关问题的关系。

知识集中与外溢的技术外部经济和基于市场联系的货币外部经济。① 此后，有关外部经济与经济增长的文献层出不穷②，而用外部经济来解释产业集聚的模型主要从以下两个方面来阐述：

第一，货币外部经济与产业集聚。这方面的文献主要认为外部经济导致的产业集聚现象是市场交互作用的副产品，仅当外部经济参与到由价格机制主导的交换中来时，才能对企业或消费者产生影响，适宜解释发生在几个国家之间或一国内大地区等大地理范围（如产业带或欧盟和北美自由贸易区）的产业集聚，即强调价格体系（市场）的相互依赖。

缪尔达尔1957年在外部规模经济基础上提出"循环因果"的观点，赫希曼进一步将其归纳为包括"前向联系"和"后向联系"的累积循环过程，阿瑟（1989）则把这种累积循环过程概括为"正反馈机制"，即制造业倾向于集中市场容量大的地区，而市场容量的大小则取决于制造业的集中程度，制造业空间分布与市场容量之间存在着相互促进的循环累积机制。这一机制实际上已经讨论了相关产业之间的联系问题。

克鲁格曼（1991）则考虑到阿瑟模型中的正反馈机制并结合迪克希特—斯蒂格利茨垄断竞争模型，提出的制造业—农业的两区域中心—外围模型认为：与供给、需求相关的外部货币性经济，而不是纯粹的技术外溢，导致了制造业的地理集中和中心—外围模式的形成。该模型的主要经济思想是，一个经济规模较大的区域，由于前向联系和后向联系会出现一种自我持续的制造业集中现象，经济规模越大，集中越明显。运输成本越低，制造业在经济中所占的份额越大，在厂商水平上的规模经济越明显，

---

① 斯托维斯基（1954）指出，外部货币经济与外部技术经济有时候也可以相互包容到一起，并不一定相互矛盾。参见 Tibor Scitovsky, "Two Concept of External Economies", *Journal of Political Economy*, Vol. 62, No. 2, 1954, pp. 143 – 151。

② 最有代表性的有宇泽弘文（1965）的人力资本外部性模型、阿罗（1962）的干中学模型、杨格（1991，1993）的干中学模型、罗默（1986）的技术外部性或知识溢出模型，这些模型都沿用了马歇尔的外部经济概念来分析经济增长的内生性特点，此外巴罗（1990）、贝克尔等（1990）、斯托基（1988，1991，1995）、阿吉翁和豪伊特（1992）、卢卡斯（1993）、琼斯（1995）的研究都遵循了外部经济的分析方法。

越有利于集聚。① 拉曼和王平（1995）、藤田昌久和克鲁格曼（2004）认为上述模型中劳动者被假设为同质的，这在理论上是不全面的。在劳动竞争模型中，劳动者被处理为异质的，这更符合现实，从而厂商在技术空间中能异化它们的技术，增加劳动资源配置的市场浓度，通过竞争外部性导致集聚经济的产生。

克鲁格曼（1996）还建立一个动态多区域模型来解释在空间结构均衡时动态力量趋于形成沿地形大概等距离分布的集聚点（城市）。该模型反映了区域经济体系中各个结构部分呈环状等距离分布，认为运输费用仅仅受环形周长的影响，制造业的同一布局总是处于均衡分布状态。地平面并不是稳定不变的，集中的区域环形分布会产生轻微紊乱的地平面，自发演化出一个或多个制造业群。这样，制造业区域布局由最初的均衡发展到两区域集中布局。

鲍尔温（1999）则将克鲁格曼模型中的要素不完全流动条件加以修正，提出了要素完全自由流动的情况下的产业集聚问题。他指出，由于新经济地理理论关注劳动要素的自由流动与产业的垂直联系，因此集聚的向心力量有两种：需求联系与成本联系，仅仅根据前向联系的内生资本产生的需求联系效应建立的简单模型就可以分析产业集聚的许多动态问题。

亨德森（1999）则对克鲁格曼模型中的规模经济的来源进行了分析，他指出规模经济来源于企业之间关于投入市场和产出市场信息的交流，如哪个供应商的成本更低、质量更好、新产品和新技术的信息，以及对公共产品的成本的共同承担，如果行业需要较大金额的中间产品投入，由众多

---

① 在中心—外围理论模型中，克鲁格曼认为行业地理集中主要受三种效应驱动。一是市场准入效应，即垄断厂商总是将其生产安排在大市场的同时并向小市场出口的趋势；二是生活成本效应，它分析了厂商区位对当地生活成本的影响，在有大量厂商集中的地区商品价格相对较低，从而会吸引大量的消费者聚集在该地区，进而节约了消费者的生活消费支出；三是市场挤出效应，在存在竞争的情况下，厂商总是向竞争者相对少的地区集中，也就是说，大量厂商集中在一起的结果，就会使得该地区的一些厂商向厂商相对较少的地区移动。前两种效应的合力形成聚集力，它有利于厂商和消费者在地理上的集中，并且相互促进；后一种效应则形成离心力，促使厂商在地理上的扩散（陈柳钦，2007）。

企业进行分摊更利于企业发展。①

此外，格里利克斯（1992）、西科尼和豪（1996）、维纳布尔斯（1996）、藤田昌久和蒂斯（1996）、奥塔维亚诺和普加（1998）、洛佩兹巴左和阿蒂斯（2004）提出的相应模型都从不同角度对克鲁格曼模型加以扩展。德弗罗等（2004）、杜兰特和奥弗曼（2005）对英国，赫尔姆斯和斯蒂文斯（2004）、库姆斯和奥弗曼（2004）、藤田昌久等（2004）对美国、欧盟和日本的研究都验证了中心—外围模型的解释力。

第二，技术外部经济与产业集聚。这方面的文献主要分为两个方向，一是 R&D 外部性，代表性研究有亚当斯和杰夫（1996）、布莱克和亨德森（1999a，1999b）、罗森塔尔和斯特兰奇（2003）、亨德森（2003）、鲍尔温等（2009）；二是人力资本外部性，代表性研究有劳奇（1993）、奥德斯和斯蒂芬（1996）、西科尼和佩里（2006）、莫雷蒂（2002）、米利根等（2003）。这方面的文献主要认为知识和技术溢出带来的外部经济是产业集聚的动因，外部经济是非市场交互作用的结果，它通过影响某一人的效用或某一企业的生产函数来实现，即强调生产函数（技术）上的相互依赖，适宜解释一个国家内部的某一地区的小地理范围（如城市或工业园区）的产业集聚。

用技术外部性来解释产业集聚的模型一般简单地假定第 i 个厂商的生产函数为：

$$Y_i = f(L_i, K_i, K) \tag{2-4}$$

---

① 此外，大量文献从不同角度对克鲁格曼的模型加以扩展。基斯班奇和斯姆茨勒（1999）通过两阶段双寡头垄断模型探讨了存在产业外部与内部外溢效应条件下的生产与产品创新的地理分布。他们认为，递减的联系成本支持着产业的聚集，同时也存在产品创新的多重均衡。亨德森（2000）从经济发展和地理的角度探讨产业为什么会聚集、新集群是如何形成的、脱离集群的后果等问题。鲍尔文和佛斯利得（2000）将罗默的产品革新式增长引入到克鲁格曼的中心—外围模型，其中长期增长和产业区位被联合内生决定，产业集聚能促进两地的增长。兰纳斯帕和桑茨（2001）引入可变运输成本后的中心—外围模型，得到多重非对称稳定均衡，用以解释大工业区与小工业区并存的现象，同时在分析过程中将基础设施加以内生。马丁和奥塔维亚诺（2001）综合了新经济地理理论与内生增长理论，建立了经济增长和经济活动的空间集聚间自我强化的模型，证明了区域经济活动的空间集聚由于降低了创新成本，从而刺激了经济增长。反过来，由于向心力使新企业倾向于在该区域选址，经济增长进一步推动了空间的集聚，进一步验证了著名的缪尔达尔的"循环与因果积累理论"。也就是说，企业偏好市场规模较大的地区，而市场的扩大与地区企业数量相关。菲利皮和奥塔维亚诺（2001）认为，一旦循环累积因果效应开始发生，即使在没有技术外溢效应的条件下，仅仅依靠创新活动和中间产品投入部门的市场相互作用，经济自发力量仍有可能实现经济增长和产业集聚自我强化的不断持续。

其中，Y_i 表示第 i 个厂商的产出，L_i 和 K_i 表示其劳动和资本的投入，K 表示外部效应。用外部技术经济解释产业集聚主要任务就是确定外部效应 K 对企业产出的影响，而对外部效应的来源解释就成为技术外部经济分析产业集聚形成的主要方向，R&D 溢出、人力资本溢出、专利溢出等的分析就成为这些方向的主要延伸。①

无论是技术外部经济还是货币外部经济，都承认外部经济是产业集聚的产生原因和重要结果，而外部经济则与市场不完全竞争有着直接关系，况且市场不完全的原因很可能就是由于产业空间分布特点决定的。② 一旦涉及市场不完全的情况，必然要考虑到报酬递增在产业空间分布形成过程中的作用，这正是下一节要讨论的问题。

第三节　报酬递增、运输成本与产业集聚

从规模报酬角度来解释产业集聚形成的路径就意味着要放弃传统新古典经济学以自然资源禀赋作为分析前提的观点，③ 而报酬递增与运输成本问题以及不完全竞争市场结构往往糅合在一起，对报酬递增与运输成本的权衡成为分析的基本思路。④

虽然有关不完全竞争的一般均衡模型远未达到一般性的结果，但大量的具体研究无疑增加了我们对空间问题的理解，在这些研究文献中，帕帕吉奥吉尤和蒂斯（1985）、劳克（1990）、克鲁格曼（1991）、藤田昌久（1988，1999）、克鲁格曼和维纳布尔斯（1995）、藤田昌久等（1999）、奥塔维亚诺（1999）的研究最具代表性。总的来看，有关报酬递增与产

---

① 格莱泽等（1992）、加利（1994）研究了技术外部性对企业创新和生产率的影响，并将这种外部性称为马歇尔—阿罗—罗默外部性，对技术外部性及其发挥作用的机制的研究重要文献还包括罗默（1990）、格里利切斯（1992）、克鲁格曼和齐登（1993）、伯利兹和克鲁格曼（1997）。

② 这方面的研究可参见卡尔多（1935）、伊顿和利普西（1977）、加布斯泽维克和蒂斯（1986）。

③ 从自然资源禀赋角度解释产业集聚的形成，其分析的出发点在于投入和产出的差异，而这种差异与一个地区的自然资源禀赋优势有着直接关系，这种分析方法实际上直接将赫尔歇克—俄林模型中的比较优势理论用于区际内部贸易。

④ 藤田昌久和蒂斯（1996）则对报酬递增与城市形成的文献做了梳理；奥塔维亚诺等（1997）对开放条件下报酬递增与产业集聚的文献做了详细的梳理。

业集聚关系的文献具有以下几点特征：

第一，将垄断竞争模型纳入张伯伦分析范式。总的来看，从市场不完全竞争解释分析报酬递增问题的文献基本上采用的是斯彭斯（1976）、迪克希特和斯蒂格利茨（1977）的垄断竞争模型，将这个模型与张伯伦市场结构范式分析结合起来论证商品和要素流动对一个地区产业集聚的影响，以及货币外部经济对于规模报酬的获得进而对产业集聚的影响，克鲁格曼（1995）的模型是这方面的代表。

第二，需求联结与要素区域内流动。在克鲁格曼的两部门—两产业—两类劳动力的 $2\times2\times2$ 模型中，所有人的效用函数表示为：

$$U = C_M^\mu C_A^{1-\mu}, \qquad (2-5)$$

其中，$C_M^\mu = \left[\sum_{t=1}^{N} c_i^{(\sigma-1)/\sigma}\right]^{\sigma/(\sigma-1)}$

式中，C_M^μ、$C_A^{1-\mu}$ 分别表示对制成品和农产品的需求；μ 表示制成品在总需求中的份额，这一参数在决定一个地区企业集中或扩散中起着决定性作用；N 表示潜在生产者的数量；σ 表示产品的替代弹性，这一弹性的大小同样是决定企业集聚特征的第二个重要参数。这一模型被称为基本的中心—外围模型。

这一模型能否成立，取决于三个因素：其一，参数 μ 要足够大，即制成品的需求量要足够大才能吸引企业不断集中，从而为企业集中提供市场基础；其二，参数 σ 要足够小，即商品的差别程度要相对较大从而使得产品间的替代性较弱，这取决于消费者需求的多样化程度；其三，运输成本要小。

在完全竞争的市场结构中，产品具有完全替代性使得参数 σ 为无穷大，以及完全竞争市场中的长期利润趋于 0 的结果使得厂商倾向于选择竞争压力小的区域生产，这时产业集聚并不会发生。而在垄断竞争的市场结构中，由于厂商具有一定的定价能力，从而在长期均衡条件下产生三种效应使得企业趋向于集中：（1）市场容量效应。如果企业大量集中于某一区域生产，市场容量将扩张，这反过来又将促使企业向这一区域集中，这样的正反馈机制使得企业会选择向一个地区不断集中。（2）规模经济效应。企业的大量集中必然形成由于外部货币性经济带来的生产成本的节约，意味着产品的价格相对于其他地区的下降。（3）实际工资效应。规模经济带来的市场价格下降意味着工人的实际收入将上升，进一步促进劳动力向这一区域流动，从而增加了这一区域的市场需求量并促进需求多样化，进而引致企业产出的进一步增加以及产品种类的同时增进。

克鲁格曼（1996）则将报酬递增和运输成本结合进一步分析城市的形成，克洛泽（2004）利用欧洲五个国家的双边劳动力迁移的数据验证了克鲁格曼（1991，1996）的结果：劳动力会受市场潜力吸引，向实际工资报酬较高的地方迁移。此外，普加（1998）、村田和蒂斯（2005）建立一个与克鲁格曼（1991）相类似的中心—外围模型；拉纳塔和桑斯（2001）则扩展了克鲁格曼模型中的不变运输成本问题，可以得到各种非对称的稳定均衡，并用来解释大的工业带伴生小的工业带的现象；诺曼和维纳布尔斯（2001）探讨了基于规模收益递增的世界经济范围内产业集群的规模和数量。①

第三，运输成本与要素跨地区流动。在克鲁格曼（1991）及以后的扩展模型中，有三个主要的缺陷：一是要素的不完全流动，即劳动力在区域内部的流动性和区域间的非流动性。② 二是这些模型只分析了简单的两部门模型，实际上只考虑了一个产业区集聚问题，或者说将工业部门作为一个整体。虽然克鲁格曼（1993）、藤田昌久和莫瑞（1997）的模型考虑到了多制造业经济中心的形成问题，认为多制造业经济体系中的运输成本与规模经济差异以及这一差异的平衡会导致经济体系自动发展为一个中心地体系，但这些研究仍然假定运输成本既定的问题。③ 三是这些模型都没有考虑到非贸易品在产业集聚中的问题。

---

① 克鲁格曼（1991）的模型实际上没有考虑到技术和 R&D 在报酬递增和产业集聚过程中的作用，恩格尔曼和沃尔兹（1995）、沃尔兹（1996）则在克鲁格曼的两部门模型基础上考虑到农业与制成品生产部门以及 R&D 部门，从而建立了一个 $3 \times 2 \times 2$ 的两部门模型，用以解释克鲁格曼模型中的中心—外围模型的持续性问题，并考虑到了历史因素在产业集聚过程中的作用；山本（2005）则具体讨论不同区域中企业对不同技术选择带来的报酬递增或报酬不变时的均衡情况，并用这一模型解释日本和低收入国家的集聚现象。另外，戴维斯和温塞斯坦（2003）、赫尔姆斯和斯蒂文斯（2004）、贝伦斯（2005）讨论了市场容量、报酬递增与产业集聚的关系。
② 藤田昌久等（1999）以及普加（1999）对中心—外围模型的产业集聚的文献进行了详细的论述。但中心—外围模型无法解释现实中的两个主要问题，一是劳动力跨部门跨地区的快速流动问题；二是工业化国家的工业部门占整个 GDP 的比重下降问题。在中心—外围模型中，产业集聚的关键因子在于工业部门占经济的比重要足够的高，这与发达国家现实相去甚远，即中心—外围模型在如何解释产业集聚演进问题上存在着很大问题。
③ 藤田昌久等（1999）、维纳布尔斯（1999）、洛塞尔和保罗（2007）的研究最为代表性，在分析产业集聚和城市化过程中将产业集聚简单地作为一个整体来对待，实际上无法解释多制造业中心的形成，即无法解释不同地区的集聚形成和区间的分工问题。

田渊和蒂斯（2002）的模型在考虑到上述三个缺陷之后，提出了修正田渊（1991）以来的新经济地理学关于运输成本的理解，① 通过假设劳动力全部可流动性以及集聚导致的城市化成本（Urban Cost）来分析多制造业中心形成。② 在该模型中，劳动力同时需要对工作区域和工业部门进行选择，这也就意味着不同区域的集聚规模都是内生的。

田渊和蒂斯（2002）通过比较单一产业模型和两产业模型，给出不同于经典中心—外围模型的空间和产业均衡的结论，在不包括农业部门的单一产业模型中的产业均衡模式特点在于：

（1）产品替代性越强，产业的集聚程度越高。这与克鲁格曼（1991）、奥塔维亚诺（2002）关于产业集聚与产品差别程度反向变动关系的结论刚好相反。原因在于，产品替代性越高意味着竞争性越强，这虽然降低了企业的利润和工资，但工人获得了区域范围内低价格带来的好处从而倾向于向这一区域集中，即产业竞争放大了产业集聚的效果。③

（2）当存在城市成本时，如城市内部的沟通交流成本相对较高时，企业倾向于移向外围，美国 IT 产业在人口稀少地区的集聚现象可以作为最好的说明，这也就意味着企业倾向于人口较小的区域而非像中心—外围模型中那样要求人口数量和需求量要足够大时的结果，因为在中心—外围模型中，只考虑了运输成本而没有考虑到产业集中后形成的其他城市化

---

① 在克鲁格曼（1991）及以后相当一段时期内的文献中，运输成本只是简单地被理解为产品在区域内部的流动成本，实际上没有考虑到多制造业中心形成时不同区域间的运输成本问题；另外，产业集聚形成确实可以降低内部产品运输成本，但同时又会导致都市化成本，一旦考虑这一层面，产业集聚很可能意味着运输成本的上升而非下降。亨德森（1974，1988）的研究虽然考虑到了区域间的分工和相关成本问题，但其假设城市间的商品可以无成本地流动，这显然也是有问题的。

② 该模型实际上是对韦伯（1909）和廖什（1940）区位理论中运输成本如何导致不同企业在不同地区集聚从而形成多产业集聚中心理论的发展，胡佛（1948）对此有详尽的描述，这也就意味着田渊和蒂斯（2002）的模型将古典区位理论与新经济地理学的框架加以糅合。同时，该模型也放弃了大多数模型使用的迪克希特—斯蒂格利茨垄断竞争模型，而是使用了奥塔维亚诺（2002）的模型。

③ 这一结论实际上可以很好地解释中国的产业集聚现象，尤其是中国的专业化产业区的产业集聚现象，产业区内企业的产品高度替代和高竞争特征，尤其是一个地区专业化生产某一种产品，这种现象与中心—外围模型要求的产品差异高的条件实际上是不相符的，而这些区域的发展状况和人均收入水平也相对较高，集聚的规模也有变大的趋势。

成本。①

（3）当固定成本为0时，产业总是集中于某一特定的区域。综合来看，产品替代性越高、城市成本越低，固定成本越小，企业集中度越高。②

而在两产业集聚模型中，考虑到不同产业运输成本的差异以及劳动力在两产业间的转换问题，在产业一般均衡时具备以下几个特点：（1）当城市成本和运输成本足够高时，两产业区同时趋于外围；（2）当城市成本和运输成本足够低时，两产业区同时趋于集中；（3）当城市成本较高而运输成本较低时，运输成本低的企业倾向于流向外围，运输成本高的企业继续留在中心；（4）当城市成本和固定成本较低时，两产业最终趋向于一个区域集中。③

第四节 历史、预期与产业集聚

无论是单一产业集聚还是多制造业中心集聚，从产业集聚均衡的结果来看，在某些参数范围之内总是存在着多重均衡，在多重均衡情况下，一个地区的集聚结果和规模往往取决于这一地区的初始条件，这也就意味着

---

① 实际上中心—外围模型可以较好地解释第二产业尤其是重工业的集聚现象，而有些行业则对城市成本反应较为敏感，因而趋向于向外围集中，将古典区位理论与新经济地理结合可以更好地解释不同产业在不同地区的集中现象。

② 农业部门和城市成本在中心—外围模型和田渊和蒂斯（2002）模型中分别发挥着不同的作用，在中心—外围模型中，当中心区域的相关市场效应不足以维持企业集聚时，较高的运输成本将会促使企业流向外围区域，从而获得竞争弱化带来的好处；而在田渊和蒂斯（2002）模型中，较高的城市成本是促使企业流向外围的动因，运输成本较低的企业则会选择在外围区域，这样可以避免由于较高的城市成本需要支付给工人较高的工资。

③ 此外，杜兰特和普加（1999）讨论了城市化形成过程中哪些城市会多样化生产，哪些城市会专业化生产的问题；贝拉弗拉姆等（1999）则将这一问题放到开放条件下来讨论；莫瑞和锦见（2002）讨论了运输成本本身存在的规模报酬递增对产业集聚的影响；格莱泽和科尔哈塞（2002）则讨论了运输成本和固定成本较低而劳动力流动成本较高时的产业集聚问题；村太和蒂斯（2004）讨论了存在城市成本和劳动力流动下的产业集聚问题；田渊等（2005）讨论了运输成本下降而城市成本上升时，大城市和小城市的扩张和收缩问题。另外，赫尔姆斯和斯蒂文斯（2004）、库姆斯和奥弗曼（2004）、布鲁哈特和特雷格（2005）、贝伦斯（2004，2005）从贸易品和非贸易品的角度来讨论运输成本、报酬递增与产业集聚的关系。

一个地区的产业集聚情况取决于其本身的历史基础以及由此带来的路径依赖，① 缪尔达尔的"循环累积因果关系"实际上已经考虑到了历史因素造成的产业在特定地区不断累积的过程，卡尔多（1972）、克鲁格曼（1981，1987）、伊瑟尔（1982）、戴维（1985）、帕纳格里亚（1986）的研究则强调历史因素对地区长期均衡结果的影响，许多经济史学家的研究同样证实了历史因素在地区和城市形成过程中的作用。② 这些研究无非表明，一个地区的产业集聚现状依赖于其历史积累并决定了其将来发展方向。

阿瑟（1990）构建了一个企业随机进入模型，企业进入某一区域取决于进入时这一区域既有企业的数量，对可能进入区域选择的偏好取决于随机误差，其结论认为：如果集聚规模没有上限，整个行业将集聚在某一特定主导区域，这将导致一个区域垄断整个行业产出的结果，哪个区域成为企业选择集中的对象取决于早期进入企业的区位偏好。这一结果实际上验证了阿瑟（1986）关于产业集聚的动因在于一个地区既有的历史组织结构，以及由此带来的地区特有的外部性激励。在阿瑟（1990）的模型中，产业集聚完全取决于历史积累，并未考虑到预期的作用，克鲁格曼（1991）、阿瑟（1994）的模型同样强调了历史因素导致的路径依赖在产业区形成过程中的作用，这两类模型中的结果实际上的出发点与缪尔达尔的"循环累积因果"理论相一致。

克鲁格曼（1991）的中心—外围模型实际上涉及了静态预期，即劳动力基于地区内部工资差异引致的劳动力流动。克鲁格曼（1991）的研究进一步吸收了墨菲等（1989）关于投资取决于对其他企业投资的预期理论的观点，建立了一个预期推动的产业集聚多重均衡模型。其认为，历史状况决定了劳动力在不同区域的分布，并由此导致在区域工资存在差异、存在外部经济和劳动力转换工作存在调整成本的情况下，历史因素和预期决定了不同区域的均衡结果。对于大的经济区而言，历史因素在空间

---

① 可参见墨菲等（1989）和克鲁格曼（1991）的研究，他们对历史因素在产业集聚过程中的作用进行了详细的阐述，解释了某一区域的产业集聚依赖于其历史发展路径。

② 当然，也有不同意历史因素在产业集聚过程中的作用的，如斯多波和沃克尔（1985）、波斯玛和克纳普（1999）、罗马内利和斯洪霍芬（2001）的研究，这些研究更关注新市场的机会对企业集聚的激励，这些模型可以解释新产业区的形成，从历史因素累积的角度则无法对此给予合理的解释，尤其是新兴经济体的产业发展情况解释力不足。

经济结构的决定性方面更加明显，毕竟资本和劳动力流动并不可能大到使得预期单独决定经济区的兴起和衰落；对于小的经济区而言（如城市），由于资本和劳动力的流动速度相对较快，预期本身就可以决定经济体的发展。①

鲍尔温（1999）将中心—外围模型与预期相结合讨论企业区位选择决策中的作用，在克鲁格曼（1991）的模型中，虽然考虑到了工资差异对劳动力流动的影响，而这一影响对于产业区位选择具有重要意义，但其并没有考虑劳动力流动对工资的动态影响，实际上暗示了时间和劳动力生命的无限性。② 在鲍尔温的模型中，实际工资为工人即时效用指数，最优效用要求居民选择一个最优的移民时间路径以实现：

$$\max_m \int_0^\infty e^{-\rho t}\left[wL + w^*(1-L) - \frac{\gamma}{2}\left(\frac{m^2}{L(1-L)}\right)\right]d\gamma \quad m = \dot{L} \qquad (2-6)$$

这一路径将移民、返回、再移民的种种情况全部包含在内，现值 Hamilton 函数为 $[wL + w^*(1-L) - \gamma(m^2/L(1-L))/2] + Wm$，$W$ 为状态变量用以描述移民的资产价值。必要条件下，移民方程应该满足：$\dot{s}_L = Ws_L(1-s_L)/\gamma$，资产价格模拟函数为：$\dot{W} = \rho W - (w - w^*)/\gamma$，如果劳动力（移民）认为目前的区域工资差异将无限期持续下去，$W = (w - w^*)/\rho$，这将意味着 $\dot{s}_L = (w - w^*)s_L(1-s_L)/\gamma\rho = (w - \bar{w})s_L$，这一移民方程与藤田昌久、克鲁格曼和维纳布尔斯（1999）的研究结果是一样的。

据此可以得到以下结论：标准的中心—外围模型中的劳动力流动模式与考虑到二次调整成本和静态预期的最优劳动力流动模型是一致的，区别

---

① 松山（1991）构建了一个和克鲁格曼相类似的预期模型。深尾和铭宇（1993）则纠正了克鲁格曼模型中有关劳动力动态调整行为并重新分析了预期和历史的作用机制。加利（1994）发展了一个空间垄断竞争、报酬递增和劳动力流动代际模型，在此模型中讨论了存在货币外部性条件下的预期对空间经济波动的影响，其认为，即使不存在偏好变动和技术变动造成的冲击，理性预期条件下资源配置的随机波动造成的冲击（这一冲击来自区位选择的预期和集聚经济之间的相互作用过程）仍然会使区域经济趋向均衡，但其缺点在于不同区域经济体之间不存在贸易。此外，松井和松山（1995）、霍夫鲍尔和索科（2002）、小山（2002）、安藤和小山（2008）的研究同样考虑到了预期和随机冲击对区域经济均衡的影响。

② 在以克鲁格曼为代表并被不断发展的中心—外围模型理论中，虽然也讨论了区域调整演进过程。在这一过程中，劳动力流动具有极其重要意义，决定劳动力不同区域流动的主要动因在于工资，经典的中心—外围模型认为现有静态工资水平决定劳动力的分布，劳动力流动完全是"短视"的，其流动决策完全取决于对现期效用差异，因此，这一过程以及均衡基本属于局部均衡。对这些模型的评论可见藤田昌久等（1999）和鲍尔温等（2003）的研究。

在于中心—外围模型考虑的是实际工资对劳动力流动的影响,而预期模型考虑的是区域实际工资差异及其变动对劳动力流动的影响。

此外,鲍尔温(1999)还将分析框架扩展到开放条件下全球视角来看待,认为中心—外围模型在开放条件下的均衡结果与区域初始条件无关,劳动力流动驱使区域经济从一个稳定状态到另一个稳定状态,当劳动力流动成本足够高时,动态预期的中心—外围模型与静态预期的模型结果是一致的,只有当劳动力流动成本较低并且对工资差异产生较大影响时,区域初始条件和预期才会同时对经济体产生影响。①

奥塔维亚诺(2002)同样分析了克鲁格曼模型的多重均衡的条件及自我演进过程中的区域经济波动,以及伴随区域经济深化过程中贸易成本和要素流动对历史和预期的影响。该模型实际上可以看作是鲍尔温(1999)的完善,将理性预期和货币外部性结合起来分析空间经济均衡以及多重均衡的可获得性。其基本的结论有以下几点:(1)包含理性预期的模型稳定状态与克鲁格曼的结果是相同的;(2)当时间偏好率为0时,历史因素对均衡状态的影响不相关,预期对多重稳定状态的影响起着决定性作用;(3)当时间偏好率无穷小时,历史因素或预期对多重稳定状态的选择结果都产生影响,影响的结果依赖于历史初始条件和相关参数;(4)当时间偏好率是离散的,预期对一个地区多重均衡状态的影响结果取决于另一地区的稳定结果中至少有一种结果满足条件 $\delta^2 - 4\gamma f'(h) < 0$;(5)如果所有的稳定状态下都不满足条件 $\delta^2 - 4\gamma f'(h) < 0$,现时间接效用差异可以决定劳动力方向,并且结果与克鲁格曼(1991b)模型中劳动力流动结果一致,即其一,产品差异程度越大,稳定状态转换速度越快;其二,代理人的预期相对稳定,那么,历史和预期都将对劳动力流动方向和均衡结果产生影响。

---

① 但是鲍尔温(1999)、克鲁格曼(1991)和藤田昌久等(1999)的模型都面临着相同的难题,即其模型本身都无法证明中心—外围模型中所有可能的稳定状态的可获得性,另外,即使这些稳定状态是可以获得的,也无法说明这些平衡轨迹都是如何实现的。实际上,鲍尔温(1998)就已经考虑到预期在产业区形成过程中的作用,从需求联结角度来探讨资本形成过程中的产业集聚现象,这实际上已经摆脱了大多数产业集聚理论过度关注已经形成的企业向一个地区不断集中的现象,而没有解释企业在一个地区内生形成的问题。马丁和鲍尔温(2004)的研究则进一步将劳动力流动与资本流动同时纳入分析框架,在不考虑资本流动的情况下,区域经济的均衡与藤田昌久、克鲁格曼和维纳布尔斯(1999)的研究相同;在考虑到资本流动的情况下,均衡结果则存在较大差异。

小山（2009）则探讨了存在货币外部性、市场竞争和交易成本相互作用下两区域动态一般均衡过程，以及伴随这一过程发生的要素在不同的空间分布结果。由于区域间存在着非对称贸易成本、劳动力流动成本和市场规模，区域均衡结果存在着不同的类型。鲍尔温和大久保（2005）在梅里兹（2003）垄断竞争模型基础上将已往同质性企业的假设加以修正，结果显示，大经济区对于高生产率的企业更具有吸引力。并且考虑了企业集聚的两大效应——选择效应和排序效应，通过分析发现由于选择效应的存在，以往有关集聚效应的实证研究有可能出现高估集聚效果的可能，排序效应意味着高生产率的企业往往会选择在中心集聚，而生产率低的企业则流向外围。哈里斯和约安尼季斯（2000）的实证研究表明了历史和预期在产业区形成过程中的确存在着重要的影响。[①]

第五节 关联效应与产业集聚

从历史因素的角度来看待产业区的形成，意味着一个产业区的现状取决于其过去的综合历史不断累积的路径，各种历史因素的"循环累积"决定了产业区的形成和演化，这样的逻辑暗含的结果必然是"一个国家或地区之所以穷只是因为其穷，仅仅缺乏运气而已"。其实上述的几类有关产业区形成的激励机制中都包含着历史因素的作用，经济史学家显然对此并不赞同，毕竟这样的中心—外围模型从历史积累的角度来看一定是世界范围内的两极化发展，无法解释现实当中一些新兴经济体的出现和发展。

此外，在上述这些模型中，都强调劳动力流动在产业集聚过程中起着极其重要的作用，即基于现期实际工资差异或预期工资差异导致的劳动力流动促使一个地区的市场容量扩大，这又促使企业向这一区域集中，并不断呈现出自我强化的正反馈机制。实际上，从克鲁格曼（1991）的文中可以看出，劳动力流动以及需求多样化只是导致市场容量扩张和产品种类不断增加的重要因素，同时也强调了产业链之间的相互关系，但其并未具

---

① 此外，威廉姆森（1965）、威廉姆森和斯旺森（1966）、韦斯（1972）、迈耶（1983）、威曼（1988）、金和玛戈（2003）、索伦森（2003）的研究同样详细地论述了历史因素在经济地理形成方面的影响。

体分析这种关系在产业集聚形成过程中具体的机制。① 这种关系后来被维纳布尔斯（1996）称为产业垂直联结效应，这种效应同样可以扩大一个地区的市场容量从而吸引更多的产业集中，实际上产业内部不同企业之间必然存在着分工问题，分工意味着企业之间存在着产业链的依赖问题，这种依赖形成的循环累积同样会引发企业不断向一个地区集中。西科尼和豪（1996）则把产业关联效应导致的产业集中动因归结为 "Thick – Market"效应，即上下游企业的集中可以低成本地获得专业化投入品并提高企业产出和收益率从而促进资本积累。并且，这种联结效应可以导致产品种类多样化，以及企业间不断增进的生产率溢出。② 从产业垂直关联效应来考虑产业集聚实际上是对货币外部经济的进一步深化。总的来看，有关产业垂直关联效应的文献基本可以归纳为以下三类：③

1. 制成品部门垄断竞争模型

有关制成品部门垄断竞争模型的文献占据了产业联结关系文献的绝大部分比例，以藤田昌久（1981）的研究作为新经济地理学关于产业链垂直关系论述的开端，此后，阿德贝尔－拉曼（1988）、阿德贝尔－拉曼和

---

① 实际上在克鲁格曼（1991）的模型中，其更强调的是货币外部性，即需求变动对市场容量的影响以及由此带来的产业集中现象。在这一模型中，劳动力处于自由流动状态，对企业区位选择的一个随机冲击将导致两个显著的循环累积结果：第一，当企业改变区位，劳动力也将随之流动并导致消费支出发生转移，由于企业偏好市场容量大的市场，消费支出转移将会导致更多企业随之流动；第二，随着企业流动将降低流入地的产业平均工资，这将进一步激励更多企业流入，并不断积累。在这一模型中，并没有具体分析产业内部之间的联结问题导致的市场容量扩张问题，将整个产业作为一个整体来分析，无法分析劳动力不流动时产业集聚是如何形成的，鲍尔温（1999）就以欧盟为例提出了这一问题，欧盟的人口流动性是非弱的，而欧盟的产业区又是比较明显的，这种产业区是如何形成的，传统的中心—外围模型无法给予合理解释。库普曼和贝克曼（1955）实际上已经指出，即使不考虑劳动力流动，产业之间垂直关联效应及中间品交易同样可以达到企业在一个地区的不断积累现象。

② 关于上下游企业集中可以低成本获得投入品的观点可参见奥苏利文（2003）的研究，关于产业集中可以导致产品种类多样化的观点可以参见保罗和麦克唐纳（2003）的研究，关于产业集中可以导致产品种类多样化和生产率溢出的观点可以参见科恩和保罗（2005）的研究。

③ 有关产业垂直关联效应的文献也可以从"后向联系"和"前向联系"来划分，后向联系指的是一个地区由于某种原因使得制造业集中，这将意味着提供了一个巨大的中间品需求市场，这时中间品生产企业就会内生形成或者其他中间品企业向这一区域集中，这一观点实际上就是赫曼森（1972）、劳伦（1972）、莫斯利（1974）、佩鲁（1969）、托马斯（1972）所称的增长极理论；前向联系指的是一个地区集中了大量的中间品企业，这将导致制造业为了获得廉价的中间投入品而向这一区域集中。但由于产业集聚的文献基本上同时考虑到了这两种联系，为此本书的划分采用的是分析方法上的差异。最早关注产业链在产业集聚过程中作用的是传统经济地理学文献，如胡佛（1948）、廖什（1952）、伊萨德（1956）、赫希曼（1964）、乌尔曼（1964）。

藤田昌久（1990）、西科尼和豪（1993）、赫尔姆斯（1995）的研究都是借助于迪克西特—斯蒂格利茨垄断竞争模型分析马歇尔外部性的一个重要表现，即就业人数的集中导致对中间品的需求上升和种类多样化，从而扩大了一个地区的市场容量并最终实现区域经济平衡。①

维纳布尔斯（1996）严格按照新经济地理学的分析框架，考虑中间品运输成本和工资差异对上下游企业的区域选择过程中的多重均衡结果给予理论上的分析。在两区域模式中，如果两区域产业完全相同，区域差异仅在于市场大小，市场大的区域将拥有更多的企业集中（$\partial g/\partial \eta \cdot \eta/g > 1$）；如果区域市场容量和运输成本相同，两个区域将拥有相同的企业数量；如果区域市场容量相同而运输成本不同，两个区域拥有的企业数量取决于两个区域的相对需求，并且结果对运输成本具有完全弹性。

如果两区域产业不相同，属于垂直相关联产业，一个区域为上游产业（a），另一区域为下游产业（b），区域产业均衡结果取决于运输成本、工资差异和产业关联程度大小，具体而言：（1）如果产业具有高度关联并且运输成本不变，企业将最终趋于集中在一个区域；如果产业关联度不高且运输成本较低，区域工资差异将决定企业的分布，低工资区域将吸引更多的企业集中，最终使两区域工资趋于均衡，企业分布也随之均衡；（2）高关联的产业联系能够使得一个区域支付相对较高的工资，并形成一个自我累积的循环过程，而低产业低关联则对企业缺乏吸引力，除非其具有足够低的工资水平。

贝勒佛莱明和杜勒蒙（2000）则修改了维纳布尔斯（1996）的模型条件，在维纳布尔斯的模型中，产业的上下游企业关联度对产业分布起着决定性作用，实际上认为上游企业都是同质的，产品完全相同，下游企业也一样。而没有考虑到处于产业上下游内部企业产品差异对企业区位选择的影响。其基本结论认为：如果下游企业的产品差异度不大或完全相同，下游企业将完全专业化生产相同的中间品，并且上下游企业将完全集中于某一区域；如果下游企业的产品差异度比较大，则存在着多重均衡，上游企业则分别集中于生产某一下游企业所需的中间品或同时生产多个下游企业的投入品，这取决于运输成本和工资差异。

---

① 也有一些文献的研究认为随着经济发展产业一体化会趋于下降，如斯蒂格勒（1951）、佩里和格罗夫（1985）、瓦斯拉基斯（1986）、洛基（1990）、古德弗瑞德和麦克德莫特（1995）。

庞蒂斯（2002）则运用博弈论的方法重新分析了维纳布尔斯（1996）的观点，其认为，在中间品的需求密度不高的情况下，生产的区位模型遵循以下几种情况：如果运输成本足够高，下游企业将不会从上游企业购买中间品，这时中间品企业将选择与下游企业集中在一个区域；如果运输成本适中，下游企业将趋于分散集中于两个区域并向各自所在区域消费群体提供商品；如果运输成本非常低，下游企业将向两区域中心点集中，并同时向两个区域提供商品。这些结论与维纳布尔斯（1996）的企业分别在两个区域不同集中模式有很大的区别。

2. 中间品部门垄断竞争模型

藤田昌久和滨口（2001）在藤田昌久和克鲁格曼（1995）的基础上将产业集聚的动因由需求多样化转换为中间品多样化，从现实的情况来看，中间品多样化在产业区和城市发展中的作用要比需求多样化更为明显。① 在该模型中，整个行业分为三部门：农业、制造业和中间品生产部门，前两部门为完全竞争且规模报酬不变，中间品生产则处于垄断竞争且处于技术报酬递增市场结构。

与藤田昌久和克鲁格曼模型分析的产业完全集中于某一地区这一结果不同的是，藤田昌久和滨口的结果具有多样化的特点，这取决于不同的参数和条件，其结果总的来看可以归结为以下几点：（1）当中间品部门的运输成本与农业和制造业部门相比足够高时，制造业与中间品生产部门将完全集中在某一地区或城市内部，两部门之间形成的前向和后向垂直产业链成为产业集聚的动因。（2）一体化区域或城市一旦形成，人口增长本身将不可能单独决定城市的兴衰，区域本身通过不断吸引非农业劳动力而得以增长，如果中间品生产部门的产品替代度比较高（差别不大），人口的增长将导致劳动力的福利水平持续下降，这一结果与藤田昌久和克鲁格曼的结果完全相反。（3）如果中间品种类不断增加，劳动力的福利水平则不会下降，原因在于中间品部门将有可能会流向新的区域从而形成新的经济区或新的城市，这时中间品和制造业部门将趋于分散集中，劳动力的福利水平也会随之提高。

阿米蒂（2001）则将藤田昌久和克鲁格曼（1995）的模型进一步扩

---

① 特别是自20世纪80年代以来许多发达国家大都市经历了新一轮经济增长，其复苏的动力主要来自中间品部门的增长，大多数产业都增加了对外部商品和劳动力的购买以节约内部开销，并促使不同产业区开始转型升级。

展，考虑到技术冲击对企业集中的影响，实际上同步考虑到了货币外部性和技术外部性对产业集聚的影响①，通过四阶段博弈分析，均衡条件下上游企业的均衡数量为：

$$n_1^* = \sqrt{\frac{\mu(kpm_1)^{\frac{\lambda}{\lambda+1}}}{\varepsilon_1 \theta F}} \qquad (2-7)$$

从这一结果可以看出，中间品生产企业数量随着其下游企业（制成品企业）的收益率的上升而增加。制成品收益率增加将导致制成品企业的不断进入，同时增加了中间品需求，中间品企业会进一步进入，导致中间品价格下降，这进一步促使了制成品企业进入，这种反馈机制使得一个地区产业不断得以集中和扩张。

考虑到技术冲击，并且新技术和老技术不相容，上游企业如果进入原有区域，将不会获得任何集聚收益，原因在于新技术和老技术的产业关联效应是相互独立的，新技术的出现并不会对原有产业关联产生大的冲击，并且新技术的成本要高于老技术，这时拥有新技术的中间品生产企业将流向新的区域，并且新的区域的工资水平要低于原有地区，这时新的经济区就会形成，多重区域均衡结果将会出现。②

庞蒂斯（2005）认为在中间品生产垄断的情况下，较高的中间品和最终品的运输成本将驱使企业向一个区域集中，如果这些成本下降将导致企业区位选择趋于分散，如果运输成本处于某一中间值，则存在多重均衡。

罗恰等（2006）则通过三阶段博弈分析了产业集聚问题：一方面，投入品的运输成本上升使得下游制成品企业向中间品企业地区流动以节约运输成本；另一方面，总的运输成本上升或制成品企业数量不断增加导致竞争程度上升将使得制成品企业分散从而选择更接近消费者的区域生产。

3. 双寡头博弈模型

这一模型主要运用博弈论的分析方法讨论企业的区位选择问题，其分

---

① 弗拉姆和赫尔普曼（1987），莫塔、蒂斯和卡布拉斯（1997）的研究同样考虑到了引入技术之后的中间品种类多样化模型。在这些模型中，新技术引进指的是高质量产品的出现，而在阿米蒂（2001）的模型中，新技术指的是新的生产技术，前者从结果来判断技术发生，而后者是技术引进对产品质量和种类的影响。

② 阿米蒂在2005年的研究中进一步将赫尔歇克—俄林的比较优势理论与产业垂直关联效应结合起来分析国际产业区的形成问题，其认为，即使要素使用密度存在差异，较低的运输成本仍然可以导致上下游企业集聚。

析的出发点仍然围绕豪泰森线性大街模型。安德森和蒂斯（1988）、汉密尔顿（1989）首先将博弈论的分析方法引入企业区位决策过程中，在两企业成本不同的情况下，企业首先决定区位然后决定产量，或者先选择价格再决定产量，并分析比较了古诺竞争和博川德竞争的不同结果；安德森和内文（1991）则讨论了博弈的结果对消费者分布的影响，在古诺竞争结果下，无论企业数量多少，所有的企业都将向某一区域集中；古普塔等（1994）则强调了人口密度对博弈结果的影响，即人口沿线性大街并不呈现均衡分布时的产业区位选择的多重均衡问题。梅耶（2000）则在古普塔（1997）的模型基础上引入产品差别对区位分布的影响，即生产成本和运输成本同时存在差别时的企业多区域分布情况。

第六节　竞争优势与产业集聚

产业集聚对经济的影响重要表现形式之一就在于其对于生产率有着重要意义，而生产率的提高取决于产业的竞争态势，从这一角度来讲，产业集聚形成的一个动因就在于其可以提高企业的竞争力和生产率，从而使得企业倾向于流向企业数量集中的区域，从而使这一区域进一步扩张。

按照波特（1997）的观点，产业集聚提高了内部企业的竞争优势主要表现在以下三个方面：（1）提高企业的生产率。产业集聚使得企业可以低成本获得专业化的投入品，如专业化的劳动力和高质量的中间品，并可以获得专业化的信息，在上下游企业同时集中的情况下，还存在着生产率的企业间溢出效应，同时，企业越集中，公共品的提供也相对较好。（2）影响企业创新的方向、降低企业创新成本，这决定了企业未来的竞争优势及竞争方向和空间。（3）激励新企业出现，强化了集聚本身的效果。集聚区域本身提高了企业的集聚收益，可以降低企业形成过程中的种种风险并提供了成熟的市场，加上集聚体内部本身的市场机会要远高于外部，这都为新企业从集聚体内部不断出现提供了内生机会。

波特（2000）进一步阐述了产业集聚对于企业竞争优势的影响：产业集聚既强化了企业间的竞争又促进了企业间的分工与合作、通过"干中学"促进了劳动力的生产率和新企业出现的机会、促进了企业间的非正式信息交流、促进了产业组织的创新。波特等（1998）、波特（2000）、波特和斯特恩（2000）都强调了集聚带来的竞争优势。

萨克森宁（1999）对硅谷和128号公路地区的产业集聚带来的产业持续增长和生产率提高进行了详细的实证分析，表明这些地区企业数量的不断增长带来的竞争优势，以及这些竞争优势又将吸引更多的企业流向这些地区。此外，安德森（1985）、佛罗里达（2002）则强调集聚区域带来的竞争优势重要表现结果为区域内部各种要素之间的相互融合带来的预期之外的收益。

第七节 交易费用与产业集聚

按照费泽（2004）的理解，分工和交易是产业集聚的核心，随着产业集聚形成和扩张，市场容量和产品种类带来的交易规模和交易成本也随之上升，而种种交易过程中带来的各种交易费用和风险将对产业集聚产生影响，这时，从交易费用角度解释产业集聚过程就显得十分重要了。如果把产业集聚过程中运输成本作为交易费用的一个方面，其实就可以把产业集聚的重要原因归结于降低交易过程中的种种风险和费用。

有关企业理论的发展有助于理解交易费用在产业集聚过程中的作用[①]，恩赖特（1995）认为集聚区是对企业内部科层结构的一种替代，区域内部企业间的相互依赖可以降低交易成本。亚马里诺等（1995）则认为交易成本、空间和区位三者互相整合共同决定了企业的集中方向。而按照伍德和帕尔（2005）的理解，以产业区为代表的空间集聚和企业分布涉及三个层面的交易成本：一是Coase意义的组织交易成本；二是空间运输成本，涉及要素和投入品价格问题；三是不同区域制度上的差异导致的不同交易成本。第三个层面在上述讨论产业集聚形成过程中的作用时并没有得到体现，实际上假设了所有的经济区域具有相同的制度设计，因此，只考虑到了空间运输成本和要素价格对产业集聚形成的影响，而没有考虑到交易空间的异质性的影响。[②] Scott（1983）和 Storper（1995）首先将交

[①] 具体文献可参见科斯（1937）、威廉姆森（1975，1979，1989）、霍姆斯特姆和梯若尔（1989）、米尔格罗姆和罗伯茨（1992）、杨小凯和黄有光（1995）、哈特（1995）等的研究。

[②] François Perroux, "Economic Space: Theory and Applications", *Quarterly Journal of Economics*, Vol. 64, No. 1, 1950, pp. 89–104.

易成本理论纳入产业集聚区的形成过程中，并被 Greif 和 Rodriguez – Clare（1995）、Gordon 和 Richardson（1997）、Gertler（2003）、McCann（2001）、Simmie 和 Sennet（1999）、McCann 和 Sheppard（2003）、McCann 和 Shefer（2004）进一步完善。总的来看，这方面的文献可以从以下三个方面加以概括：

1. 交易成本模型

（1）集聚可以减少机会主义风险。随着企业空间不断集聚，空间内部差异性不断下降，企业间普遍采用标准化的合同，代理人的行为更加容易监督，有效的合同约束机制使得企业行为相对可预期，机会主义风险发生概率明显小于分散条件下的结果（Sokoloff，1995），并且随着交易空间的同质性上升，由于监督成本相对较低，代理人问题在频繁交易的情况下也很少发生（Kreps，1996）。对于那些不遵守合同的代理人，整个区域内部相关企业都将对这种行为产生反应，减少对这种代理人的合同数量，这种处罚机制约束代理人遵守合同，提高了企业间的守约率和信任度。①

（2）集聚减少信息交流成本。随着交易次数的增加，企业间的信任程度上升将激励其"面对面"交流，信息的快速传递又为更多的企业参与到交易过程中提供了基础，从而吸引企业不断由信息成本高的地区向成本低的地区流动，并且，这种信息交流机制又激励企业从区域内部不断显现从而内生化这一区域的产业集聚规模。② 并且，"面对面"交流对于提高企业间的信任度和合作提供便利，这种便利可以保证企业间的合同守约性提高，提高交易效率，而集聚本身又可以降低企业间"面对面"交流的成本，并能够及时纠正不合作企业的行为，从而提高整个集聚区域企业的福利水平。③

米尔斯（1992）进一步区分了共性和专业信息，共性信息是无法在

---

① 关于集聚可以降低机会主义倾向的研究还可以参见奥斯特罗姆（2000）、费尔和盖希特（2000）。而加里卡诺和哈伯德（2003）、海斯利和斯特兰奇（2005）则从理论和实证两方面论证了集聚对于降低机会主义提高市场容量的影响。

② 麦凯恩（1995）、加斯珀和格雷泽（1998）、斯图亚特和索伦森（2003）的研究都从不同的角度不同的案例证实了信息交流机制在降低交易成本方面的作用。

③ 格雷泽等（2000）、博内特和弗雷（1999）、卡德纳斯等（2000）、弗罗利希和奥本海默（1996）、奥斯特罗姆（2000）的研究证实信息交流在合同守约性提高方面的重要作用。小林（1998）则证实了信息交流在确保合同守约过程中对企业的约束作用，并认为，合同守约率的提高可以提升整个区域的福利水平。

合同当中给予明确说明的，体现在企业的共同默许，这种信息随着企业的不断集中而得到普遍性的认可，这种认可程度与企业的数量和交易频率呈现正相关关系，企业的数量越多，交易频率越高，共性知识就相应越多而且会被大家所接受，这将促进交易的速度，节约交易成本；专业信息则随着企业垂直一体化程度的上升而传播速度加快，可以提高整个集聚企业的生产效率。考恩等（2000）、约翰逊等（2002）、盖特勒（2003）则把共性知识理解为默契知识，这种知识有利于企业的知识学习速度和信息的传播。

2. 专业资产模型

这类分析方法认为产业集聚区的显著特点是企业间契约关系的长期稳定性以及行为的可预期性，这类模型最初由韦伯（1909）为代表的古典经济学和摩西（1958）为代表的新古典区位生产理论最先提出，主要用于分析企业间投入—产出的融合分析。为了成为集聚区的一部分，企业往往进行长期投资（包括物质资本投资和厂房投资），在一体化模式下，上游企业还要进行专业资本投资，这些投资都具有很高的进入和退出成本，企业间也往往存在隐性和显性的长期合同或契约，目的在于降低交易成本和交易风险。①

3. 社会网络模型

格兰诺维特（1973）首先从社会分工网络角度对企业集聚现象给予了解释，这可以看作对威廉姆森（1975）企业等级理论的回应。社会网络模型认为不同组织中决策制定者之间的相互信任关系至少与企业内部等级决策层次之间的关系是同等重要的，这些信任关系表现为多个方面，如联合游说、合资企业、非正式的联盟、交易合同中的互惠安排等。这些信任关系的最重要功能在于降低企业间的交易成本，其根本原因在于这种关系可以尽可能地降低企业选择自我利益时的机会主义行为，这种企业间的非机会主义的行为还可以增加企业的集聚力减少企业外迁的动力，企业集聚则可以放大这种企业间的信任关系的长期稳定性，同时有利于该地区形

---

① 乔斯科（1985）的资产专用性模型对长期合同的解释最终归结为对于交易成本和交易风险降低方面的影响。Paul Joskow, "Vertical Integration and Long – term Contracts: The Case of Coal – burning Electric Generating Plants", *Journal of Law, Economics and Organization*, Vol. 1, No. 1, 1985, pp. 33 – 80.

成一个相互信任、非机会主义行为和合作的市场环境。①

第八节 本章小结

从上述文献的梳理来看，产业集聚形成的动因分析围绕着三条基本的主线，一是分工理论；二是克鲁格曼的中心—外围理论；三是交易成本理论。无论哪一种分析方法基本的结果同样印证了经济活动的空间集聚和经济增长之间存在着一种自我强化机制，产业集聚无论是对于知识溢出、人力资本积累和创新、降低竞争成本和机会主义倾向，还是在提高企业的竞争优势方面都起着重要的作用。上述这些观点基于不同的假设条件从不同的视角对产业集聚这一现象给予解释，这对于我们深入理解产业集聚的本质进而对于政策取向具有重要意义。

由于中心—外围理论和交易成本理论得到大量理论和实证的支持，使得新兴经济理论学得到快速发展，以后的文献大都沿着不完全竞争、规模递增、产品多样化的思路并结合外部性、运输成本、历史因素以及新增长理论进一步将中心—外围理论的研究加以细化，并将产业集聚研究推向新国际贸易理论，将区位、运输成本、报酬递增因素纳入国际贸易分析框架，从而丰富了产业集聚区位、地区专业化与国际贸易理论，并弥补了马歇尔和韦伯的外部性理论。但中心—外围理论和交易成本理论在很大程度上还只能称为选址模型，即已经出现的企业如何在不同的区域安排生产，出发点是基于现有已经存在的企业为什么会集中到一个特定的区域进行分析，而没有解释企业是如何在一个区域内生形成和演化的，这取决于相关的成本和收益比较。

从内生产业集聚来看，完全内生化分析的只有分工理论，将企业内生形成作为集聚的动因，分工深化与企业演进共同决定了产业集聚的规模和水平。如果从分工角度来探讨产业集聚机制，必然涉及企业如何在区域内部自发形成和演进，毕竟分工和演化分析无法脱离企业家的裂变过程。这就需要考虑企业家在产业集聚过程中的行为，而企业家形成和行为则与集

---

① 拉德纳（1968）则从理论上证明了网络经济下竞争性合同的存在性问题，纳格尼（1999）则分析了网络均衡下存在交易成本时的行业表现特点；桑尼斯和休因斯（1998）则强调路径依赖反映出来的交易成本结构特征；Polenske（2002）的研究则认为这些特点和特征都对企业的区位选择产生重要影响。

聚外部性有着直接关系。就现有文献来看，关于外部性的研究主要集中于分析集聚的就业效应和产出效应[①]，基本没有涉及集聚外部性与企业内生出现的问题，虽然埃斯和阿明顿（2004）、布劳纳希约姆（2007）的研究对这一问题给出了模糊的理论阐述，大量的文献对企业家与集聚的关系并没有给予足够的关注。真正考虑到这一问题的则是范奥特和阿泽玛（2004）的研究，其认为产业集聚区域存在的外部性提高了企业家显现的比率，从而提高了区域本身的产出增长水平，并且在集聚区域内部人们更容易积累知识并抓住市场机会从而成为企业家，这种企业的内生显现过程是产业集聚规模不断扩张的主要表现形式[②]，而 Guiso 和 Schivardi（2007）则直接将产业集聚等同于企业家集聚。

结合中国学者的实证研究，产业集群中的新企业出现大多都是从原有的企业中获得了大量的知识外溢的人员建立起来的（硅谷就是典型的案例），获得新知识并建立新企业人员就成为知识外溢的载体，企业家精神就成为知识扩散和产业集聚的机制（王程、席酉民，2006；张正义，2007；陈继明，2007），企业家是产业集群形成和发展过程中最能动的主体。从现实的角度看，产业集聚的过程实际上是基于市场机会捕获过程中企业家不断显现的过程以及由此引发的一系列制度激励，产业集聚实质上是企业家集聚，而企业家的形成是市场过程的产物，其表现形式之一在于：当劳动力在现有的企业中通过培训或干中学获得的知识积累水平和个人适应市场能力值超过建立新企业对劳动力的能力要求时，如果成为企业家的净收益超过其现有的收益，其就会从现有企业中流出而建立一个新的企业，这时企业的数量将会上升，产业集聚便随之发生。

从某种程度上而言，无论是中心—外围模型、交易成本模型还是分工模型，都无法回避企业家在决策过程中的作用，企业家的裂变和演化过程决定了产业集聚的动态形成和演变路径。无论是外部性理论还是内生分工理论，最终都依赖于企业家的知识积累和扩散。基于这样的理解，从企业家形成这一角度来探讨产业集聚机制仍然有待于进一步深入研究。

[①] 关于就业效应的主要文献有：格雷泽等（1992）、安德森等（1995）、罗森特尔和斯特兰奇（2003）；关于增长效应的主要文献有：弗尔德曼和奥德斯（1999）、帕奇和乌萨伊（1999）、范德潘内和范比尔斯（2006）。

[②] 相关的研究可参见比泰尔和沃特金斯（2006）的研究，此外，斯特恩斯和希尔斯（1996）、达尔斯特兰德（1997）、谢恩（2003）、卡森和韦德森（2007）也给出了类似的结论。

第三章　企业家视角下的产业集聚过程

第一节　企业家与经济增长的研究

在熊彼特（1934）看来，企业家精神是一种重要的生产要素，是长期经济增长的真正源泉，正是具备了创新灵魂的企业家不断地开发新产品、引入新的生产方式、开辟新市场、建立新的组织结构才推动了经济的动态发展。

尽管熊彼特关于企业家创新精神的思想被后来的经济学家们所继承，而且大多数的理论研究都认为企业家精神对于一国经济长期持续增长至关重要[①]，但是在以技术创新为基础的内生经济增长文献中，对于研发投入和技术水平巨大跨国差异现象的成因仍缺乏合理的解释（庄子银，2007）。自进入20世纪80年代后期开始，由罗默触发的内生技术创新增长理论完善了索洛的新古典经济增长模型，新发展起来的内生经济增长理论开始强调经济激励对技术创新和经济增长的重要作用，在内生经济增长模型中，质量改进的存在使得高质量的新产品会替代低质量的产品，技术进步带来了"创造性破坏"[②]。由此，企业家精神开始逐步引入内生经济增长模型，熊彼特的经济增长思想在经过漫长的沉寂后又重新复苏。

早期包含企业家精神的内生经济增长模型中，阿吉翁和豪伊特

---

① 这方面开创性的研究可参见罗默（1990）、格罗斯曼和赫尔普曼（1991）、阿吉翁和豪伊特（1992）。

② 有关内生经济增长理论方面的演进脉络和研究进展，参见潘士远和史晋川（2002）的文章。

（1992）的研究对内生化创新的经济增长理论影响最为突出，[①] 他们首次将熊彼特"创造性破坏"的思想纳入模型当中，强调了研发部门新的生产技术会替代现有技术从而获得暂时的垄断租金。在他们的模型中，垄断租金将激励企业家不断进行创新。这种企业间创新竞赛将推动技术的不断进步，从而促进经济增长。这种对知识技术创新投资的目的性和逐利性的探讨，都和熊彼特提出的企业家创新精神是经济发展动力的理论相一致。

阿克斯等（2004，2009）的研究进一步指出罗默的知识溢出模型并没有解释知识投资和溢出行为的发生机制以及如何影响经济增长，他们强调知识本身与经济增长之间没有必然的内在联系，只有当知识被转化成经济知识并进一步形成商业机会的时候，由于不同个体对于机会和期望收益的评价不同，某些经济个体开始创办新的企业来谋求获利才会对经济增长产生重要影响。因此，企业家精神是简化知识溢出效应的一种机制，是连接知识与经济增长之间必不可少的环节。[②] 明尼蒂和莱韦克斯（2010）借鉴舒密茨（1989）的企业家模仿创新思想，在产品种类扩大的技术创新增长模型的基础上，将企业家精神区分为创新型与模仿型并同时纳入增长模型进行分析；由于模仿型企业家对于创新中间品的模仿会带来竞争，因此在均衡状态下，创新型企业家和模仿型企业家均对创新的增长率产生积极影响，只不过模仿型的企业家对经济增长的促进作用是间接的。

多数实证研究都发现，企业家创新创业的生产性活动和经济增长之间存在明显的正向关系。例如，贝格尔斯迪科和努德海文（2004）、拉齐尔（2004）、奥德斯和弗里奇（2003）的研究都表明，企业家创新创业精神是导致地区经济增长差异的一个重要因素，生产性的企业家创新精神与创业活动有助于促进地区更高的经济增长率。米勒（2006）、奥德斯和凯尔巴赫（2008）以德国作为实证研究对象，发现企业家创新精神和研发强度都会推进地区的经济增长。格雷泽等（2012）以美国20世纪中期的矿产和煤炭资源型城市为样本，在控制了企业家精神和雇佣率增长的内生性

[①] 舒密茨（1989）、桑德斯（2007）等学者也都对企业家精神和经济增长关系进行了数理模型的分析，舒密茨（1989）第一个将企业家精神明确模型化并引入内生经济增长模型中，但是在他的模型中将企业家活动的作用严格限制在模仿创新方面，仅仅强调了模仿活动的作用，这一局限使得其研究的影响力和解释力度远不及阿吉翁等（1992）的文献。

[②] Braunerhjelm, P., *Entrepreneurship, Knowledge and Growth*, Centre of Excellence for Science and Innovation Studies Working Paper Series, Vol. 4, No. 5, 2008, pp. 451 – 533.

之后，利用工具变量的分位数回归方法估计了企业家创新创业的生产性活动和城市经济增长之间的关系，他们发现，就美国城市而言，用20世纪70年代城市所具有的企业家创新创业精神（自我雇佣率）可以预测该城市未来三十年的人口和收入增长水平。埃尔肯等（2009）就以20个OECD国家1971—2002年的面板数据为样本，采用全要素生产率（TFP）为被解释变量、企业所有权比率衡量的企业家创新创业活动为解释变量，回归结果表明，企业家创新创业的生产性活动对于生产效率（TFP）具有稳定而显著的积极影响。

部分学者也以转轨国家作为研究对象，如麦克米伦和伍德拉夫（2002）对俄罗斯、波兰、中国以及越南等转型经济的分析指出，转型经济能否取得成功在很大程度上取决于企业家的创新创业精神，那些对企业家创新创业活动限制过多的经济体往往经济绩效也较差。伯科威茨和德容（2003）对苏联各地区经济增长差异原因的分析结果表明，在考虑了初始条件和政策改革措施的影响之后，企业家精神的活跃程度与苏联解体后该地区的经济增长在统计上呈现出显著的正相关关系。李宏彬等（2009）运用动态面板系统广义矩估计方法，以中国1983—2003年省级层面数据，实证检验了企业家创新创业精神对经济增长的影响，估计结果显示"企业家创业和创新精神对经济增长有显著的正效应，而且这种关系是因果性的"。

第二节　企业家与产业集聚动力

企业家为什么会选择聚集在一起，最根本的原因在于企业集聚相对于分散可以获得更高的利润，集聚所带来的各种好处可以降低生产成本或者提高收益。因此，追求利润最大化是企业家选择集聚的根本动力所在。正是由于企业家对追求利润的自发性和普遍性，在竞争效应和示范效应的作用下众多企业家选择具有较低创业成本与预期较高收益的产业，在不断的模仿、创新过程中形成了产业的聚集。虽然我们可以从分工、外部性、规模报酬递增、预期、历史因素、关联效应、竞争优势和交易费用等不同角度来探讨企业为什么会集聚在特定的区域这一现象，但这些因素实际上都可以归结为企业家追求利润最大化过程中基于自身知识积累约束下的行为选择。

从分工的角度来看，分工带来的专业化导致技术进步，技术进步产生报酬递增，分工既是经济进步的原因又是其结果，这个因果累积的过程所体现出的就是规模报酬机制，企业家对这一机制的激励反应就成为产业集聚的根本动因。从这个意义上来讲，企业家集聚是为了获取分工带来的技术进步和报酬递增自发形成的空间集聚过程，这一过程正是基于分工意义上的要素累积和报酬递增自我强化过程。分工演进促进市场规模与产品市场需求的扩大、生产率提高，决定着知识的积累速度和获得技术性知识的能力，进而决定着报酬递增。通过大量的关于分工组织的试错实验，企业家可以获得更多的关于分工组织的制度性知识，从而选择更有效的分工结构，改进交易效率，提高分工水平，从而使得企业家获得技术性知识的能力提高，形成内生技术进步。而企业家不断集聚的过程则可以提高交易效率、降低交易成本，并进一步促进分工。如果把产业集群从分工的角度看作分工网络的扩大和合作秩序的扩展的话，就不难理解一个地域的企业家和企业家精神对产业集群形成的推动作用。

从外部性来看，知识和技术溢出带来的外部经济是产业集聚的重要动因，外部经济是非市场交互作用的结果，它通过影响某一人的效用或某一企业的生产函数来实现，即强调生产函数（技术）上的相互依赖。因此，外部性的存在可以提高每一种要素的边际产出水平或者降低企业的边际成本。企业家则要根据外部性的大小和要素的价格决定每一种要素的投入，从而确定一个最优的资本—劳动比，以实现利润最大化。

从规模报酬和运输成本来看，如果企业大量集中于某一区域生产，市场容量将扩张，这反过来又将促使企业向这一区域集中，这样的正反馈机制使得企业家会选择向一个地区不断集中，企业的大量集中必然形成由于外部货币性经济带来的生产成本的节约，意味着产品的价格相对于其他地区的下降，并且，规模经济带来的市场价格下降意味着工人的实际收入将上升，进一步促进劳动力向这一区域流动，从而增加了这一区域的市场需求量并促进需求多样化，进而引致企业产出的进一步增加以及产品种类的同时增进，从而解决了产品种类多样化与规模报酬递增同时并存的难题。

从关联效应来看，企业间存在着不同程度的垂直联结效应，这种效应同样可以扩大一个地区的市场容量从而吸引更多的产业集中。实际上产业内部不同企业之间必然存在着分工问题，分工意味着企业之间存在着产业链的依赖问题，这种依赖形成的循环累积同样会引发企业不断向一个地区集中。产业关联效应导致的产业集中动因可以归结为"Thick – Market"效应，即上下游企业的集中可以低成本获得专业化投入品并提高企业产出和收益率从而促进资本积累，并且，这种联结效应可以导致产品种类多样化以及企业间不断增进的生产率溢出。这就涉及企业家如何在垂直的产业链条中选择自身的生产行为，并通过自身行为的不断调整以适应整个生产链条的变化进而降低其投入成本。

从竞争优势来看，企业家选择集聚可以提高企业的竞争优势，主要表现为集聚可以带来生产率的提高、低成本获得专业化的投入品，影响企业创新的方向，降低企业创新成本，并决定了企业未来的竞争优势与竞争方向和空间，激励新企业出现，强化了集聚本身的效果。

从交易费用来看，产业集聚的重要原因归结于降低交易过程中的种种风险和费用，传统的经济学分析遵循的等边际法则并没有考虑到交易费用这种外部成本给企业带来的影响，而在现实的经济环境中，企业家必然要考虑到外部交易过程中所发生的各种成本对利润最大化条件的影响，如果要将外部成本加以内在考虑，企业家集聚的重要目的就在于减少机会主义风险和减少信息交流成本。

从上述的分析来看，无论是中心—外围模型、交易成本模型还是分工模型，都无法回避企业家在决策过程中的作用，企业家的裂变和演化过程决定了产业集聚的动态形成和演变路径，无论是外部性理论还是内生分工理论最终都依赖于企业家的知识积累和扩散。基于这样的理解，企业家基于自身的判断以追求利润最大化的决策过程是集聚形成和演化的根本动力，并在这样的过程中不断形成自我强化机制从而促进集聚的规模扩张。

第三节　企业家与产业集聚能力

市场的不确定性就要求企业家能够根据不完整的信息组合进行有限理性的判断和决策。企业家才能高低决定着其对市场的判断准确程度进而决定着企业究竟是选择现有知识基础上的路径依赖，还是选择创新基础上的路径突破。企业家能力通过竞争效应和分工效应影响着企业的自生能力，进而决定着一个区域产业集聚的能力和效果。企业家通过外部资源整合以及内部资源组合的调整决定着企业的自生能力以及产业的发展,具体可以通过以下两个方面加以阐述。

一 企业家与外部资源整合

市场机会转化为潜在价值的过程意味着企业家需要根据企业现有资源与机会的匹配程度对资源进行重新配置和整合,从而在潜在收益和成本之间寻找均衡点以获得最大化利润。知识和信息越分散,企业家越有通过整合资源获利的激励。可以说,企业家整合资源的能力决定了潜在资源转化为企业行为的程度,并最终决定着企业的机会收益。就外部资源而言,企业家需要对其他经济主体的关系进行重新调整和重新组合,具体表现在:

(1) 产业链整合。市场的不确定性和多变性决定了企业家需要不断调整其与上下游企业间的关系,并利用其在产业网络中的联系来降低其信息搜寻的成本,增强获取新的技术机会和信息的能力。通过信息在产业网络中的不断传递,企业家可以获得市场中与自己知识存量相关的新知识,选择在产业链条中自己的重新定位,从而促使企业家与企业家之间进行合理的分工,以提高企业间的交易效率,节约交易时间,降低交易成本,最终获得较高的经济租金。斯蒂文森和哈里略(1990)对美国的实证研究发现,那些对外部资源使用充分的公司在一个 10 年观察期中的成长比只聚焦于内部资源的公司明显更为活跃。

(2) 金融资源整合。企业家外部资源实际上是显性和隐性资源的组合,市场规模扩大和分工深化意味着企业需要重新整合其要素投入,企业家需要在市场中搜寻新资源或被低估的资源,尤其是通过整合外部资源以提高其获取关键资源的能力,如金融资源。企业家需要根据其不同的发展目标调整其金融资源的投入。金融制度不仅是融资的制度,还是甄别企业家才能的制度,企业家才能显现得越充分,其从金融机构获取金融支持的可能性越高。一方面可以从银行部门获取其整合资源所需的间接资本支持;另一方面还可以为其进入资本市场提供可能,资本市场为企业家才能增进提供了比银行部门更为有效的平台,这为企业家这种作为"一揽子"要素支配者提供了更为有效的信息流。[①] 对于提高资本和其他要素的交易效率、并购以及监督和激励等都具有不可或缺的作用,这反过来又为企业

[①] 张小蒂、贾钰哲:《中国动态比较优势增进的机理与途径:基于企业家资源拓展的视角》,《学术月刊》2012 年第 5 期。

家才能的进一步拓展提供激励，这种金融市场与企业家才能的正反馈机制最终保证了企业家才能不断积累。此外，专用性资源获取和政府政策支持同样是企业家需要考虑的决策因素，这对于降低市场的不确定性具有十分重要的作用。

（3）国外资源整合。企业家除了整合国内的资源，还可能通过并购等直接投资的形式对国外资源加以利用和整合，企业家才能水平决定了其能否通过有效利用国外市场来增进其动态效率。对外直接投资并不是简单的生产外延，而是通过改变国内现有资源禀赋的约束条件来实现跨国资源配置能力和企业自生能力的提升，进而使得企业家才能在国内和国际两个市场中得以拓展。对于具备较高才能的企业家而言，通过整合国外资源可以获得三重比较优势。一是在面对国内其他企业的竞争时，其在国外市场将具有销售渠道、投入品采购和技术开发等方面的优势；二是对投资目的国而言，被并购企业与当地企业的竞争又具备低成本优势；三是企业双方各自的产品在面向对方市场销售时将获得较低的进入成本。这三个方面的互补协同使得企业家进行要素配置的时空范围扩大，从而提升资源禀赋结构和资源配置的效率，并最终获得动态比较优势。

总的来看，企业家外部资源整合能力的提升，意味着其从外部市场中获得的资源越廉价和越丰富，通过成本优势超越竞争对手的机会就越多。

二　企业家与创造新的生产函数

在外部资源整合的基础上，企业家还需要调整企业的内部资源以创造新的生产函数来适应不断变化的外部环境的能力。企业可以理解为具有潜在价值的异质资源组合，企业家的重要功能就在于将这些异质性资源进行有效的组合，根据需求和竞争态势调整资本、一般劳动、专用技术人员在企业内部的配置比例，在这样的组合过程中不断打破原有的生产过程并创造出新的生产函数。

这一函数最根本的目的是要使企业家所获取的新知识及其内在的隐性知识在企业内部进行流动，从而将企业家的才能转化为企业的吸收能力，这时企业家对内部资源进行整合的能力决定着机会转化为收益的效率。这一函数的根本特征是将企业家才能与新的要素组合纳入生产过程，企业家需要根据现有和潜在的技术态势选择通用性、专用性和专有性资源的投入，并根据要素的价格和质量确定要素的最优组合。这种要素组合必然有利于企业吸收能力的提升，这为企业家知识有效转化为企业内部知识提供可能,从而实现技术创新和新市场的开拓,企业家的才能通过优化要素组合这种方式最终会提升企业家本身和其他要素的产出效率,即企业家要素具有边际报酬递增产出特性,企业家通过要素优化组合以获得大于单个要素的产出之和。

同时,新的生产函数也明确了企业的技术选择方向,作为生产函数的特定参数,技术对于新的生产函数特征乃至企业发展具有重要意义,这是诸多研究已经证明过的论题,但技术的促进作用只有在企业发展方向符合市场需求的情况下才是最有效的。市场机会实际上就是需求机会,企业家对新的生产函数的创造及其所决定的技术水平的选择必然要基于其对市场需求的判断,而需求取决于消费者偏好,偏好的多样化和多变性决定了需求结构及其变动,满足市场需求的技术对企业家而言才是适宜的技术,企业家的作用就在于通过将市场直觉与已有知识存量进行对比,把握需求变动的轨迹,在此基础上不断修正生产函数中技术发展的方向和发展水平这些技术参数,在不同的技术领域进行相互协调,使得研发与市场需求在动态调整过程中得以吻合,从而提高生产函数的产出效率。脱离市场需求的研发,即使技术水平高于其他企业,仍然面临着被市场淘汰的可能。

总的来看,企业家通过不断的知识积累来提高其自身的积累能力,从而提高其对市场机会的把握能力和判断决策能力。在此基础上,通过将企业家异质性、资源多样性、知识分散性加以有效整合,降低机会成本,从而将市场潜在价值转化为显性价值,企业家潜能转化为企业家显能,一方面使得企业家要素在企业发展过程中的作用逐步凸显出来;另一方面也提升了企业的自生能力。

第四节 企业家与产业集聚活力

一 企业家精神与市场机会

企业家精神是在企业既有的资源组合及其变动过程中累积起来的专有知识形态,其基本的功能就在于通过不确定性条件下的发现过程逐步揭示信息,从而将潜在"机会"转为可获得经济租金的真正"机会"。而不确定性问题从根本上来看就是知识的分散性问题,反映了无限知识的分散性与企业家有限知识之间的平衡问题(奈特,1921),企业家的优势就在于，较之政府拥有更多企业发展所依赖的分散的知识（哈耶克，1997），通过把分散的知识和资源整合为有效的整体的能力直接决定了机会实现的方向和进程，并制约着其他要素的配置（张茉楠、李汉铃，2005）。因此，市场的不确定性就要求企业家能够根据不完整的信息组合效率进行有限理性的判断和决策。企业家才能高低决定着其对市场的判断准确程度，进而决定着企业究竟是选择现有知识基础上的路径依赖，还是创新基础上的路径突破。

二 企业家精神与持续性创新

当企业家做出决策以实现创新基础上的路径突破时，就改变了企业的目标函数，在市场给予相应的回报时，就创造出了新的市场，通过示范效应，新的企业家便在这一新的市场中不断显现，直到市场重新恢复均衡。新企业的出现通过其选择过程为新观念、新技术提供竞争性市场进而为专业化细分市场中的企业进入提供可能，这也就意味着新企业的出现同时还创造出新市场和新产品，这又为互补性产品的市场衍生提供可能，最终导致新产品的上下游产业链不断扩展，通过这样一系列正反馈机制，企业家便是随着企业家精神的显现而趋于递增的一个变量，当企业家对某一个市场机会做出反应时，他便创造出了更多的企业家机会。也就是说，企业家精神可以带来更多的企业家精神，机会可以创造出更多的机会。在这样的企业家精神不断溢出和显现的过程中，分工水平得以深化，一个完整的产业链便在特定的区域形成、集聚和演化，新的产品随之不断出现，产品种类趋于多样化，这进一步增加了机会和外部性知识的范围外部性。因此，企业家精神的溢出通过竞争效应和分工效应影响着企业自生能力。

三 企业家精神与新产业形成

企业家精神的核心表现为市场机会的把握以及创造出新的市场机会。新的市场机会表现为两种形式，一是把握现有产业发展过程中体现出来的潜在利润机会；二是基于知识整合能力基础上的预期，通过企业家自身不断的试错过程在平衡收益成本的前提下进行创新，以实现"创造性破坏"，从而促使新产业的形成。这是企业家区别于一般人力资本的根本所在。

新产业的形成所带来的创新收益将给予企业家合理的报酬，通过示范效应会吸引更多的企业家进入这一新产业，或者是激发潜在企业家转化为显性企业家，从而带动整个产业的发展。产业规模的扩大将会导致市场容量扩张，由于企业家知识的异质性，不同的企业家基于其自身的知识结构选择不同的生产链条中的某一环节，分工不断演化，促进整个产业上中下游生产链的完善，从而降低生产成本。这种"创造性破坏"体现出来的企业家精神转化为企业家行为的过程对于产业集聚区域内的产业调整和产业升级至关重要，正是企业家精神转化和企业家精神溢出效应推动着产业集聚的内生演变，从而给产业动态集聚带来活力和推动力。从这个角度而言，产业集聚的发展和演变正是企业家实施"创造性破坏"带来的市场过程和市场结果，集聚内部企业通过技术创新链和产品链加以连接，从而使得产业集聚具有可持续性并保持产业集聚区的活力。

正是企业家对市场机会的把握带来的创新不断推动着企业的发展，创新的扩散效应带动着整个产业的发展，这样的"创造性破坏"过程是产业发展的推动力，这也正是产业发展体现出来的活力。企业家精神的显现程度和频率决定着产业发展的活力。换言之，企业家活力决定着产业发展的活力。

第五节 企业家与动态比较优势

企业家追求利润最大化的动力决定了产业集聚的动力，企业家进行内外部资源整合的能力决定了产业集聚的能力，企业家精神显现和溢出决定了产业集聚的活力。企业家动力、能力和活力决定了区域产业集聚的效果及其所在市场交易过程中获得的动态比较优势。

诸多的研究同样揭示，企业家人力资本状况是影响一国技术进步和经济增长的关键因素，企业家人力资本丰裕度及企业家对技术识别和消化吸收的效率会影响一国技术进步和经济增长（张小蒂和赵榄，2009）。

边燕杰和丘雄海（2000）从社会资本的角度探讨了企业绩效问题，认为"社会资本通过获取稀缺资源的能力对企业绩效产生直接的提升作用，产业结构和企业家能动性则是约束社会资本作用的重要因素"。庄子银（2003，2005）认为："企业家是长期经济增长的关键因素，拥有较多企业家的经济比拥有较少企业家的经济有更高的增长率。影响企业家数量以及企业家活动范围的政策和相关的制度环境都会最终影响一国的增长率，企业家更多地从事生产性的创新活动，经济才能打破低水平均衡陷阱趋向较发达的均衡。"贺小刚和李小春（2005）基于微观企业调查数据的研究表明，"企业家对企业绩效的直接贡献有限，而企业家政府关系能力和社会关系能力的贡献显著且稳健"。这种结果实际上表明企业在面临市场准入、要素价格管制等条件下，利用政府关系配置资源往往存在高昂的寻租成本（Shleifer & Vishny，1994），从而降低了企业家的收益。[①]

李宏彬等（2009）利用省级面板数据证实"面向企业家的激励机制影响企业家精神的发挥从而决定了企业的绩效"。张小蒂和赵榄（2009）进一步证实，"企业家丰裕度与区域收入差距显著正相关，企业家人力资本结构对提高一个地区的财富水平具有不可替代的积极作用"。赵榄（2010）则从创新和干中学视角研究了企业家要素增进与动态比较优势提升的关联机理。张小蒂和贾钰哲（2011）指出，"企业家创新通过诸要素在多种新组合中的试错可实现经营绩效的显著提升与市场份额的有效扩大，从而超越单纯的技术创新，企业家通过整合要素配置从而获得知识产权和渠道控制力，并且驾驭宏观经济周期"。

张小蒂和姚瑶（2012）从创新角度探讨企业家对于区域经济发展差异的影响，认为："企业家通过寻求技术水平与生产成本之间的平衡，从而可实现技术创新与要素整合创新的良性互动，并且，企业家对创新绩效的影响因子要明显高于专业技术人员这样的一般人力资本。"张小蒂和贾钰哲（2012）认为："动态比较优势增进的关键在于企业家资源的拓展和企业家能力的提升，市场规模的扩大则是企业家资源拓展的关键途径。"张小蒂和姚瑶（2012）基于斯密分工深化的比较优势观点，进一步证实了"企业家人力资本拓展和市场规模扩大两者之间的互动耦合关系对比较利益增进的显著影响"。

第六节 本章小结

将企业家作为一种特殊的要素纳入生产函数来考虑企业的集聚行为，将以往注重资本和劳动要素的集聚过程过渡到企业家的集聚过程，企业家作为能动性最强的一种要素，其本身的投入对于企业产出产生影响，同时

[①] 关于这方面的研究可参见 Andrei Shleifer, Robert Vishny, "Politicians and Firms", *Quarterly Journal of Economics*, Vol. 109, No. 4, 1994, pp. 995–1025。

还决定着其他要素，如资本、劳动的投入比例，进而决定着利润最大化时的要素组合。可以说，企业家的行为决定了企业的行为。

企业家追求利润最大化的过程决定着其必然要在宏观、中观和微观行为上进行不断的调整。从宏观方面来看，企业家精神的不断显现过程以及相伴随的企业家精神溢出所产生的"创造性破坏"过程导致一个地区企业制度、组织结构、企业结构不断发生着变化，这种变化使得企业形态不断进行调整，这种调整的过程使得企业不断适应新的经济环境；从中观来看，企业必然处于生产链条的某一环节，企业间的分工决定了企业与企业之间存在着上下游之间的关联关系，市场的不确定性和多变性决定了企业家需要不断调整其与上下游企业间的关系，并利用其在产业网络中的联系来降低其信息搜寻的成本，增强获取新的技术机会和信息的能力；从微观方面来看，企业家还需要调整企业的内部资源以创造新的生产函数来适应不断变化的外部环境的能力。企业可以理解为具有潜在价值的异质资源组合，企业家的重要功能就在于将这些异质性资源进行有效的组合，根据需求和竞争态势调整资本、一般劳动、专用技术人员在企业内部的配置比例，在这样的组合过程中不断打破原有的生产过程并创造出新的生产函数。这一函数最根本的目的是要使企业家所获取的新知识及其内在的隐性知识在企业内部进行流动，从而将企业家的才能转化为企业的吸收能力，这时企业家对内部资源进行整合的能力决定着机会转化为收益的效率。

企业家的种种行为决定着企业发展的动力、能力和活力，如果把产业集聚理解为企业家集聚，企业家的动力、能力和活力最终决定着产业集聚的动力、能力和活力。将企业家这一特殊的能动性最强的要素纳入分析过程中，那么，理解产业集聚的过程就必然要理解企业家的行为过程，从这个层面来讲，产业集聚的本质在于企业家集聚。

第四章　企业家行为过程中的金融依赖

第一节　金融市场与企业家显现

从现有对企业家的研究文献来看，主要关注于以下几个方面的问题：一是企业家的内涵特征，按照熊彼特传统：强调企业家是把要素组合起来实行"创新"的人，其功能在于发现并实施新的组合，经济发展的本质在于企业家不断创新所带来的创造性破坏过程。技术创新是经济增长的主要来源，经济能否持续增长取决于企业家精神是否被配置到创新过程当中。[①] 这一思想最终被罗默（1990）、格罗斯曼和赫尔普曼（1991）、阿吉翁和豪伊特（1992）纳入内生增长理论，并衍生出基于R&D的内生技术创新模型。[②] 二是企业家精神与经济增长的关系，着重于分析企业家的创新行为对经济增长的长期影响，大多数的实证研究得出的结论基本上都赞同熊彼特的观点：企业家的创造性破坏过程对于经济发展起到无可替代的

[①] 参见鲍默尔1990年对企业家精神与经济增长的研究。William Baumol, "Entrepreneurship: Productive, Unproductive and Destructive", *Journal of Political Economy*, Vol. 98, No. 5, 1990, pp. 893–921.

[②] 除了熊彼特对企业家内涵的经典理解之外，还包括奥地利学派和芝加哥学派，这两大经济学流派对企业家从不同的角度加以理解。奥地利学派强调企业家如何在非均衡的市场过程中通过调整自身的行为使得经济由非均衡转向新的均衡。以柯兹纳（1973，1997）的研究最具代表性。在他看来，经济非均衡是一种常态，企业家就是在非均衡过程中不断发现市场机会从而获得利润。芝加哥学派强调不确定性条件下的静态均衡分析，奈特（1921）的研究认为，不确定性的存在且不可度量使得企业家必须对未来的交易进行判断并做出决策，企业家的功能在于克服不确定性并承担市场风险。蒂蒙斯（1978）、赫尔等（1980）、陈（1998）的研究证实了企业家相对于其他要素具有更高的风险承担倾向。由于奈特的研究采用了静态均衡分析，因此其不确定性分析最终纳入主流经济学，并衍生出不完全契约理论：强调不确定性条件下为了降低契约不完全导致的交易费用问题，应将剩余控制权赋予专用性投资最重要的一方。不完全契约理论实际上还是将企业家等同于资本家，没有考虑企业家的特殊人力资本特性。

作用。三是企业家精神发挥的约束条件,着重于从经济制度、法律制度、要素市场等方面探讨这些因素对企业家精神的约束程度,总的来看,完善的市场经济和宏观、微观制度是企业家精神充分发挥作用的前提条件,对企业家精神的限制最终将对经济增长产生不利影响。

现有的研究实际上将经济过程中某些人的行为特征作为理解企业家的镜像,并通过对这些镜像的过滤和抽象加以定义什么才是经济学意义上的企业家和企业家应有的行为。因此,在这种分析框架内,我们更多地关注企业家精神及其作用,那么,如果对企业家的理解向前引申,这里存在着不可回避且更为重要的问题:企业家是怎么出现的。对这一问题的理解从经济学意义上而言是理解企业家行为的起点。

从熊彼特对企业家的定义来看,企业家是把握市场机会不断创新的人,从这个角度来定义企业家,实际上意味着每一个经济人都或多或少地具备企业家的内涵特征,企业家精神都内生于每一个经济人的行为过程,之所以只有一部分人最终成为企业家,就在于这些人的行为能力使其能够发现市场机会并实施创新。而另一部分人则可以称为潜在企业家,当其知识积累达到一定水平并能够克服不确定性承担市场风险时,这些潜在企业家就会成为显性企业家,这也就意味着企业家是一般人力资本的升华。

从现实的角度来看,根据李永刚一系列基于仿生学和生物演化思想的研究,其认为企业家从隐性转化为显性有以下几种方式[①]:(1)企业裂变衍生。企业管理者或经营技术骨干从原先的企业辞职脱逸出来,利用所掌握的人脉网络、经营管理才能、知识信息独立创办与原企业相同的新企业,裂变衍生是潜在企业家能力提升后加以显化的结果,据李永刚对浙江义乌、上虞、嵊州等地近百家新办企业的实际调查,85%的新办企业的投资经营者都曾在同类型企业工作,而后选择自办企业。(2)企业孵化衍生。受利益驱动的自然经济行为,或者是因为发现了一种新的盈利模式,或者是因为探知到一个新的市场,而原来企业的生产技术类型和管理制度构架不适合新的市场条件或新的生产经营模式,因此需要创办一个新企业来应对所面临的经营机会。(3)企业分蘖衍生。企业分蘖的基本原因可以归于现有企业管理制度构架无法满足企业内部多元发展因子的形成与扩

---

① 李永刚:《小企业裂变衍生机理研究》,《南昌大学学报》(人文社会科学版)2005年第1期;李永刚:《企业衍生机理研究》,《财经论丛》2006年第2期;李永刚、徐培:《基于权力与利益双重偏好的企业家行为后果》,《中共浙江省委党校学报》2012年第4期。

张,只能在企业体外创生更多的同类型企业,为逐渐成熟的企业内多元发展因子提供各自独立生长的制度依托。(4)企业分工衍生。企业构建一个稳固的产业价值链和自身在产业价值链中的核心主导地位,而把一部分非核心业务转移给外部独立企业承担,结果导致大量专业化协作配套企业的产生。

从李永刚的研究来看,新企业的产生与原先企业存在着一定联系,这种联系是导致产业集聚的根本。此外,一些研究也同样表明,产业集群中的新企业出现大多都是从原有的企业中获得了大量的知识外溢的人员建立起来的,因此,企业家精神就成为知识扩散和产业集聚的机制。[①] 基于这样的理解,金融市场在企业家显现与产业集聚的过程中起着重要的联结作用,毕竟劳动力从原有企业流出选择成为企业家并建立自己的企业,都将涉及投资,如果投资额大于其自身拥有的财富,势必要向金融市场融资,这时,金融市场的效率将直接决定着企业家能否从隐性转化为显性,这一转化过程对于经济发展至关重要。完善的金融市场通过提供一系列信息流为新企业成立提供便利,而金融市场的扭曲则可能导致成立新企业的成本过于高昂,从而降低了成为企业家的收益,这时企业家的显现过程将受到限制。

弗里1978年的实证研究也基本上验证了这样的结果,金融市场的抑制,如价格扭曲、过度储蓄、资本分配不理性以及投资回报率低下等,都将对企业家形成进而对经济增长产生不利影响。完善的金融市场,将有利于促进企业家的形成,提高产业集聚效率,并且通过促进企业家形成这一机制使金融市场对经济的作用进一步被放大(张小蒂和王永齐,2009)。

第二节 金融市场与企业家精神激发

熊彼特(1912)首次提出金融的功能在于通过识别并向最有动力和能力进行创新活动的企业家提供融资以实现经济增长的观点以后,关于金

[①] 王程和席酉民(2006)、张正义(2007)、陈继明(2007)的研究将企业家精神与知识扩散和产业集聚加以联系,来解释企业家的知识扩散载体及外部性在产业集聚过程中的作用,强调企业家这一要素是产业集聚的重要机制。

融发展与企业家精神的理论研究曾经中断了一段时间。直到20世纪90年代以后，特别是最近以来，一些学者才又开始在金融发展、企业家精神与经济增长这一领域展开大量的研究，并得出了许多有影响的成果。之所以这样，原因有两个：一是自从20世纪80年代内生经济增长模型被提出以后，人们越来越认识到企业家在增加就业、推动技术进步、提升一国竞争力进而促进经济增长方面的核心作用；二是随着经济及金融的全球化，国家之间的经济竞争越来越激烈，只有不断地激发企业家的创新潜能，才能在激烈的国际竞争中处于领先地位。正是在这种背景下，拉詹和津加莱斯（1998，2003）、贝克等（2000）以及德米尔古-昆特和莱文（2008）等在熊彼特创新理论的基础上进行了新的探索，并提出了许多新的观点，金融发展、企业家精神与经济增长也成为目前金融发展理论的前沿问题。

经济学关于企业家的功能和作用基本上都同意这样一种观点：企业家精神是创业创新的统一，金融作为现代经济活动的核心要素，是培育企业家精神的关键因素。如果根据熊彼特意义上企业家精神定义，那么，企业家精神最根本的现实体现结果就是要实现新的组合，也就是经济发展，是靠从原先的利用方式中把劳动力及土地的服务抽调出来才得以成功的。在这一过程中，货币和其他支付手段起着这种基本作用，在实现新的组合之时，就确实出现了一个有待弥合的资金缺口，弥合这个缺口是贷款者的职能。德拉丰特和马丁1996年的研究认为，功能良好的银行和资本市场，不仅可以通过识别并向最有机会在创新产品和生产过程中成功的企业家提供融资而促进了技术创新。而且可以通过与企业家签订合约，通过激励和监督的结合，导致了企业家最优的努力程度，从而提高企业创新成功的概率。而在金和莱文（1993）的开创性研究中，金融中介对企业家的风险性创新活动进行评估并提供资金金融中介发展的规模经济因素，使得评估过程中的代理成本下降从而企业家所面临的融资约束逐渐得以缓解。

此外，金融制度存在的合理性不仅仅是因为它能为潜在的企业家提供资金支持，更重要的是，它还能够区别出真正的企业家。换言之，金融制度不仅仅是一个融资的制度，它还应该是一个甄别企业家精神的社会制度。江春和张秀丽（2010）的研究对此给予了证实，其认为，金融核心的功能就在于遴选出最具创新精神的企业家，并通过支持企业家的创新和创业活动，进而增加就业、提高效率以实现经济增长，利用中国1999—2008年的省份数据对金融发展与企业家精神实证分析得出，金融只有支持具有创新精神的企业家,才能有效地促进人均收入水平的提高和创造更多的就业机会,并能有效改善收入分配状况。

而企业家精神同样也会提高整个金融资源的配置效率。有效的金融系统不但可以动员更多的社会储蓄,而且可以将金融资源配置到更有效率的企业,从而提高社会资本的总量以及资本的生产率,即金融系统将更多的金融资源流入高效企业,改变社会资源的配置效率,而高效企业一定是企业家精神丰富的企业,企业家创新精神的不断显现过程也是金融资源不断调整其流向的过程。从这个意义上而言,企业家创新精神决定着资本配置效率。

这种企业家精神与金融市场之间的互动关系,也使得企业家能否在经济上取得成功就不再取决于其所拥有的资本或关系而主要取决于他的知识、技术、努力及创新精神。金融家通过金融创新活动来筛选更有创新能力的企业家,而企业家的技术创新又增加了金融创新活动的回报,于是良性互动在金融创新和技术创新之间得以形成,从而金融发展在企业家与经济发展过程中被内生化。

第三节 金融市场与企业家动力提升

企业家追求利润最大化是市场经济的本质特征,而追求利润最大化的过程是一个循环累积的"创造性破坏"过程,必然要涉及要素的最优组合调整,作为"一揽子"要素配置优化的主体,企业家本身是经济发展中的特殊稀缺要素。企业家才能的激活与显化是实现资源优化配置和利润最大化重要的动力源,也是企业家持续不懈经营努力的重要驱动力。

熊彼特高度评价了企业家在各种要素优化配置中的关键作用,柯和马奥尼同样认为企业家对要素的配置状况直接影响到企业的绩效。企业家选择的要素配置优化在预期收益上要大于由从事单一要素经营活动所获收益的加总之和,与任何其他资源相比企业家是微观层次生产经营活动中"一揽子"要素配置的主体和核心资源,其对市场信息发现与利用的高效率以及驾驭市场风险并进行资源配置组合优化的过程是实施"创造性破坏"的前提。

一旦涉及信息、风险与资源配置效率等方面的问题,必然要考虑到金融市场在其中所起到的约束作用。换言之，金融市场在企业家发现市场信息与资源配置优化方面发挥着一定程度的影响，即企业家追求利润最大化的过程必然离不开金融市场的约束，毕竟企业家发现市场机会基础上的创新活动离不开投资这一重要问题，而投资行为与金融市场效率有着直接关联。从这个意义上而言，企业家发现机会并将之转化为超额利润这一过程依赖于金融市场效率。金融市场效率越高，企业家将市场机会转化为创新的时间相应越短，所获取的超额利润越多；反之，金融市场效率低下势必限制创新并降低企业家潜在收益。

根据波特的竞争优势理论，国家优势的核心是"发明"和"企业家"，经济增长的发动机就是企业家精神。而提升企业家动力的关键在于保证企业家进行创新的同时获得合理的利润，以作为创新的报酬。创新面临着一系列不确定因素，如何在不确定条件下做出企业决策，完全依赖于企业家自身的知识积累基础上的预期以及基于此所做出的判断。既然企业家核心的功能在于发现机会并在此基础上实现"创造性破坏"以达到颠覆式创新，那么运作良好且灵活的金融市场能帮助企业家更好地把握市场机会，并对企业家的风险性创新活动进行评估并提供资金。金融中介发展的规模经济因素使得评估过程中的代理成本下降从而企业家所面临的融资约束逐渐得以缓解（拉詹和津加莱斯，1998；2003）。

因此，金融市场效率的高低直接决定着企业家创新决策：企业家发现新的市场机会，在企业家对预期收益和成本进行平衡以后，如果能够获得创新利润，市场机会将会转变为企业家的创新行为。金融市场如果能够为企业家提供一系列低成本的信息流和服务流并提供相应的低成本的资金支持，这将使得企业家实施创新的利润得以超出现有的收益，创新才可能发生；反之，金融市场的低效率将导致企业家创新成本高昂并降低其创新利润，最终使得创新变得并不具有经济性。从这个角度而言，金融市场影响着企业家创新的动力。

第四节 金融市场与企业家能力拓展

企业家能力体现为其知识积累基础上对市场信息处理能力以及据此做出的预期判断频率和准确率。企业家能力的提升和拓展从根本上影响着企业家对市场机会的把握与资源整合，并对于企业家创新行为以及创新效果起着直接的决定作用。

钱德勒（1987）通过对美国大企业成长历程的分析，强调了企业家才能在捕捉市场商机方面的重要性。哈耶克和柯兹纳则把市场看作分散知识和信息的发现过程，对市场知识和信息的有效发掘与运用即通常意义上能对商机及时捕捉，是企业家才能得以体现的主要方式。企业家在对商机捕捉的过程中创造了新的市场信息，从而使得其他企业家面临了新的信息环境，在这一基础上新的商业机会更多地涌现，由于以上两点原因，市场的知识和信息又进一步传播到更广泛的领域。由此可见，对于市场知识和信息而言，企业家不仅是发掘和运用的主体，更是创造和传播的源泉，这三个层次的综合结果是市场交易机会的增加与市场规模的有效扩大。

而金融市场尤其是资本市场对于企业家能力的拓展提升起着越来越重要的作用，具体而言，资本市场对企业家能力的拓展有以下促进作用：（1）获取比单纯依靠银行信贷更高的资金融通效率。（2）企业通过上市规范运作、信息披露、接受相关部门监管等，有利于建立归属清晰、权责明确的现代产权制度和科学合理规范的现代企业制度，提高企业家的经营和管理水平。（3）资本市场是企业"一揽子"生产要素优化配置不可或缺的平台，企业的资产重组、并购都要依靠它，与单纯依靠银行融资方式相比，资本市场对企业家的激励和约束效果更加显著。（4）在市场经济中，企业要成长壮大，就必须高度重视产品、服务与市场需求的紧密结合。但企业生产经营的努力难以仅通过财务核算来确定，通过市场交易则能更充分、及时地反映出来。在资本市场中，千千万万投资者按市场经济原则来比较筛选，并对相关企业的产品、项目及企业的整体价值形成综合判断后所制定的投资决策及其在公司市值上的反映，可产生源源不断的信息流，这是其他任何评估系统所难以提供也难以替代的，并因此可使企业家能力获得内生性的拓展。（5）在市场经济中，企业家经营努力后所获取的绩效与回报及其保障，如剩余索取权，既是企业家精神培育和企业家才能发挥的主要动力源泉，也是企业家持续不懈经营努力的重要驱动力，而这离不开资本市场。因此，相对完善的资本市场对企业家所产生的激励是内在的、持久的。

同时，这一市场也是实现企业家优胜劣汰的重要途径。应该指出，资本市场的经济功能绝不仅仅是为企业提供融资，更重要的是其通过"一揽子"要素较高效率的交易而产生的信息流在动态评估企业家才能发挥中具有独特的重要作用。企业家才能作为一种特殊的要素,资本市场的一个重要功能是不仅可使企业家与企业家之间的分工深化而且可使企业家这类特殊要素与其他诸要素(如金融、技术、管理等要素)之间的分工深化交易效率可得到明显的提升。经济史上以资本所有者与经营管理者的制度性分工为背景的经理革命,就是依靠资本市场的建立与完善而实现的。

因此,金融制度的创新和不断的多元化对企业家的创业活动和经济发展具有举足轻重的作用,这不仅仅是因为制度的创新和多元化更好地满足了企业家对资本投资的融资需求,更为重要的是,金融制度的创新和多元化本身起到了甄别企业家精神的社会选择过程。这一创新不仅将有财富但风险偏好不同的人区别开来了,而且将企业家的类型也区别开来了,从而使资本家或投资者与企业家可以更好地进行链接。因此。有了资本市场、风险投资等金融制度的创新,一个创业型的企业家可以通过选择创办自己的企业而不是管理别人的企业来实现企业家才能,相当于企业家创业、初创企业创新等风险较大的活动可以通过直接融资渠道获得资金,并通过资本市场提供的一系列低成本信息流和要素流进一步提升企业家能力。

第五节 本章小结

如果说企业家是产业集聚的原动力,金融市场则在企业家与产业集聚过程中起着重要的联结作用。金融市场的完善程度对企业家显现、企业家精神激发、企业家动力提升和企业家能力拓展过程中起着重要作用。创新金融资源配置方式,协调金融内部发展结构,充分发挥金融体系的筹资融资、资源配置、价值增值、信息揭示和传递、风险管理、监督激励等多种功能,构建完善一个多元化、多层次的企业家精神金融支持体系。

当前,整个金融支持体系建设与企业家精神成长的要求、经济社会发展对自主创业创新的需求相比还存在着明显的差距,突出表现在以下两个方面:一是金融支持创业创新的内生机制尚未形成;二是支持企业家精神的金融体系有待建立。从金融结构角度看,金融业发展极不协调,银行业一业独大,一枝独秀,风险投资、证券融资、私募股权投资基金、信用担保等非银行金融机构数量有限,规模偏小,实力较弱,单一的间接融资结构使得企业融资只能过度地依赖银行贷款。而银行追求效益性、安全性的经营理念与企业家创业、初创企业创新活动具有的高风险、高收益特点存在着天然的不兼容性，银行很难成为此类创业创新活动的融资主体。目前，大多数中小企业，特别是初创企业、小微企业融资困难，资金来源主要依靠内源融资方式，外部资金供给更多地依赖于政策推动，创业创新资金需求缺乏机制性保障。据调查，目前只有不到10%的中小企业技术创新能主要依靠银行贷款解决资金问题，有约半数的企业主要依靠自我积累，由此导致2/3以上的中小企业感到资金困难，而且其中约有1/4的企业感到资金问题非常困难，如果继续维持现有金融业务发展格局，金融对于企业家精神的支持效能将会大为减弱。从金融功能角度看，目前金融支持体系的作用更多体现在筹资、融资等传统功能，对于缺乏抵押资产、信用记录的初创企业，缺乏信息甄别、风险管理的有效手段，不能为企业家创业创新提供战略管理、公司治理结构完善等增值服务，金融支持体系的整体功能还有待发挥。

第五章 融资成本、企业家形成与产业集聚：机理分析

第一节 理论模型与推论

我们假定整个经济体的劳动力总量为 L，劳动力有两种选择，他们可以在原来的企业工作并积累一定的生产知识和技术能力，或者建立自己的企业；新成立企业的劳动力全部来自市场；企业家能力以 η 表示，η 服从 $(\underline{\eta}, \overline{\eta})$ 区间的随机分布，η 的分布函数和累积分布函数为 $\psi(\eta)$ 和 $\Gamma(\eta)$；建立新企业所需要的最低企业家能力值为 η^*，只有当 $\eta > \eta^*$ 时新企业才可能出现；企业产出以 Y 表示，显然 $\partial Y/\partial \eta > 0$，意味着企业家才能的积累在要素投入量不变的情况下将增加企业产出。

我们进一步假设劳动力的初始财富水平为 M，建立新企业需要的资本量 Z，如果 $Z > M$，则其需要向金融市场融资 $Z - M$，新成立企业的劳动力全部来自市场，因此，新企业的成立不会导致工资发生变化；下面的分析就是要证明金融市场在企业家形成和产业集聚过程中的作用及其作用的机制。

假定产品市场完全竞争，企业生产处于规模报酬不变阶段，现有企业的生产函数以式（5-1）表示：

$$Y_n = AL_n^\beta K_n^{1-\beta} \tag{5-1}$$

其中，$0 < \beta < 1$、Y_n、L_n、K_n 分别表示企业的产出、劳动力数量和资本存量，A 为生产率参数，由于是完全竞争产品市场，根据边际生产力原则，劳动报酬（w）和资本报酬（r）应当等于其边际产出：

$$w = A\beta L_n^{\beta-1} K_n^{1-\beta} \quad r = A(1-\beta) L_n^\beta K_n^{-\beta} \tag{5-2}$$

新成立企业的生产一方面受到企业家能力 η 的影响，即只有当劳动

力能力超过建立新企业所需的能力值时,才会考虑建立新企业;另一方面还要受到现有企业资本存量大小的影响,因为劳动力通过在现有企业积累一定的知识后转而建立自己的企业,可以利用从现有企业积累的知识、技术、管理、市场网络来提高本企业的生产能力。因此,现有企业资本存量越大,可以提高潜在企业家的分布密度,企业家形成的概率和规模就越大,因而新企业的生产函数由式(5-3)表示:

$$Y_m^i = \eta^{\sigma/c} L_m^\lambda K_n^\theta Z_m^\alpha \qquad \eta \in (\eta^*, \overline{\eta}) \qquad (5-3)$$

其中,Y_m^i 表示新成立企业 i 的产出;σ 表示知识积累意愿;c 表示融资成本,$c = r + i$;r 表示市场利率;i 表示其他融资费用;L_m 表示劳动力数量;Y_m^i 的大小随着知识积累意愿 σ 的上升而增加,随着融资成本 c 的上升而下降。假设固定资本投资额要大于个人的资产总额,因此,新企业的建立需要从金融机构融资以弥补自有资本的不足。

(一)融资成本对企业家能力的影响

我们假定每个劳动力的初始财富为 M,那么在期初,劳动力面临两个选择:在原有企业工作,或者成为企业家建立自己的企业。

如果劳动力选择在原有企业工作,将获得固定的工资收入 w,其在 t 期末总收入为工资与资产回报之和,即 $A\beta L_n^{\beta-1} K_n^{1-\beta} + (1+r)M$。

选择建立企业的则需要支付融资成本,贷款总额 $Z - M$,因此在 t 期末获得的收入(π)为总产出中扣除工资。

$$\pi(\eta) = \eta^{\sigma/c} L_m^\lambda K_n^\theta Z_m^\alpha - A\beta L_n^{\beta-1} K_n^{1-\beta} \qquad (5-4)$$

所以,企业家能否出现的最低要求必须满足

$$\pi(\eta^*) - c(Z - M) = A\beta L_n^{\beta-1} K_n^{1-\beta} + (1+r)M \qquad (5-5)$$

对式(5-5)求全微分可得:

$$d\eta^* \pi'(\eta^*) - (Z - M)dc = 0$$

调整后得到:$d\eta^*/dc = (Z - M)/\pi'(\eta^*)$

如果劳动力积累意愿 σ 是外生给定:$\pi'(\eta^*) = (\sigma/c)\eta^{*(\sigma-c)c} L_m^\lambda K_n^\theta Z_m^\alpha > 0$

所以:

$$d\eta^*/dc > 0 \qquad (5-6)$$

$d\eta^*/dc > 0$ 表明融资成本的上升导致了企业家建立企业所需最低能力值的上升,这必然不利于企业家的形成。

（二）融资成本对边际企业家的质量和分布密度影响

η 的累积分布函数为 $\Gamma(\eta)$，只有当劳动力的能力值 $\eta > \eta^*$ 时，企业家能力才得以显现，新建企业才是可行的，所以企业家的平均质量的条件期望值为：

$$E(\eta) = \int \eta \psi(\eta) d\eta / [1 - \Gamma(\eta)] \qquad \eta^* \leq \eta \leq \bar{\eta}$$

所以，$dE(\eta|\eta^*)/dc = [E(\eta|\eta^*) - \eta^*] \psi(\eta^*) d\eta^* / [1 - \Gamma(\eta)] dc > 0$

$$(5-7)$$

如果以 $\Omega(\eta|\eta^*)$ 表示 $\eta > \eta^*$ 时企业家才能的累积分布函数，可以得到一个地区企业家数量的分布函数：

$\Omega(\eta|\eta^*) = [\Gamma(\eta) - \Gamma(\eta^*)] / [1 - \Gamma(\eta^*)] \qquad \eta > \eta^*$

$d\Omega(\eta|\eta^*)/dc = -[\psi(\eta^*)(1 - \Gamma(\eta))] d\eta^* / (1 - \Gamma(\eta^*))^2 dc < 0$

$$(5-8)$$

式（5-7）表明融资成本的上升提高了边际企业家的质量，而式（5-8）表明融资成本的上升降低了企业家的分布密度。

综合式（5-6）、式（5-7）、式（5-8）可以得到推论1：

一个高效率的金融市场在降低融资成本的同时也降低了对企业家能力的要求，金融市场效率越高的地区同样拥有较高的企业家比重；融资成本的上升相应提高了企业家形成的最低能力值，也就意味着融资成本的上升提高了边际企业家的能力要求，这必然不利于企业家的形成，从而减少了企业家形成的数量和产业集聚的规模。

根据前面所述，只有当劳动力的实际能力 $\eta > \eta^*$ 时，劳动力才会选择成为企业家建立自己的企业，如果金融市场效率低下导致融资成本高昂，无疑提高了企业家新建企业的门槛，那么新建企业可能变得无利可图，劳动力放弃建立企业所需要知识的积累将变得更为理性，其将仍然选择在原有企业工作，从而导致新建企业数量减少和整个社会的资本边际产出的下降，产业集聚的效果将受到影响。

（三）融资成本对于资本边际产出的影响

现有企业资本存量的增加通过两种途径对产出增长产生影响：增加自己企业的产出和通过企业家形成促进其他企业的产出。现有企业产出的增加主要体现为资本积累效应，新建企业产出的增加为产业集聚的结果，因此一个国家的总产出为：

$$Y = AL_n^\beta K_n^{1-\beta} + \int \eta^{\sigma/c} L_m^\lambda K_n^\theta Z_m^\alpha \mathrm{d}\eta \qquad -\eta^* \leq \eta \leq \bar{\eta}$$

等式两边对 K_n 求导数可得：

$$\partial Y/\partial K_n = \underbrace{A(1-\beta)L_n^\beta K_n^{-\beta}}_{\text{资本积累}} + \underbrace{\theta L_m^\lambda K_n^{(\theta-1)} Z_m^\alpha \int \eta^{\sigma/c} \mathrm{d}\eta}_{\text{产业集聚}} \qquad \eta^* \leq \eta \leq \bar{\eta}$$

(5-9)

式（5-9）表明既有企业对整个经济体产出的影响包括两方面，一方面，其资本 K_n 的增加将直接导致企业本身的边际产出的增加；另一方面，通过劳动力流动将促进新建企业数量增加，进而增加其他企业的边际产出。因此，一个企业投资的增加将导致本企业和其他企业的产出同时增加，即增加了整个社会的边际产出。

为了分析金融市场边际社会产出的影响，我们需要揭示金融市场效率的变动对边际社会产出的影响，考虑到融资成本上升必然会提高劳动力建立企业所需能力值，这必然不利于企业家形成，因此，融资成本变动的总效应从式（5-10）中可以看出：

$$\partial^2 Y/\partial K_n \partial c = -\theta L_m^\lambda K_n^{\theta-1} [Z_m^\alpha (\eta^*)^{\sigma/c} \partial \eta^*/\partial c - (\int \eta^{\sigma/c} \mathrm{d}\eta) \partial Z_m^\alpha/\partial c]$$

$$\eta^* \leq \eta \leq \bar{\eta}$$

(5-10)

由于 $\partial Z_m^\alpha/\partial c < 0$，即融资成本的上升必然导致新建企业数量的减少，所以：

$$\partial^2 Y/\partial K_n \partial c < 0 \qquad (5-11)$$

根据式（5-6）和式（5-11）可以得到推论2：

融资成本的上升减少了单位资本的边际社会产出，根本的原因在于 $\mathrm{d}\eta^*/\mathrm{d}c$，即融资成本的上升提高了劳动力选择建立企业的最低能力值，从而导致企业家数量的下降，减少了企业家形成数量，产业集聚程度下降，使得单位资本对社会产出的贡献下降。

这一结果正如预期的那样，低效率的金融市场将降低企业单位资本的边际社会产出水平，原因在于融资成本的上升提高了劳动力选择建立新企业的努力水平，虽然劳动力本身积累知识的能力值较高，那么劳动力也会由于融资成本过高而导致其新建企业变得不经济，如信贷规模约束、中小企业贷款利率上浮等政策使得企业不得不向多家银行同时贷款，必然增加其贷款成本，降低企业的净收益，这时留在原企业将是理性的选择，只要其能力值能够满足原有企业需求即可，而不愿意进一步积累知识以达到建立新企业的要求。因此新建企业的边际产出将下降从而带动整个社会的边际产出也下降。

相反，融资成本的下降将降低劳动力建立企业的门槛，因而将增加劳动力建立新企业的机会，新建企业引致的产业集聚效应将转化为现实，这将意味着融资成本的下降将增加企业单位资本的边际社会产出，企业家形成引致的产业集聚效应使得企业投资的社会收益超过其个体收益。因此，金融市场效率的提高将使得企业投资对经济增长的贡献远远超出单纯的资本积累效应，其更重要的作用在于增强了企业家形成由潜在转化为现实的能力，从而放大了金融市场对经济增长的影响。

第二节 进一步解释

可以用图 5-1 对上述理论观点进行简单的概括，π 表示成为企业家的净收益扣除融资成本，w 表示劳动力目前的工资收益，图 5-1 中阴影部分表示企业家的净收益扣除融资成本后大于其目前的劳动收益，是企业家形成的区域。如果融资成本上升，必然导致成为企业家的收益下降，只有那些具备更高知识积累水平和企业家才能的劳动力会选择成为企业家，而留在原有企业将成为部分劳动力的理性选择。从图 5-1 中表现的结果是企业家形成的区域将趋于减少，企业家的分布密度将随之下降，企业家出现的机会也将随之减少。

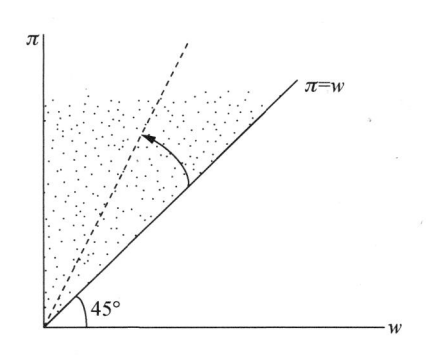

图 5-1 企业家分布密度

实际上，熊彼特1934年就已经对金融市场、创新与企业家行为之间的关系做出创造性解释，认为企业家是技术创新的内生主体，信用创造则是企业家创新的前提，信用体系的缺失将导致企业家创新动力的弱化进而影响到经济增长。依此逻辑，阿斯利和沃伊斯拉夫（1996）的研究认为，信用体系的发展将加速企业家形成速度和创新的动力，金融市场则无疑是信用体系构成的核心内容，金融市场效率的改进将提高企业家的投资水平和创造力，金融市场效率越高的地区企业与金融市场结合越紧密，企业发展越快。金融市场效率高的地区要比较金融市场效率低的地区拥有更高的企业家比重。显然，这些理论分析实际上已经涉及产业集聚对金融市场依赖的重要层面。基于上述逻辑，可以得出本书的命题：

一个高效率的金融市场在降低融资成本的同时也降低了对企业家能力临界值的要求，从而促进了一个地区企业家的显现规模，金融市场效率越高的地区同样拥有越高的企业家比重；融资成本的上升相应提高了企业家形成的最低能力值，也就意味着融资成本的上升提高了边际企业家的能力要求，这必然不利于企业家的形成，从而限制了企业家形成进而限制产业集聚的规模。

可见，金融市场效率的提高对于促进企业家形成和产业集聚方面都是至关重要的，一方面，金融市场的发展在达到一定水平并且融资效率相对较高时，劳动力进行知识积累的意愿才会相应提高，这时通过企业家形成引致的产业集聚效应才可能更加充分获得；另一方面，完善的金融市场将使得其对经济增长的贡献由于产业集聚效应的存在而被放大。

第六章 企业家、金融市场与产业集聚：中国表现

第一节 企业家衡量

从企业家显现过程来理解产业集聚，首先要考虑的指标就是企业家如何衡量的问题。无论是熊彼特意义上的企业家，还是奥地利学派和芝加哥学派意义上的企业家，都是相对抽象意义上的企业家概念，这给企业家具体的指标化衡量带来困难，因此，基于不同的研究目标，许多研究从不同角度对企业家进行衡量。一个主要的考量标准是对企业家人力资本进行合理估计，大致可以分为从投入角度和产出角度进行计量两类基本的思路：一是从投入角度进行计量，包括历史成本法、重置成本法、机会成本法等；二是从产出角度进行计量，主要包括随机报酬法、现值调整法、未来收益贴现法、非购买商誉法、自由现金流量贴现法等。[①] 另外，许多研究还对企业家创新与创业精神进行估计，以判断其对经济增长的影响。[②] 李宏彬等（2009）利用中国1983—2003年省级面板数据，将企业家精神变量引入增长回归分析，实证研究了企业家的创业和创新精神对经济增长的影响，其估计结果显示企业家创业和创新精神对经济增长有显著的正效应。这种正效应是因果性的，即企业家精神促进了经济增长。

[①] 杜兴强和黄良文2003年的研究在对传统的企业家人力资本计量模型进行综评的基础上，提出计量企业家人力资本的期权综合模型方法，即先按照期权模型计量出企业家人力资本的内在价值，再按照模糊计量来衡量企业家人力资本价值发挥的效率，按照综合评价指标体系衡量企业家人力资本的业绩调整系数乘数，借以相对较为完善地衡量企业家人力资本的实际价值。参见杜兴强、黄良文《企业家人力资本计量模型探讨》，《中国工业经济》2003年第8期。

[②] 参见李宏彬、李杏、姚先国、张海峰、张俊森《企业家的创业与创新精神对中国经济增长的影响》，《经济研究》2009年第10期。

而在有关企业家精神的衡量指标上，主要有企业家创业精神和创新精神两个指标，现有文献关于企业家创业精神的衡量，一般选用自我雇佣比率、企业所有权比率、企业进入率和退出率等。① 企业家的创新精神是熊彼特创造性破坏思想的核心。现有的实证研究对企业家创新精神的衡量主要是专利或发明数量。阿奇（1996）采用每千人发明数量作为衡量创新活动的指标，使用发明专利数量除以生产总值作为创新活动的指标。

考虑到企业家显现过程中的产业集聚机制，我们主要考虑的是企业家不断形成过程中企业集聚的现象，因此，我们将采用企业家数量这一指标来衡量企业家集聚过程中的产业集聚。而我国的企业法人主体包括国有及国有控股企业、集体企业、合营企业、外商投资企业和私营企业等不同的类型，因此，不能将所有类型的企业数量作为衡量企业家数量的多少，考虑到私营企业遵循市场原则的原始性和自发性，我们在构建企业家这一指标时，采用私营企业作为替代企业家的指标，具体而言，以每万户籍人口中拥有的私营企业数量作为衡量企业家的指标。图6-1反映了我国不同省份2011年私营企业数量情况。②

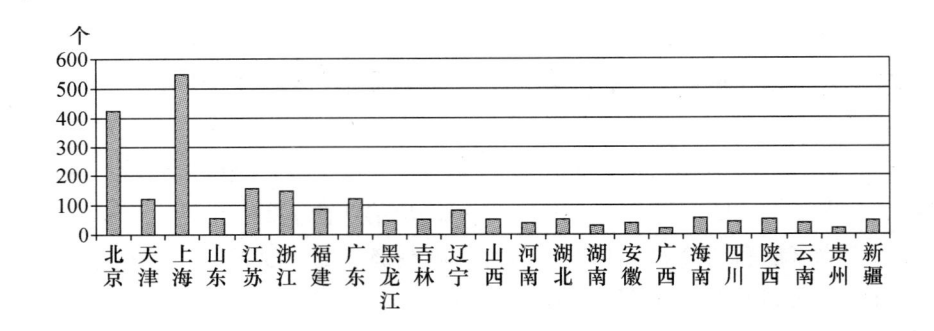

图6-1 各省份每万人口私营企业数量

资料来源：2012年相应各省统计年鉴、《中国工商行政管理年鉴》、《中国私营经济年鉴》2010—2012年卷。

---

① 这方面的研究可参见沃尔和乔治利斯（2000）、贝格尔斯迪科（2007）、格雷瑟（2007）、奥德里斯特（2009）。这些研究文献从不同的角度对企业家创新和企业家精神进行定义和量化分析，以判断其对经济发展的影响。

② 这里选用了我国23个省、直辖市和自治区，东部地区包括：北京、天津、上海、山东、江苏、浙江、福建和广东，中西部地区包括：黑龙江、吉林、辽宁、山西、河南、湖北、湖南、安徽、广西、海南、四川、陕西、云南、贵州和新疆。

从图 6-1 可以看出，东部地区每万人口中拥有的私营企业的数量除了山东和福建外都在 100 个以上。上海和北京拥有的私营企业密度要明显高于其他地区，上海市为 547 个，北京市为 425 个，当然，这种情况与其直辖市的行政地位相关。此外，东部地区每万人口拥有的私营企业数量依次排序：江苏为 159 个，浙江为 150 个，天津为 123 个，广东为 123 个，福建为 87 个，山东为 58 个。中部地区排名最高的辽宁为 81 个，最低的广西为 20 个，西部地区排名最高的陕西为 32 个，最低的贵州为 22 个。

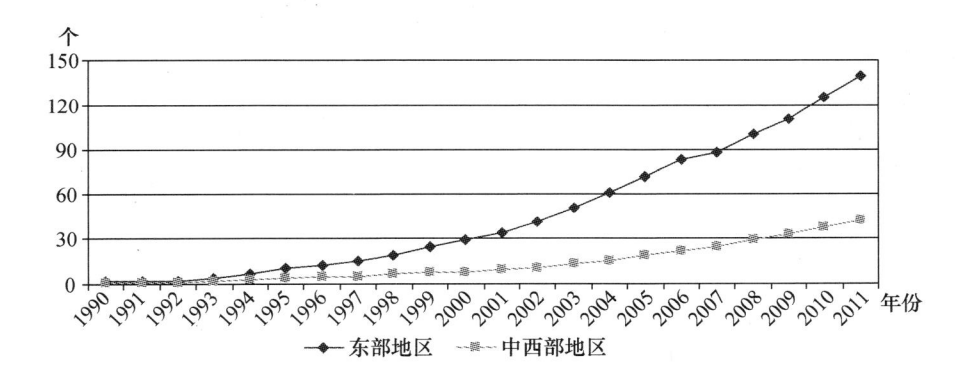

图 6-2 不同区域每万人口私营企业数量

从东中西部私营企业数量来看，1993 年之前，区域之间私营企业的发展水平没有明显差异，此后，东部地区私营企业数量增长明显要快于中西部地区，并且这种发展差距呈现拉大的趋势。2011 年，东部地区每万人口中拥有私营企业的数量为 140 个，中西部地区为 42 个。从私营企业增长速度来看，1990 年，东部地区私营企业的密度为中西部地区的 2.72 倍，1995 年为 2.78 倍，2003 年达到最高值为 4 倍，此后，地区间的差距有所下降，但也在 3 倍以上，2011 年为 3.28 倍。表明自 2003 年以来，中西部地区私营企业的发展速度要快于东部地区，企业家创业精神不断得到提升，但总量上的差距仍然十分明显。私营企业地区间发展水平的差异也导致区域间创新差异。

第二节 企业家创新行为

企业家最根本的功能在于通过实施一系列制度上、组织上和产品上的创新来达到创造性破坏，这种创造性的破坏过程也就是创新的过程和经济增长的过程。这也就意味着，一个地区企业家精神的丰裕程度决定着其创新速度和经济发展水平。而一系列的实证研究也同样证明了这样一个观点：企业家创新精神对经济发展具有显著的正效应。

庄子银（2003）、鲁传一和李子奈（2000）通过定量分析企业家精神来判断其对经济发展的影响。陈百助等（2000）在分析1978—1989年各省区增长差异时，认为私营企业在地区经济增长中起到了关键的促进作用。麦克米伦和伍德拉夫（2002）对俄罗斯、波兰、中国以及越南等转型经济的分析认为，转型经济能否取得成功在很大程度上取决于企业家的活动。那些对企业家活动限制过多的经济体往往经济绩效也较差。李宏彬等（2009）通过采用个体和私营企业所雇用的工人数占总就业人口的比率作为衡量企业家创业精神的指标，采用专利申请量作为衡量企业家创新精神的指标，其认为：企业家创业精神每增长1个标准差，将提高年均增长率2.88个百分点；企业家创新精神每增长1个百分点，将提高年均增长率3个百分点。

而在衡量企业家创新行为时，指标的采用方面，我们在根据以往研究的基础上，除了采用专利指标之外，还打算采用新产品产值这一指标。以往的研究在采用专利指标时选取的是专利申请量，而我们打算采用专利授权量。图6-3描述了各省份的专利授权量占全国总量的比重。

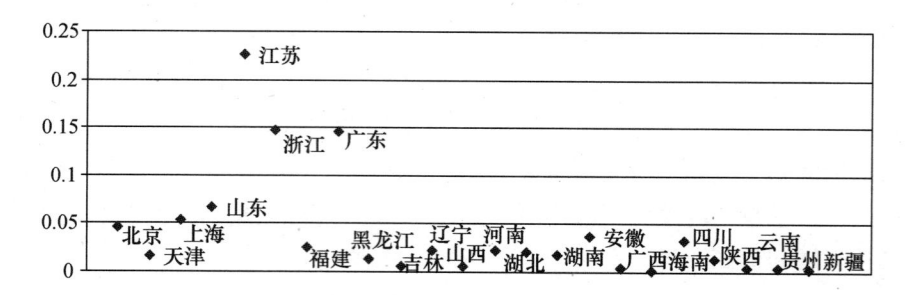

图6-3 2011年各省份专利授权量占全国比重

资料来源：根据各省份2012年统计年鉴、《中国统计年鉴》整理计算。

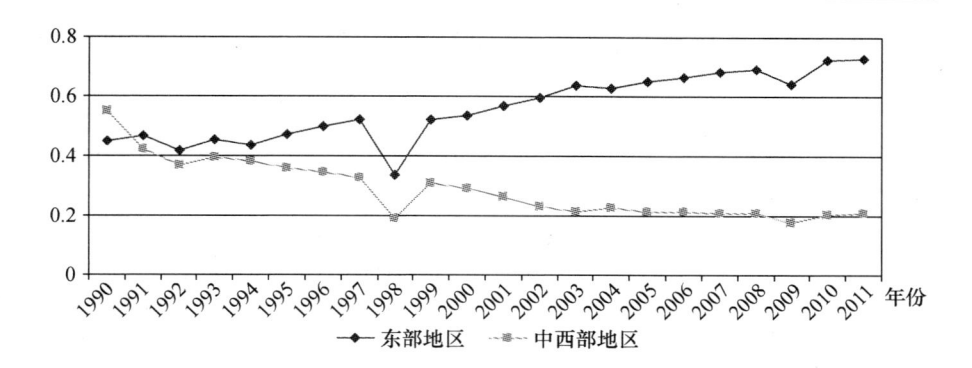

图 6-4 各区域专利授权量占全国比重

资料来源：根据各省份 1991—2012 年统计年鉴、《中国统计年鉴》整理计算。由于这里只选取了 23 个省、市、自治区的数据，因此，东部地区和中西部地区的比重之和并不等于 1。

从图 6-3 可以看出各省份在 2011 年专利授权量占全国比重情况，除了福建和天津以外，东部地区的专利授权量占全国的比重都要高于中西部地区，占比最高的为江苏，其 2011 年专利授权量达到 19.98 万件，占全国专利授权量的 22.61%，其次为浙江省，占比为 14.73%，广东为 14.53%，而整个中西部地区占比只有 20.8%，专利授权总量最高的安徽省只有 32681 件，占比为 3.69%。江苏省的授权量就已经超过整个中西部地区的授权总量。从图 6-4 可以看出，东部地区的专利授权量呈现上升趋势，而中西部地区则呈现下降趋势，1990 年东部地区的专利授权量还要低于中西部地区，之后，专利授权量超过中西部地区，两大区域的专利授权量呈现出逐渐拉大的趋势，表明在创新方面，东部地区的创新水平要明显高于中西部地区，这也与我国经济发展的区域布局相吻合。

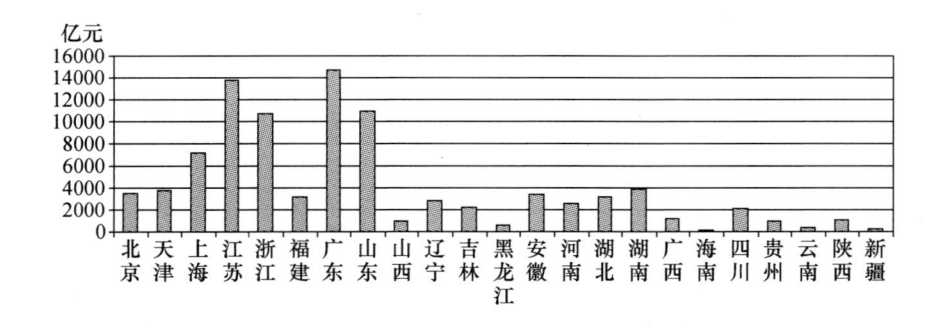

图 6-5 2011 年各省份新产品产值

除了专利可以反映出一个地区的创新水平之外,新产品产值也可以反映出一个地区企业创新转化为实际产品的程度,从图6-5可以看出,东部省份的新产品产值基本上都要高于中西部地区,2011年,东部地区的新产品产值达到6.78万亿元,中西部地区为2.57万亿元,新产品产值最高的为广东省的14694亿元,其次为江苏省和山东省,分别达到13755亿元和10919亿元,中西部地区新产品产值最高的为湖南省的3873亿元,最低的为海南省的141亿元,东部地区江苏和广东两个省份的新产品产值就超过了整个中西部地区。由此可以看出,以专利和新产品为代表的区域创新水平在中国不同区域的发展存在着明显的差异,这种差异与区域经济发展的差异相匹配,经济发展较好的区域往往拥有着较高的创新水平,而这种创新水平的差异进一步导致区域经济发展差异。从熊彼特意义上的创新来讲,企业家创新水平决定着经济发展水平,因此,也可以将我国区域发展差异理解为企业家实施创造性破坏结果上的差异,企业家创新精神的差异。

第三节 金融市场发展水平

金融市场涵盖银行和资本市场,如果以 $fincost$ 表示融资成本指标,结合国内外现有关于金融市场发展水平指标的构建情况,可以用以下几个间接指标加以衡量。

银行体系资金流向非国有经济部门的比重($private$):根据金和莱文(1993)的观点,流向非国有经济部门的资金增加意味着整个银行体系的资金使用效率在上升,实际上提高了私有部门的资本可获得性并降低了整个经济体系的融资成本。鉴于数据的可获得性,以式(6-1)表示这一指标:

$$private = 私营企业贷款余额/金融机构贷款余额 \qquad (6-1)$$

银行体系的影响深度($deep$):根据金和莱文(1993)的研究,以银行体系贷款余额占国内生产总值的比重来表示金融市场对经济的影响深度,这一指标越高表明一个地区的金融市场效率相对较高。

银行体系的竞争程度($bank$):一般而言,传统的四大国有商业银行贷款余额占整个银行体系贷款余额的比重下降实际上意味着竞争程度的加强,其他诸如股份制商业银行和外资银行的发展有利于提高私有部门从银行体系获得资本的可能性,并且融资成本也会随着银行业竞争程度的上升而有所降低。

$bank = 1 - $ 国有商业银行贷款余额/金融机构贷款余额 (6-2)

储蓄投资转换率（save）：以年末贷款余额除以存款余额加以表示，较高的储蓄率会增加可信贷资金总量，进而导致投资增加，较高的投资率通过投资乘数作用，促进经济发展和提高经济增长率。如果这一指标小于1表明银行内部的沉淀资金相对较多，资金成本相对较高。

股票市场发展水平（stock）：根据莱文和泽沃斯（1996）的方法，股票市场主要有两个效率指标：①股票市场的流动性，以股票市场的交易额占国内生产总值的比重表示；②股票市场的规模，以股票市场的资本总额占GDP的比重来表示。一般认为，股票市场的资本使用效率要高于信贷市场，因此，股票市场的流动性越强规模越大，表明平均意义上的资本使用效率将得到提高。在这里我们采用股票市值占GDP比重来衡量各地区的直接融资规模。

以下数据均来源于《中国统计年鉴》，1990—2012年各省统计年鉴、《中国金融年鉴》、《中国人民银行区域金融运行报告》、国务院发展研究中心信息网。

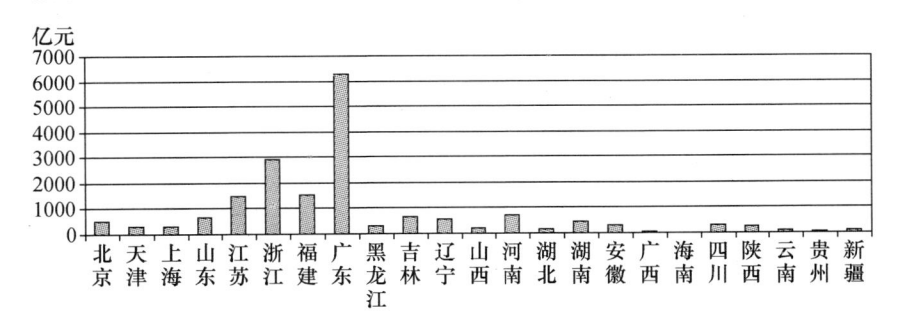

图6-6　金融机构对私营企业贷款

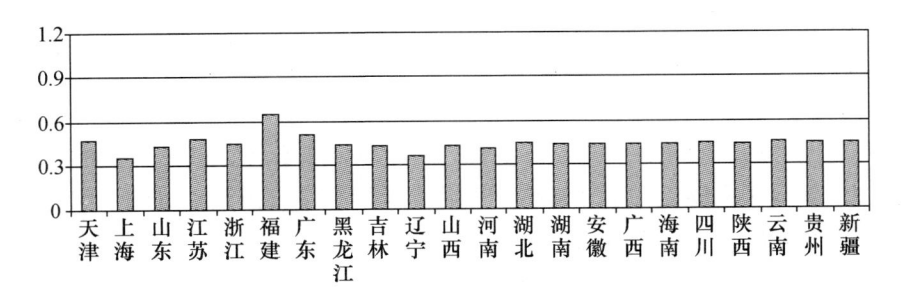

图6-7　国有商业银行贷款占全部金融机构贷款比重

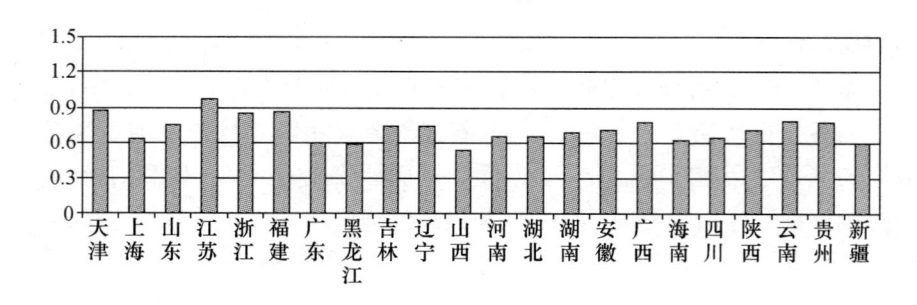

图 6-8　储蓄投资转换率

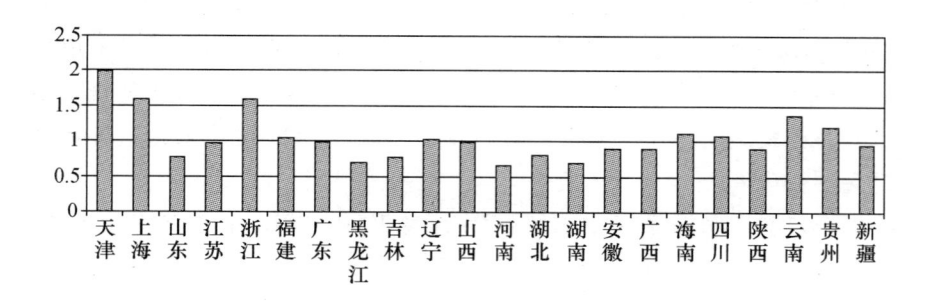

图 6-9　贷款余额占 GDP 比重

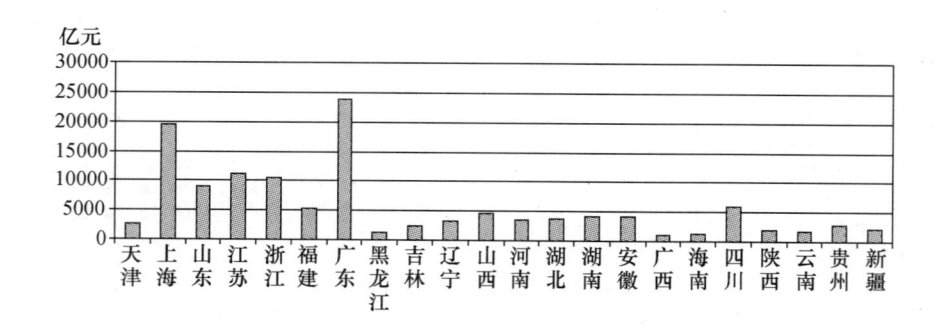

图 6-10　上市公司市值

从图 6-6 至图 6-9 来看银行体系的发展水平，可以看出，东部地区和中西部地区的储蓄投资转换率、国有商业银行贷款占金融机构全部贷款的比重和贷款余额占 GDP 的比重这三个指标并没有显著的差异，即使存在一定的差异也并不明显，这三个指标实际上反映了我国现有的银行体系在区域之间的行为模式并不存在根本性的差异，由于存在着贷款总量限定

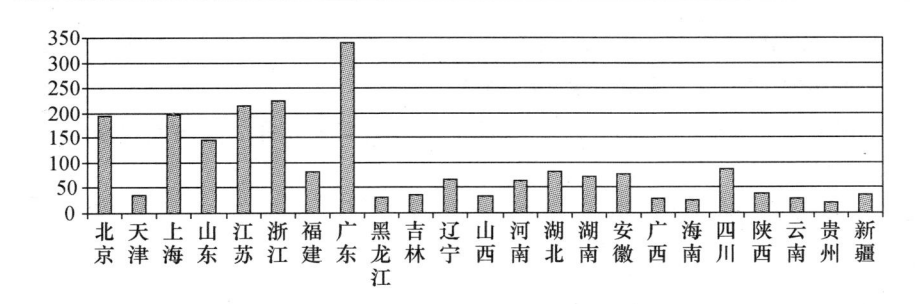

图 6-11 上市公司数量

等行政管制措施，往往导致各个省份之间的储蓄投资转换率并不由市场完全决定，因此，贷款余额占 GDP 比重这一反映金融深化程度的指标在区域之间也并不存在着明显差异。而区域之间差异最为明显的指标为私营企业贷款余额占全部贷款比重，从图 6-6 可以看出，东部地区的私营企业从银行体系获得的资金量要明显高于中西部地区，广东省为最高，2011 年私营企业获得的贷款余额占金融机构全部贷款余额的比重为 14.1%；其次为浙江省，为 5.63%，这两个省的私营企业贷款余额要超过整个中西部地区省份的总和。这也反映了沿海省份的私营企业从银行体系获得的资金支持要优于中西部地区，这也与私营企业在东部沿海地区的发展要好于中西部地区的经济事实相符合。

从图 6-10 和图 6-11 来看资本市场的发展情况，可以看出，无论是上市公司的数量还是市值，东部地区都要明显高于中西部地区，以 2011 年为例，从境内上市公司数量来看，东部地区的排序依次为广东、浙江、江苏、上海、北京、山东、福建和天津，数量分别达到 339 家、226 家、214 家、196 家、194 家、145 家、81 家和 37 家。中西部地区上市公司数量最多的为四川省的 88 家，最少的为青海省只有 10 家，整个中西部地区所有省份的上市公司数量只有 833 家，西部地区只有 266 家，还不及广东一省的上市公司数量 [由于图形所限，在图 6-1 中并未直接给出青海省的数据，完整数据可参见《中国金融年鉴》(2004)]。广东、浙江、江苏和福建四省的上市公司总数量就超过了整个中西部地区所有省份的总和，虽然这与区域经济发展水平差异有关，但也造成了直接融资规模上的区域差异，以上市公司市值为例，2011 年，广东省上市公司市值达到了 23831 亿元，几乎相当于全部中西部地区上市公司市值。因此，无论是从银行体系还是资本市场来看，东部地区的企业直接和间接获得资金的规模都要高于中西部地区，对于企业家而言，金融市场的资本支持力度越大，其发展速度和水平相应越快越高。这种区域金融市场发展水平的差异必然对经济发展差异产生影响。

第四节 产业集聚的程度

如果用 cluster 来表示产业集聚指标，可以用下式加以描述：

$$cluster_i = \frac{1}{n}\sum_{j=1}^{n} X_{ij} \quad if \quad X_{ij} > 1 \qquad (6-3)$$

其中，$X_{ij} = \dfrac{i\text{ 地区 } j \text{ 行业工业总产值}/i \text{ 地区 GDP}}{j \text{ 行业全国工业总产值}/\text{全国 GDP}}$

X_{ij} 实际上反映了 i 地区在 j 行业上的比较优势程度，如果该值大于 1 表示 i 地区在 j 行业上具有比较优势，同时也反映了 j 行业在 i 地区的集聚程度较高；反之，该值小于 1 表示 j 行业在 i 地区的集聚程度相对较低。n 表示 $X_{ij} > 1$ 时的产业分类数量。$cluster_i$ 则表示 i 地区所有 $X_{ij} > 1$ 时行业的集聚程度之和的平均值，总体上反映了该地区的产业总体集聚度。在产业的划分上本书以《中国统计年鉴》的分类方法将中国的工业产业划分为 39 大类。表 6-1 给出了 1990—2011 年各省份的产业集聚指数的变动情况，图 6-12 描述了东部和中西部地区的平均产业集聚指数的变动情况。

表 6-1　　　　　　　　各省份产业集聚指数变动

省份	1990 年	1995 年	2000 年	2005 年	2010 年	2011 年
北京	1.8394	1.8982	1.8673	1.4859	1.0841	1.1480
天津	1.9655	1.7529	1.8639	1.3713	1.2702	1.3293
上海	2.7140	2.8474	2.1839	1.6652	1.3671	1.3253
山东	1.3934	1.4958	1.5394	1.5670	1.5471	1.6412
江苏	1.8381	1.9232	1.6068	1.6537	1.6866	1.7914
浙江	1.4491	1.5800	1.7767	2.0426	1.9413	1.6892
福建	1.5948	1.6670	1.4798	1.9786	1.7066	1.8091
广东	1.4432	1.8408	2.2476	2.1403	2.0594	2.4456
黑龙江	1.5344	2.0478	1.1356	1.4910	1.3795	1.2971

续表

省份	1990年	1995年	2000年	2005年	2010年	2011年
吉林	2.2228	1.9341	2.2596	1.9939	2.4104	2.4678
辽宁	1.4920	1.6105	1.5246	1.7605	1.4841	1.4437
山西	3.4407	1.7599	2.2660	1.9076	1.9319	1.8163
河南	1.0632	1.1717	1.3542	1.4383	1.3748	1.3850
湖北	1.2996	1.4593	1.3520	1.4843	1.3841	1.4343
湖南	1.6946	1.2180	1.4356	1.2345	1.2705	1.3441
安徽	1.4988	1.1441	1.2180	1.1124	1.1867	1.2591
广西	1.4856	1.4569	1.7071	1.0922	1.3331	1.5465
海南	1.4590	1.4133	1.4511	1.4508	1.3257	1.0337
四川	1.5120	1.4193	1.6224	1.6727	1.6601	1.6820
陕西	1.7334	1.4543	1.4985	1.3461	1.7195	1.7035
云南	1.0172	2.4606	2.2200	1.9886	1.9788	1.9057
贵州	1.3257	1.8309	1.6381	1.5700	1.5877	1.6069
新疆	2.4126	2.3559	3.5164	3.9489	3.2818	3.0998

资料来源：根据《中国统计年鉴》、《中国工业经济统计年鉴》、1991—2012年各省份统计年鉴整理计算得到。

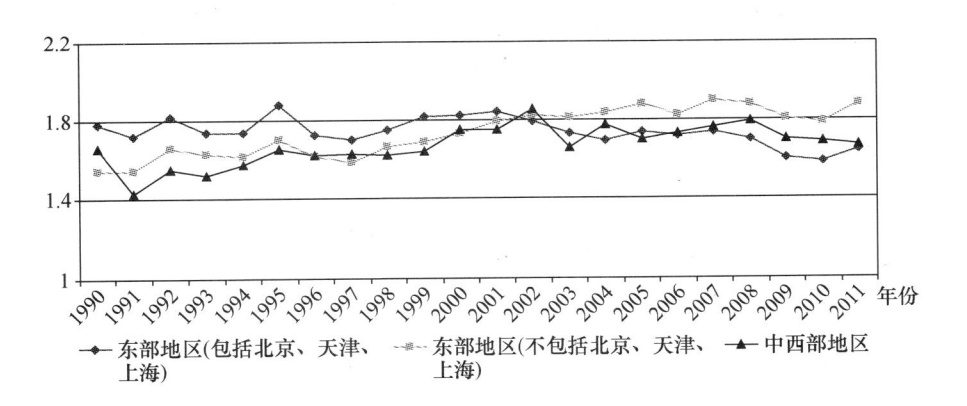

图6-12 不同区域产业集聚指数变动趋势

从表6-1可以看出，北京、天津和上海三个直辖市的产业集聚指数呈现下降趋势，由于我们选取的是25个工业行业作为衡量产业集聚指数的依据，因此，三大直辖市的产业集聚指数呈现下降也是一种产业结构调整的结果，毕竟从直辖市的发展阶段来看，第三产业的发展水平要快于工业行业，2011年，北京、天津和上海的第三产业增加值占GDP的比重分别达到76.07%、46.16%和58.05%，表明直辖市的经济发展已经从工业发展阶段逐步向服务业为代表的第三产业过渡。除此之外，东部地区的其他省份的产业集聚指数基本处于上升趋势。中西部地区的省份的产业集聚指数除了山西和海南等之外，也处于稳定上升趋势。表明不同省份在其优势产业发展方面有了进一步提升。从图6-12来看，东部地区在包括北京、天津和上海三个直辖市的情况下，产业集聚指标变动有所下降，不包括三个直辖市的情况下，则呈现上升趋势，中西部地区产业集聚指数在2003年之前处于上升趋势，之后有所下降，这种变动趋势实际上意味着东部地区的产业集聚程度相对于中西部地区有不断上升的可能。

第七章　企业家、金融市场与产业集聚：经验分析

第一节　全国面板数据的实证检验

为了验证金融市场促进企业家形成进而促进一个地区的产业集聚这一机制是否存在，即金融市场与企业家的联合作用是否促进了产业集聚，可以构建以下回归方程：

$$\log cluster = \alpha_0 + \alpha_1 \log cluster(-1) + \alpha_2 \log(fincost \times \Delta qyj) \qquad (7-1)$$

其中，$fincost \times \Delta qyj$ 表示企业家与融资成本指标的乘积，用来具体分析金融市场与企业家的联合作用是否对产业集聚产生作用，如果这一指标的系数为正则表明通过金融市场发生的企业家形成机制确实存在；系数为负则表明金融市场并没有通过促进劳动力流动的方式引致企业家形成进而强化一个地区的产业集聚效应。为了避免各效率指标间可能存在的自相关性，在检验过程中，每次用第六章第二节的 5 个融资成本指标（$private$、$bank$、$save$、$deep$、$stock$）中的一个指标来替换 $fincost$。考虑到对产业集聚而言，当期的产业集聚情况受到其以往集聚程度的影响，因此，在回归方程中采用滞后期项的影响，结合国内学者的研究，比较一致地认为沿海地区的产业集聚程度要明显高于其他地区。为了进行比较分析，本书选择了中国东中西部 23 个省份作为分析样本。

关于产业集聚指标，根据《中国统计年鉴》将产业划分为 39 个大类，考虑到市场过程中自发的企业家形成引致产业集聚现象，将 39 个大类产业中属于垄断或垄断程度高的产业剔除，为此剔除 39 个大类行业中煤炭开采和洗选业，石油和天然气开采业，黑色金属矿采选业，有色金属矿采选业，非金属矿采选业，其他采矿业，烟草制品业，石油加工、炼焦

及核燃料加工业，工艺品及其他制造业，废弃资源和废旧材料回收加工业，电力、热力的生产和供应业，燃气生产和供应业，水的生产和供应业，保留27个民间资本可以进入的行业，这27个行业分别是农副食品加工业、食品制造业、饮料制造业、纺织业、纺织服装鞋帽制造业、皮革毛皮羽毛及其制品业、造纸及纸制品业、木材加工及木竹藤棕草制品业、家具制造业、印刷业和记录媒介的复制业、文教体育用品制造业、石油加工及炼焦加工业、化学原料及化学制品制造业、医药制造业、化学纤维制造业、橡胶制品业、塑料制品业、非金属矿物制品业、黑色金属冶炼及压延加工业、有色金属冶炼及压延加工业、金属制品业、通用设备制造业、专用设备制造业、交通运输设备制造业、电气机械器材制造业、通信设备计算机及其他电子设备制造业、仪器仪表及文化办公机械制造业，重新计算市场化程度较高的产业集聚指数 cluster。

回归方法上采用的是面板数据，主要是因为面板数据模型可同时反映研究对象在时间和截面单元两个方向上的变化规律及不同时间、不同单元的特性，综合利用样本信息，同时可以降低多重共线性带来的影响。经过 F 检验，选用固定效应模型，回归结果见表7-1。

表7-1　基于23个省份的面板数据回归结果（1995—2011）

	logcluster				
	private	bank	deep	save	stock
C	0.94* (11.58)	0.94* (11.66)	0.94* (11.60)	0.94* (11.62)	0.94 (11.63)
logcluster（-1）	0.45* (9.70)	0.44* (9.30)	0.45* (9.43)	0.45* (9.37)	0.45* (9.46)
logprivate×Δqyj	0.08* (1.17)				
logbank×Δqyj		0.01* (1.89)			
logdeep×Δqyj			0.003* (1.03)		
logsave×Δqyj r				0.007* (1.44)	

续表

	logcluster				
	private	bank	deep	save	stock
$\log stock \times \Delta qyj$					0.01* (1.28)
R^2	0.85	0.85	0.85	0.85	0.85
F 值	88.36	89.07	88.26	88.59	88.45

注：括号内为 t 值，*表示在 1%水平上显著。

从表 7－1 的回归结果可以得出以下几点结论：

第一，历史因素对产业集聚程度产生显著影响。上一期的产业集聚情况对当期的产业集聚发展的影响水平基本稳定在 0.45，即上一期产业集聚程度每提高 1 个百分点，当期产业集聚程度会提高 0.45 个百分点。这也印证了这样的一个观点：一个地区产业发展水平取决于其已有的基础。一个地区的集聚结果和规模往往取决于这一地区的初始条件和过去的综合历史不断累积的路径，这也就意味着一个地区的产业集聚情况取决于其本身的历史基础以及由此带来的路径依赖，这也印证了缪尔达尔的"循环累积因果关系"理论，考虑到了历史因素造成的产业在特定地区不断累积的过程，而诸多的实证研究无非表明，一个地区的产业集聚现状依赖其历史积累并决定了其将来发展方向。从我国的经济发展史来看，不同的地区经济发展往往在某些产业方面具有特定的比较优势，这些优势来自历史积累或者是一系列外部条件约束下的市场选择结果，从而使得某些产业在特定区域具有持续的发展能力。

第二，金融市场尤其是对私营企业贷款比重的上升对企业家形成进而对产业集聚产生显著影响。在所有的金融变量中，私营企业贷款比重每上升 1 个百分点，其对企业家形成进而对产业集聚的影响系数达到最大的 0.08 个百分点。表明私营企业直接从银行获得贷款对于企业发展的影响最大。从历史发展进程来看，私营企业受到的金融约束最为明显，其所获得的贷款比重与其对经济发展的贡献极为不成比例。以 2011 年为例，私营企业的工业总产值达到 252325.74 亿元，利润为 18155.52 亿元，占全国规模以上工业总产值和利润总额的比重分别达到 29.89% 和 29.57%，同时，全部规模以上工业企业的资产负债率为 58.1%，国有及国有控股企业的资产负债率为 61.17%，而私营企业的资产负债率只有 54.59%，而从银行体系获得的贷款来看，私营企业获得的贷款余额对于广东而言只占金融机构全部贷款的14%，浙江省为7%，江苏省为6%，其他省份的比重相应更低，沿海经济发达省份私营企业贷款尚且如此，中西部地区更为低下，表明私营企业获得银行体系资金支持的力度与其经济贡献度极不匹配，提高私营企业获得银行体系的资金支持不仅对于现有企业的发展起着促进作用，同样对于企业家的形成具有潜在的经济影响。

第三，银行业之间的竞争程度提升和股票市场发展对于企业家形成进而对产业集聚的发展起着显著的促进作用。这两个金融指标每提升1个百分点，通过企业家形成对产业集聚指标的提升作用达到0.01个百分点。从市场经济来看，竞争对于降低成本提升效率起着最为重要的作用，对于银行业而言，银行之间的竞争一方面可以提升其本身内部的运营效率，另一方面还有利于规范资金的流向，使得资金流向生产率高的行业和企业，虽然我国传统的四大国有商业银行在整个银行业中业务比重仍然较高，但总体呈现出竞争不断强化的趋势，这对于资金流向私营企业起到一定程度的激励作用。1995年，国有商业银行贷款余额为39393亿元，占全部银行贷款余额的比重为78%，2012年，这一比重只有44%。表明随着股份制商业银行、信托基金和其他形式的金融机构的发展，整个银行业的市场结构由原来的寡头垄断逐步向垄断竞争转换，由于我国企业目前仍然主要依赖间接融资，银行业的竞争程度的提高对于企业降低融资成本进而对企业家形成起着关键的作用。

第四，储蓄投资转换率和贷款占GDP比重提升对于企业家形成和产业集聚的影响虽然显著但影响程度较低。表明虽然金融深化程度随着经济发展不断提高，但在促进企业家形成方面的作用还相当有限。

从图7-1可以看出，贷款余额占GDP比重呈现波动性上升趋势，表明金融深化的过程处于不断提升过程，1990年，贷款余额占GDP的比重为94.7%，2009年这一比重达到115.9%，金融资源对于经济快速发展起到重要的支持作用。而储蓄投资转换率则由1990年的126.2%下降到2009年的67.7%，表明资金在银行内部沉淀的比重不断上升，一方面企业发展需要大量的资金；另一方面，企业吸收的存款大量在银行内循环，这增加了企业尤其是私营企业从银行获得资金的难度，同时也提高了银行业的资金成本，进而提高了私营企业的贷款成本，这无疑不利于私营企业的贷款获得率。

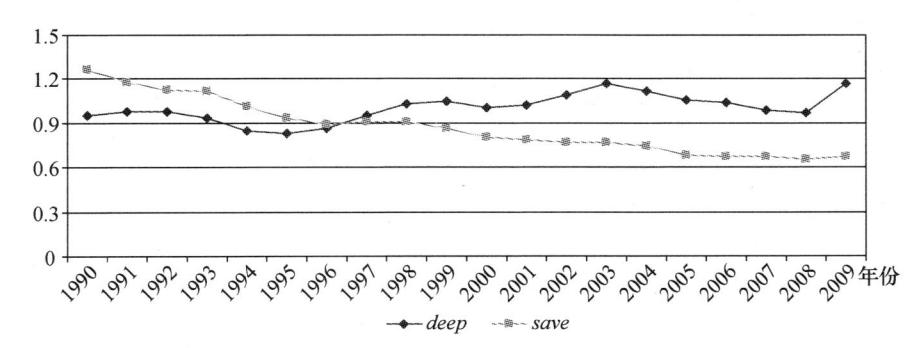

图 7-1 储蓄投资转换率和贷款余额占 GDP 比重变动趋势

第二节 不同区域数据的比较

在全国层面上分析了金融市场与企业家的联合作用对于产业集聚的影响之后，可以发现，金融市场通过促进企业家形成的机制对于提高一个地区的产业集聚水平具有显著的影响。下面，我们将具体讨论不同区域之间的产业集聚过程中金融市场的影响差异，毕竟对于我国经济发展存在明显区域差异性的现状来看，金融市场发展水平、企业家形成和产业集聚都存在着区域性特点。因此，需要进一步验证金融市场与企业家的作用对产业集聚的影响在不同的区域之间的差异。回归方程如下：

$$\log cluster_i = \alpha_0 + \alpha_1 \log cluster(-1)_i + \alpha_2 \log(fincost \times \Delta qyj)_i \quad (7-2)$$

其中，$cluster_i$ 表示 i 地区的产业集聚指数，$cluster(-1)_i$ 表示 i 地区上一期的产业集聚指数，$fincost \times \Delta qyj$ 表示 i 地区融资成本与企业家形成的乘积。回归结果见表 7-2 至表 7-4。

表 7-2　　东部地区面板数据回归结果（1995—2011）

	logcluster				
	private	bank	deep	save	stock
C	0.97* (1034)	0.97* (10.36)	0.97* (10.32)	0.97* (10.35)	0.97* (10.38)
logcluster	0.43* (7.79)	0.41* (7.56)	0.42* (7.65)	0.42* (7.52)	0.42* (7.63)
$\log private \times \Delta qyj$	0.21** (0.77)				

续表

	logcluster				
	private	*bank*	*deep*	*save*	*stock*
log*bank* × Δ*qyj*		0.01* (1.45)			
log*deep* × Δ*qyj*			0.006** (0.90)		
log*save* × Δ*qyj*				0.01* (1.33)	
log*stock* × Δ*qyj*					0.02* (1.19)
R^2	0.86	0.86	0.85	0.85	0.85
F 值	89.28	89.95	89.38	89.80	89.64

注：括号内为 t 值，*、** 分别表示在 1% 和 5% 水平上显著。

表 7-3　中西部地区面板数据回归结果（1995—2011）

	logcluster				
	private	*bank*	*deep*	*save*	*stock*
C	0.57* (4.10)	0.59* (4.09)	0.54* (3.63)	0.56* (3.90)	0.55* (3.96)
log*cluster*(−1)	0.67* (8.46)	0.66* (7.82)	0.70* (8.01)	0.68* (8.60)	0.69* (13.76)
log*private* × Δ*qyj*	0.04* (1.26)				
log*bank* × Δ*qyj*		0.005* (1.06)			
log*deep* × Δ*qyj*			−0.003 (−0.13)		
log*save* × Δ*qyj*				0.001 (0.42)	
log*stock* × Δ*qyj*					0.001 (0.22)
R^2	0.77	0.80	0.80	0.80	0.78
F 值	49.08	53.52	52.19	52.33	51.47

注：括号内为 t 值，*表示在 1% 水平上显著。

从表 7-2 和表 7-3 的回归结果，可以得出以下几点结论：

第一，区域产业集聚程度的提升受到前一期产业集聚程度的影响，即一个地区的产业发展历史影响着其下一期的产业集聚发展水平，只不过中西部地区的产业集聚受历史因素的影响更为明显，其对产业集聚的影响因子达到 0.6 以上，而东部地区只有 0.4 左右，表明中西部地区的产业发展的循环因果累积程度要高于东部地区，也可以理解为中西部地区的产业结构调整速度要慢于东部地区，使得其产业发展过度依赖其现有产业基础，新的产业发展速度相对较慢。从现实经济发展来看，新兴产业或高科技产业主要分布于东部沿海地区，而中西部地区往往依赖传统产业，如东北地区的重工业、山西的煤炭相关产业等，其他产业的发展相对较为缓慢。

第二，金融市场对企业家形成进而对产业集聚的影响程度在东部地区的表现要明显优于中西部地区，表明新企业的形成在东部地区的产业集聚过程中的作用要显著高于中西部地区。由于东部地区相对于中西部地区具有较高的市场化水平、发达的第三产业、丰裕的人力资本和较高的制度效率，使得企业家在东部地区的形成频率和规模要远高于中西部地区。企业家的形成对于现有产业的发展和新兴产业的兴起起着重要作用，既有利于现有产业的结构优化，也有利于整个区域的产业结构升级。而金融市场则在企业家形成与产业变动过程中起着重要的作用，这一作用在东部地区表现得更为显著，即企业家形成和企业家精神激发过程对于产业集聚的影响在东部地区的表现要优于中西部地区，这也是造成区域经济发展差异的重要因素。

第三，具体而言，对私营企业贷款比重、银行业竞争程度、储蓄投资转换率、贷款余额占 GDP 比重和股票市场的发展指标的提高对于企业家形成起到促进作用，这一作用在东部地区表现得更为明显。私营企业贷款比重每上升 1 个百分点，其通过与企业家形成的共同作用对东部产业集聚程度提升的影响程度达到 0.21 个百分点，中西部地区只有 0.04 个百分点；银行竞争程度提升 1 个百分点，东部地区的影响程度为 0.01 个百分点，中西部地区为 0.005 个百分点；储蓄投资转换率、贷款余额占 GDP 比重和股票市值与企业家的联合作用对东部地区产业集聚的影响产生显著的正向作用，但这一作用在中西部地区要么不显著，要么不存在。

表7-4 基于不同区域代表性省份数据回归结果（1995—2011）

	C	log$cluster$(-1)	log$private$×Δqyj	log$bank$×Δqyj	log$deep$×Δqyj	log$save$×Δqyj	log$stock$×Δqyj	R^2	F值
浙江	-0.007 (-0.05)	1.06* (12.50)	0.32* (4.75)					0.92	0.35
	0.19* (0.97)	0.94* (8.14)		0.04* (1.95)				0.83	36.45
	-0.03 (-0.23)	1.07* (11.56)			0.01* (4.32)			0.91	72.84
	0.05 (0.30)	1.03* (10.36)				0.02* (3.56)		0.89	58.08
	0.13 (0.78)	0.96 (9.71)					0.05* (2.95)	0.87	48.39
河南	0.36* (2.32)	0.74* (6.49)	-0.01** (-0.52)					0.75	21.24
	0.31* (1.79)	0.79* (5.96)		-0.002* (-0.81)				0.75	22.01
	0.31* (1.77)	0.79* (5.74)			-0.001* (-0.71)			0.75	21.69
	0.32* (1.86)	0.78* (5.67)				-0.001** (-0.55)		0.75	21.32
	0.32* (1.95)	0.78* (2.65)					-0.006* (-0.82)	0.75	22.03
四川	0.94* (2.79)	0.42* (2.01)	-0.008 (-0.03)					0.23	2.11
	1.08* (2.98)	0.30* (1.35)		0.006* (0.88)				0.27	2.61
	1.01* (2.89)	0.36* (1.59)			0.01*** (0.61)			0.25	2.35
	1.35* (2.97)	0.32* (1.38)				0.004* (0.81)		0.26	2.54
	0.99* (2.95)	0.38* (1.79)					0.005*** (0.74)	0.26	2.47

注：括号内为t值，*、**、***分别表示在1%、5%和10%水平上显著。

从表 7-4 的回归结果可以得出以下几点结论：

（1）银行体系对私营经济部门的贷款比重增加促进一个地区的产业集聚程度。从回归结果可以看出，浙江省的 log$private$ × Δqyj 指标系数为正，表明银行体系对私营部门的贷款通过促进企业家形成这样一种机制促进了浙江省的产业集聚，而这一机制在四川省和河南省并没有得到验证，表明银行体系对私营经济部门的贷款比重增加对浙江省企业家形成的影响程度要大于四川和河南两省，这很可能也是浙江省的产业集聚效果要优于四川和河南两省的重要原因之一。以 2005 年为例，浙江省对私营企业的贷款额达到 645.68 亿元，而同期四川和河南两省分别为 33.69 亿元和 23.39 亿元，当然，这种结果可能与浙江省本身私营经济发达有关，然而，四川和河南两省的非国有经济的工业总产值占当地工业总产值的比重同样高达 61% 和 70%，而同期浙江省这一指标也只有 74%，这种现实意味着四川和河南两省的私有经济部门从银行体系获得资金的难度相对较大，势必影响到企业家的形成。根据林毅夫和李永军（2001）的研究，中小企业的贡献率与经济增长率有很大的相关性，其中拟合得最好的为东部诸省，而其余地区尤其是西部诸省则拟合得比较差。客观而言，西部中小企业发展落后存在诸多因素，融资困难则是其中一个重要原因。一份我国各区域样本省份中小企业的调查表明，西部中小企业的融资问题较东、中部地区更为突出。①

这种结果同样现实地反映了以浙江省为代表的中国沿海地区在经济表现方面要优于内地的重要原因。如果说产业集聚是导致中国不同区域经济增长差异重要原因，②那么企业家精神则是造成这一结果的诱因之一。何予平 2006 年的实证研究表明，企业进入情况较好地反映了中国转轨时期企业家的创新行为。因此，企业进入比率是衡量企业家精神的较好尺度。将企业家精神纳入 C-D 函数中，假定企业家精神与经济增长存在线性关系，通过实证研究表明，企业家精神对中国经济增长的贡献显著。从企业

---

① 林汉川等在 2003 年的调查研究中，具体分析了我国不同地区样本企业面临的问题，其中中小企业面临的一个重要的问题就在于融资约束较为明显，这对于企业的发展在某种程度上起到约束作用。具体参见林汉川、夏敏仁、何杰、管鸿禧《中小企业发展中所面临的问题——北京、辽宁、江苏、浙江、湖北、广东、云南问卷调查报告》，《中国社会科学》2003 年第 2 期。

② 文玫（2004）、范剑勇（2004，2006）、何雄浪和李国平（2007）、王洪光（2007）的研究都认为产业集聚是导致我国地区经济发展差异的重要原因。

进入情况来看，在资本、劳动力以及技术因素不变的条件下，企业进入比率增加 1 个百分点，经济增长率提高 0.54 个百分点；金融发达地区的企业家年龄平均比金融不发达地区的企业家年轻 5—6 岁；同样地，新企业占人口的比重在金融发达地区比不发达地区高 3%，按人口平均的现存企业数目在金融发达地区比金融不发达地区高 50%，地方金融最发达地区年人均 GDP 的增长率要比不发达地区高 1 个百分点，这些情况表明，金融市场越发达，效率越高将越有利于加速企业形成，也就意味着通过人员流动发生的产业集聚越明显。[1]

（2）储蓄投资转换率的上升对企业家形成进而对产业集聚产生推动作用，$logsave \times \Delta qyj$ 指标的系数对浙江和四川两省而言均为正，表明国内金融体制的市场化进程所造成的投资传导的货币渠道和信贷渠道不断得到提高，储蓄向投资转换效率不断上升。这种转换效率的上升促进了私营经济部门从银行体系获得资金的量。这种情况同样促进了一个地区企业家形成和产业集聚的效果。同时，这种储蓄投资转换率的上升在促进企业家形成和产业集聚的效果上要劣于银行体系对私营经济贷款比重的上升的影响。究其原因在于储蓄向投资转换的效率虽然呈现上升趋势，但总体水平而言并不高，利率基本上是一个外生变量，它不是由经济体系内部决定的，而主要由货币政策偏好决定，缺少市场供求生成的基础。因此，利率就不能准确反映货币供求的变动，不能对储蓄与投资的均衡起到自动调节作用。[2] 另外，间接融资是我国企业的主要融资渠道，由于资本市场的发展尚处于初级阶段，而间接融资渠道又主要控制在国有银行手中，所以非国有经济在扩大生产规模以及建立新企业时很难顺利获得所需资金。相比之下，产出效率低下的国有企业由于与政府的"隐性契约关系"却可以从国有银行不断获得资金支持，因而严重地扭曲了信贷结构，[3] 降低了储

---

[1] Luigi Guiso, Paola Sapienza, Luigi Zingales, "Does Local Financial Development Matter?", *Quarterly Journal of Economics*, Vol. 119, No. 3, 2004, pp. 929 – 969.

[2] 汪伟：《中国居民储蓄率的决定因素——基于 1995—2005 年省际动态面板数据的分析》，《财经研究》2008 年第 2 期。

[3] 武剑 1999 年的研究认为"储蓄膨胀"和"投资压抑"是导致资金负缺口的直接原因，在实际利率的"放大机制"作用下，资金负缺口不断扩大，造成经济持续滑坡。深化社会保障制度和投融资体制的改革，加快利率市场化步伐是摆脱当前发展困境、促进经济持续增长的根本出路。参见武剑《储蓄、投资和经济增长——中国资金供求的动态分析》，《经济研究》1999 年第 11 期。

蓄转化为投资的效率。虽然中国的改革开放导致了资本流动在一定程度上的放开，依靠吸引外国直接投资、间接投资或者从国际金融市场借贷等形式，中国资本流入大量增加，但与此同时，中国仍然实施着贷款规模约束等资本控制，这使得资本流动性偏弱。

（3）中国银行业竞争不充分导致企业尤其是私有经济部门很难通过间接融资渠道获得投资所需资金，而间接融资又是我国企业主要的融资渠道，势必限制企业家形成从而约束了中国私营经济的发展。从回归结果可以看出浙江和四川两省的 $logbank \times \Delta qyj$ 指标全部为正，表明银行业垄断程度下降促进了企业的发展。随着四大国有商业银行的集中程度有所下降，这种变化对企业形成进而对产业集聚产生积极影响。而这一结果并没有在河南省的实证结果中得到验证。但根据叶欣等的实证研究，运用市场集中率和 H 指数，对中国商业银行业的市场结构特点进行量化分析，得到中国银行业正由高度集中的寡头垄断型市场结构向竞争性较强的垄断竞争型市场结构转变，但中国商业银行市场近年来的集中程度一直是比较高的，特别是四大国有商业银行拥有的市场权力长期以来居高不下，虽然从动态变化的角度来看，该市场的垄断程度有所下降，中国银行业正由高度集中的寡头垄断型市场结构向竞争性较强的垄断竞争型市场结构转变，但与发达国家银行业相比，其竞争程度仍然较为低下。① 林汉川等 2003 年对不同省份的调查进一步证实，67% 的企业从国有商业银行获得贷款，86% 的企业获准的贷款期限为 1 年以下，仅有 14% 的企业能得到 2 年左右期限的贷款，个体私营企业除了 41.1% 的企业从国有商业银行贷款外，还有 1/4 的企业从非金融机构贷款，从总体上来看，企业所获贷款的期限普遍过短，贷款渠道比较单一，贷款额度偏小，贷款利率偏高，个体与私营经济受到不同程度的贷款歧视，国有金融的制度性困境必然使得其在某种程度上游离于主体经济之外。所以，培育、发展、完善公平竞争的金融市场环境就显得至关重要。

（4）股票市场发展对于浙江省和四川省的影响产生显著的正向作用，但在河南省同样没有得到验证，浙江省的回归结果系数为 0.05，四川省为 0.005，表明浙江省股票市场发展水平对于促进企业家形成的促进作用

---

① 叶欣、郭建伟、冯宗宪：《垄断到竞争：中国商业银行业市场结构的变迁》，《金融研究》2001 年第 11 期。

要优于四川省和河南省。以 2011 年为例，浙江省的上市公司数量约为四川省和河南省的 3 倍，股票市值的筹资额也大体为 3 倍。而资本市场对于企业发展所提供的一系列信息、激励、交易在促进企业发展方面的作用要远大于银行体系，因此，东部地区的企业与资本市场之间的良性互动在促进区域产业发展方面的作用要远远高于中西部地区。

结合我国金融市场发展的实际来看，以银行体系为主导的金融市场在提高资本配置效率方面的效果并不理想。配置效率不高意味无法从低收益行业流向高收益行业，实际上限制了高收益行业的发展，从而也限制了高收益行业中企业家的形成速度，使得产业集聚地区的产业结构调整和升级变得相对缓慢，这一结果在中西部地区表现得更为明显。韩立岩等 2002 年通过使用我国 39 个工业行业的数据度量资本配置效率后发现，中国的资本效率处于很低的水平，金融市场应有的资本高效优化配置机制没有建立起来，在信贷市场上，银行信贷资金的配置效率低，在资金需求量旺盛的情况下银行体系中却存在着大量信贷资金的闲置，其中相当多的部分在银行内部循环，这说明银行对于资金的配置存在着很大的不合理性。潘文卿和张伟 2003 年的研究进一步表明，中国的信贷行为对资本配置效率的提高产生抑制作用，将中国的信贷市场进一步分解成国有银行的信贷和非国有银行金融机构的信贷与投资两个市场，发现导致中国信贷市场与资本配置效率不相关甚至负相关的主要原因在于国有银行的信贷行为。尽管中国的金融业经过多年的发展与改革，已建立了银行、证券、保险、信托投资公司、财务公司、信用社等多种金融机构，但银行，特别是国有银行的垄断格局并未实质性打破，国有银行改革的相对滞后，降低了整个社会的资本配置效率。积极稳妥地发展各种非国有银行类型的金融机构，使其在中国的信贷与投资市场上占有更大的规模，将能够提高中国的资本配置效率，这对于促进劳动力流动和企业家形成有着重要的作用。

总的来看，我国金融市场的发展对产业集聚以及经济发展的影响更直接地体现在资本积累效应方面，通过促进企业家形成进而促进产业集聚的形成和发展的间接效应在不同地区间具有不同的表现形式，在东部地区的影响要优于中西部地区，这也是造成不同经济区域具有不同绩效的重要原因之一，优化金融市场的资本配置效果将对经济产生更加深远的影响。

第三节 区域内部不同省份比较

上两节分析了金融市场与企业家形成的联结作用对促进产业集聚的正向作用,以及东部地区与中西部地区的比较。可以看出金融市场在促进企业家形成方面的作用在东部地区表现得更为明显,这也是造成区域经济发展差异的重要因素,如果从创造性破坏的角度来定义经济发展,那么,企业家实施的创造性破坏的作用在东部地区要优于中西部地区,金融市场则为企业家形成以及创造性破坏的过程提供外部支持。本节则集中于分析区域内部不同省份之间的这一作用机制的差异,以浙江和江苏两省为例来探讨东部沿海地区金融市场、企业家形成与产业集聚之间作用机制的表现差异。回归方程如下:

$$\log cluster = \alpha_0 + \alpha_1 \log cluster(-1) + \alpha_2 \log(fincost \times \Delta qyj) + \alpha_3 trade + \alpha_4 fdi \tag{7-3}$$

其中,$trade$ 表示进出口总额占 GDP 比重,fdi 表示外商直接投资占 GDP 比重,其他指标与前节相同。回归结果见表 7-5。

表 7-5 浙江和江苏两省数据回归结果比较(1995—2011)

		因变量:logcluster				
		$fincost$ 的替代指标				
		private	bank	deep	save	stock
浙江	C	0.05 (0.18)	0.07 (0.23)	-0.10 (-0.33)	-0.001 (-0.002)	0.02 (0.06)
	$\log cluster(-1)$	1.01* (4.78)	0.99* (4.11)	1.12* (4.88)	1.05 (4.15)	1.06* (4.11)
	$\log ficost \times \Delta qyj$	0.31* (4.37)	0.03* (3.32)	0.01 (3.88)	0.02* (2.99)	0.04* (2.91)
	$\log trade$	0.25* (0.98)	0.16** (0.57)	0.14** (0.53)	0.06 (0.22)	0.15*** (0.49)
	$\log fdi$	-2.31* (-1.29)	-1.07** (-0.55)	-2.55* (-1.31)	-0.77 (-0.38)	-3.53* (-1.43)
	R^2	0.92	0.90	0.92	0.89	0.89
	F 值	51.91	39.06	45.46	35.68	34.93

续表

		因变量：log*cluster*				
		fincost 的替代指标				
		private	*bank*	*deep*	*save*	*stock*
江苏	C	-4.42 (-1.58)	0.70 (0.90)	0.88 (0.89)	0.74 (0.66)	0.93 (1.89)
	log*cluster*(-1)	0.14 (0.20)	0.49* (1.11)	0.36*** (0.58)	0.43** (0.65)	0.39* (1.44)
	log*ficost* × Δ*qyj*	0.17* (1.82)	0.02 (0.26)	0.004 (0.06)	0.01 (0.20)	0.01** (0.64)
	log*trade*	0.59* (2.30)	-0.12 (-0.24)	-0.19 (-0.22)	-0.26 (-0.38)	0.02 (0.23)
	log*fdi*	6.21* (2.63)	2.09** (0.79)	3.26** (0.67)	3.31** (0.68)	0.90 (0.48)
	R^2	0.91	0.87	0.89	0.83	0.87
	F 值	2.80	5.71	4.21	4.35	6.10

注：括号内为 t 值，*、**、*** 分别表示在1%、5%和10%水平上显著。

从表7-5的回归结果可以得出以下几点结论：

第一，浙江省的金融市场在促进企业家形成进而促进产业集聚方面的影响要优于江苏省，具体而言，（1）私营企业贷款比重每上升1个百分点，其与企业家形成的联合作用对于浙江省和江苏省产业集聚程度的提高分别产生0.31个和0.17个百分点的拉动作用，以2011年为例，浙江省私营企业贷款占全部金融机构的贷款比重为7%，江苏省为6%，相对应的是，每万人口中拥有企业家的人数浙江省相对于2010年增加了23个，江苏省增加了19个，在考虑到两个经济发达省份私营企业家的基数都比较高的情况下，实际上意味着浙江省的企业家形成速度要高于江苏省。（2）银行竞争程度、储蓄投资转换率和贷款余额占GDP比重这三个指标与企业家的联合作用对浙江省的产业集聚程度提升的作用要优于江苏省。2011年国有商业银行的资产占全部机构的资产比重浙江省为44%，江苏省为48%；贷款余额，江苏省为47868.3亿元，浙江省为51276.64亿元，占GDP比重分别为97%和158%，表明浙江省的金融机构竞争程度要高于江苏省，银行业对企业的支持作用更为明显，这对于企业融资起着一定的积极作用。(3) 股票市场发展对浙江省企业家的影响进而对产业集聚的影响程度要高于江苏省。2011 年，浙江省上市公司数量为 226 家，股票市价总值占 GDP 比重为 32%，江苏省上市公司数量为 214 家，股票市价总值占 GDP 比重为 22%，反映出浙江省企业上市密度要高于江苏省，企业直接融资的比重对浙江省而言更为明显，这无疑对于企业的快速发展起着重要的激励作用。

第二，外向经济对产业集聚程度提升同样存在着显著的促进作用，但对浙江省和江苏省而言，浙江省的产业集聚受贸易的影响较大，而江苏省产业集聚受外商直接投资影响较大，这也与两省的发展模式存在着相关性，从表 7-5 的回归结果来看，贸易对浙江省的产业集聚影响系数都显著正相关，但外商直接投资影响并不明显，江苏省的结果恰好相反。2011 年，浙江省进出口总额 3093 亿美元，占 GDP 比重为 62%，江苏省进出口总额 5397 亿美元，占 GDP 比重为 71%，从总额和占 GDP 比重来看，江苏省都要高于浙江省，但从出口主体方面来看，浙江省外资企业进出口额为 997 亿美元，内资企业进出口总额为 2096 亿美元，占 GDP 比重为 42%，江苏省外资企业进出口额为 3393 亿美元，内资企业进出口总额为 2004 亿美元，占 GDP 比重为 26%，因此，贸易对于浙江省内资企业发展的促进作用要优于江苏省。另外，外资在促进产业集聚方面的作用在江苏省的表现要好于浙江省，江苏省吸收的外资总量要远高于浙江省，2011 年，江苏省吸收的外商直接投资额为 321 亿美元，浙江省为 116 亿美元，占 GDP 的比重分别为 4.2% 和 2.3%，表明江苏省的外资对经济的影响要高于浙江省，当然，这一结果也可以从外资的产值加以说明，2011 年，江苏省外商投资企业的工业总产值占规模以上工业总产值的比重为 40%，私营企业的比重为 35%，浙江省的比重分别为 27% 和 41%，这也就意味着江苏省的工业总产值的 2/5 为外商投资企业创造，而浙江省的比重只有不到 1/3，当然，从外资的行业分布可以更清楚地看到外资在江苏省产业集聚过程中的作用。

从表 7-6 中可以看出，在 24 个工业行业中，外资企业工业总产值占全部工业总产值的比重对江苏省而言，有 16 个行业的比重超过浙江省，其中，通信设备计算机及其他电子设备制造业，家具制造业，皮革、毛皮、羽毛（绒）及其制品业，造纸及纸制品业和文教体育用品制造业四个行业的外资企业产值比重更是超过 50%，尤其是通信设备计算机及其他

表 7-6　2011 年外商投资企业工业总产值占全部工业总产值比重

	江苏省	浙江省	广东省
仪器仪表文化办公机械制造业	0.2979	0.2608	0.2257
通信设备计算机及其他电子设备制造业	0.8735	0.6069	0.7113
电气机械及器材制造业	0.3462	0.2526	0.4163
交通运输设备制造业	0.4837	0.1658	0.7956
专用设备制造业	0.3461	0.2656	0.7171
金属制品业	0.2996	0.2008	0.4323
有色金属冶炼及压延加工业	0.2914	0.1469	0.4493
黑色金属冶炼及压延加工业	0.2234	0.1725	0.4585
非金属矿物制品业	0.2340	0.1670	0.3360
化学纤维制造业	0.2574	0.2809	0.3776
医药制造业	0.3109	0.3282	0.3880
化学原料及化学制品制造业	0.3731	0.4009	0.6283
石油加工及炼焦加工业	0.1410	0.1937	0.1409
造纸及纸制品业	0.5926	0.3068	0.5197
纺织业	0.2187	0.2806	0.3983
饮料制造业	0.2341	0.5384	0.8081
食品制造业	0.3635	0.3245	0.4722
纺织服装、鞋、帽制造业	0.3609	0.3655	0.4730
皮革、毛皮、羽毛（绒）及其制品业	0.6561	0.2795	0.6578
木材加工及木、竹、藤、棕、草制品业	0.1097	0.2579	0.2853
家具制造业	0.7327	0.4185	0.4240
印刷业和记录媒介的复制	0.3081	0.2065	0.4000
文教体育用品制造业	0.6181	0.4107	0.5570
橡胶塑料制品业	0.4819	0.3215	0.5038

资料来源：《江苏统计年鉴》（2012）、《浙江统计年鉴》（2012）、《广东统计年鉴》（2012）。

电子设备制造业，外资企业产值比重更是达到 87.35%，比重超过 40% 的行业有 7 个，因此，外商投资企业在江苏省的产业集聚过程中起到的促进作用要高于浙江省，这一现象在外资总量较高的广东省同样存在，广东省有 9 个行业的外资产值比重超过 50%，17 个行业的外资产值比重超过 40%，作为我国对外开放最早的地区，广东省吸收的外资在工业行业中的比重始终较高，因此也可以认为，对于广东省这样的外资存量较高的地区而言，产业集聚的形成和发展往往与外资的流入相关。换言之，产业集聚在这些地区的表现形式往往是外资集聚的结果。

第四节 本章小结

就理论层面而言，通过劳动力流动引致的企业家形成是产业集聚的重要发生机制，而在这一机制的演进过程中，金融市场起着至关重要的联结作用。高效的金融市场在降低融资成本的同时，增加了企业的资金可获得能力从而提高了人力资本进行知识积累的意愿，当知识积累到一定程度从而超过建立新企业所需的能力值时，劳动力选择成为企业家的可能性上升，从而提高了一个地区的企业家形成速度和企业家密度。产业集聚的规模也因此而随之上升。这也就意味着，金融发达地区的企业家形成速度和产业集聚效果要好于金融欠发达地区，金融体系对经济的影响程度由于企业家的作用而得以深入和强化，这或许也是造成我国目前不同区域之间经济发展水平差异化的一个原因。

从现实角度来看，上述三个代表中国不同区域的省份分析结果也印证了这样一个现实：东部经济发达地区之所以在经济表现方面要优于中国西部地区，一个重要的原因就在于其存在着效率相对较高的金融市场，企业尤其是私营企业从银行体系获得资金的规模和比重都要远高于中西部地区，这也提升了东部地区企业家的活跃程度，产业集聚的程度也要高于中西部地区，而这正是被诸多学者实证研究并证实了的造成区域经济发展差异的诱因之一。

当然，中国目前的金融市场仍然存在着不完善的地方，银行竞争程度相对较低，间接融资规模比重过高，导致资本配置效率不高以及储蓄转换成投资的渠道不畅，培育、发展高效银行体系不仅对于企业投资更对于企业家精神的影响都是至关重要的。再考虑到资本市场私营企业的融资问题，将从更广泛的基础上对中国金融市场效率、企业家形成和产业集聚的关系进行分析，而这正是有待研究的问题。另外，本书只不过从某种程度上对这一问题进行了分析，还存在着有待完善的方面，比如在回归方法上，更一般的做法应该是将东、中、西部三个地区所有省份进行横截面分析，还有变量的时间区间过短，如果延长时间段所得结论可能更具一般性。

第八章　企业家、企业家精神与财富积累

第一节　财富水平衡量

企业家以及企业家精神在产业集聚过程中起着重要的作用，是产业集聚形成的根本所在，企业家最根本的作用就在于通过实施不间断的创造性破坏过程来影响一系列结构上的变化进而促进经济发展，从这个意义上而言，经济发展差异本质上就在于企业家精神的差异。由于我国的经济发展具有明显的区域差异特征，这除与区位优势、制度落差或者其他一系列客观条件相关外，企业家精神的显现和发挥同样是造成区域经济发展差异的重要原因。本章就是要从企业家、企业家精神角度来探讨区域经济发展差异，我们要考虑的问题是一个地区居民的财富水平在多大程度上受企业家和企业家精神的影响。

如何衡量财富水平，不同的研究可以从不同的角度加以定义，最常见的是采用人均 GDP 指标，但这一指标虽然反映了地区所创造出来的物质财富总量，但并没有考虑到分配过程和分配的结果，因此，用这一指标来衡量财富水平并不全面。结合已有的研究，这里打算采用以下 7 个指标作为财富水平的衡量指标：人均可支配收入（$income$）、财产性收入（$pincome$）、人均消费（$consume$）、通信支出（$communicate$）、医疗支出（$medical$）、家庭设备支出（$equipment$）和每百人拥有汽车数量（car）。表 8-1 给出了东、中、西部区域财富水平指标，表 8-2 给出了 2011 年各省、直辖市、自治区的这 7 个指标值。

从表 8-1 和表 8-2 可以看出，东部地区的财富水平相对于中西部地区其增长速度相对较快，导致区域间财富水平的差距呈现出扩大的趋势。以人均可支配收入为例，2002 年，东部地区相对于中西部地区平均要高

表 8-1　　　　　　　　各区域财富水平指标的变动趋势　　　　　　单位：元、辆

指标	地区	2002	2003	2004	2005	2006	2007	2008	2009	2010	2011
人均可支配收入	东部地区	9952	11058	12334	13832	15505	17565	19963	21758	24155	27362
	中部地区	6472	7132	7932	8800	9871	11596	13264	14443	16066	18436
	西部地区	6673	7203	7914	8598	9428	10922	12432	13545	14991	17134
人均财产性收入	东部地区	128	194	224	284	366	497	549	631	737	885
	中部地区	93	107	119	128	162	241	259	283	350	459
	西部地区	57	80	108	128	168	189	216	261	297	375
人均消费性支出	东部地区	7665	8328	9217	10256	11240	12524	13838	15058	16510	18424
	中部地区	5016	5445	5994	6611	7245	8433	9563	10475	11508	13034
	西部地区	5538	5913	6454	6933	7234	8130	9108	9928	10912	12333
家庭设备用品及服务	东部地区	501	548	558	595	655	753	853	964	1114	1249
	中部地区	304	315	313	355	401	501	578	666	776	870
	西部地区	357	357	376	393	426	474	544	600	686	793
医疗保健支出	东部地区	568	610	695	767	797	851	917	981	978	1101
	中部地区	352	400	444	519	538	636	731	805	833	936
	西部地区	385	422	441	516	508	562	643	714	733	833
交通和通信支出	东部地区	814	996	1160	1459	1664	1943	1984	2344	2720	2872
	中部地区	502	560	628	683	821	959	1031	1242	1497	1644
	西部地区	589	664	732	805	835	925	989	1174	1382	1516
百人拥有家用汽车	东部地区	1.5	2.6	4.1	6.0	7.8	10.3	13.5	16.7	19.6	26.0
	中部地区	0.5	0.8	1.0	1.8	2.4	3.0	5.2	6.6	8.1	12.8
	西部地区	0.6	0.9	1.4	2.2	2.6	3.2	5.2	7.0	8.8	13.2

表 8-2　　　　　　　　　　2011 年各地区财富水平　　　　　　　　单位：元、辆

地区	人均可支配收入	人均财产性收入	人均消费性支出	家庭设备用品及服务	医疗保健支出	交通和通信支出	百人拥有家用汽车
北京	32903.03	696.64	21984.37	1562.55	1523.32*	3521.2	37.71*
天津	26920.86	462.28	18424.09	1174.62	1415.39	2699.53	20.62
河北	18292.23	318.43	11609.29	809.85	955.95	1526.6	23.32
上海	36230.48*	633.12	25102.14*	1826.22*	1140.82	3808.41*	18.15
江苏	26340.73	667.06	16781.74	1193.81	962.45	2262.19	23.92
浙江	30970.68	1572.34	20437.45	1109.42	1248.9	3728.23	33.85

续表

地区	人均可支配收入	人均财产性收入	人均消费性支出	家庭设备用品及服务	医疗保健支出	交通和通信支出	百人拥有家用汽车
福建	24907.4	1752.82*	16661.05	1179.84	773.26	2470.18	17.83
山东	22791.84	615.69	14560.67	1013.82	938.86	2203.99	28.12
广东	26897.48	1242.95	20251.82	1370.28	948.18	3630.62	30.71
山西	18123.87	274.09	11354.3	832.74	851.3	1487.66	18.6
内蒙古	20407.57	513.36	15878.07	1162.87	1239.36	2003.54	19.62
辽宁	20466.84	333.55	14789.61	929.37	1208.3	1899.06	11.15
吉林	17796.57	235.31	13010.63	839.31	1108.51	1541.37	11.24
黑龙江	15696.18	141.26	12054.19	723.58	1082.96	1363.62	5.29
安徽	18606.13	569.96	13181.46	690.66	907.58	1365.01	9.2
江西	17494.87	471.73	11747.21	914.88	641.23	1310.21	8.88
河南	18194.8	286.02	12336.47	977.52	919.83	1573.64	14.06
湖北	18373.87	357.15	13163.77	814.81	915.72	1382.2	9.69
湖南	18844.05	770.66	13402.87	940.79	790.76	1975.5	12.82
广西	18854.06	844.91	12848.37	884.85	779.08	2000.57	17.24
海南	18368.95	715.4	12642.75	729.86	783.34	1830.8	15.82
重庆	20249.7	433.71	14974.49	1079.27	1050.62	1718.73	10.44
四川	17899.12	523.24	13696.3	1020.16	735.26	1757.52	12.25
贵州	16495.01	356.41	11352.88	857.55	578.33	1395.28	10.48
云南	18575.62	1273.99	12248.03	570.46	822.41	1905.86	23.32
西藏	16195.56	358.07	10398.91	428.03	424.1	1278	25.3
陕西	18245.23	214.18	13782.75	914.26	1100.51	1502.44	12.22
甘肃	14988.68	161.66	11188.57	660.48	874.05	1289.8	7.33
青海	15603.31	78.64	10955.46	723.23	854.25	1293.45	6.08
宁夏	17578.92	198.48	12896.04	885.36	978.12	1637.61	12.4
新疆	15513.62	149.06	11839.4	791.43	912.99	1377.67	12.32

注：* 表示该数值为同类最大值。
资料来源：国研网统计数据库。

出 3000 多元，2011 年这一差距达到接近 10000 元，人均可支配收入最高的上海为最低的甘肃的 2.4 倍，而同时，上海私营企业的数量也要远高于甘肃；从人均财产性收入和人均消费支出等其他用来衡量财富水平的指标来看,东部地区与中西部地区的差距同样存在着不断拉大的趋势,这与我国经济发展的区域差距现状相吻合,而区域经济发展的快慢与企业家精神相关,因此,可以预期,正是由于区域企业家精神的差异导致经济发展差异进而导致财富水平的差异。这一直观的判断也可以从表8-3中得到体现。

表8-3　　　　　　　　2011年各区域专利和新产品生产情况

	区域	数值	占全国比重（%）
国内专利申请受理数（项）	东部地区	1077897	72.89
	中部地区	259266	17.53
	西部地区	141598	9.58
国内专利申请授权数（项）	东部地区	653067	75.59
	中部地区	141324	16.36
	西部地区	69536	8.05
新产品产值（亿元）	东部地区	69790	69.17
	中部地区	22525	22.33
	西部地区	8574	8.50
新产品销售收入（亿元）	东部地区	70554	70.15
	中部地区	22200	22.07
	西部地区	7826.94	7.78

资料来源：国研网统计数据库。

如果用专利申请和授权以及新产品产值来表示区域创新能力,或者用来表示企业家创新精神,那么,可以看出,东部地区的创新能力要远超过中西部地区。2011年,东部地区的专利申请受理数和授权数占全国比重均超过70%,新产品产值和新产品销售收入占全国的比重也在70%左右,表明东部地区企业家创新精神和创新能力要高于中西部地区,而经济发展水平也正是依赖这种企业家精神和企业家创新,比较表8-1、表8-2和表8-3可以得出基本的判断,正是由于这种企业家精神和创新层面上的差异导致区域经济发展差异,从分配的结果来看,区域财富水平存在着明显的差异,下面将对这种论断加以实证检验,具体判断企业家精神和创新在区域财富水平差异方面的影响程度。

第二节　全国面板数据的实证检验

下面将检验企业家精神和企业家创新对区域财富水平的影响，判断企业家精神和创新对财富水平的影响是否存在显著性的正向影响，如果以 wealth 表示财富水平，那么可以构建以下回归方程：

$$\log wealth_{it} = a_0 + a_1 \log qyj_{it} + a_2 \log trade_{it} + a_3 \log fdi_{it} \\ + a_4 \log market_{it} + a_5 \log develop_{it} + a_6 \log pgdp_{it} \quad (8-1)$$

$$\log wealth_{it} = e_0 + e_1 \log(qyj_{it} \times rd_{it}) + e_2 \log trade_{it} + e_3 \log fdi_{it} \\ + e_4 \log market_{it} + e_5 \log develop_{it} + e_6 \log pgdp_{it} \quad (8-2)$$

$$\log wealth_{it} = b_0 + b_1 \log(qyj_{it} \times cluster_{it}) + b_2 \log trade_{it} + b_3 \log fdi_{it} \\ + b_4 \log market_{it} + b_5 \log develop_{it} + b_6 \log pgdp_{it} \quad (8-3)$$

其中，$wealth_{it}$ 表示 i 地区 t 时期的人均财富水平，在回归方程中，用上节构建的 7 个指标分别替代 $wealth_{it}$；rd_{it} 表示 i 地区 t 时期的创新水平，以专利申请授权量占全国比重表示；$cluster_{it}$ 表示 i 地区 t 时期的产业集聚指数；qyj_{it} 表示 i 地区 t 时期每万人拥有私营企业数量；$trade_{it}$ 表示 i 地区 t 时期的进出口总额占 GDP 比重；fdi_{it} 表示 i 地区 t 时期的外商直接投资占 GDP 比重；$market_{it}$ 表示 i 地区 t 时期的市场化水平，以非国有企业工业总产值占规模以上工业总产值的比重表示；$develop_{it}$ 表示 i 地区 t 时期的经济发展水平，以第三产业增加值占 GDP 比重表示；$pgdp_{it}$ 表示 i 地区 t 时期的生产率，以人均 GDP 表示。式（8-1）用来检验企业家密度对地区财富水平的影响，式（8-2）用来检验企业家与创新的联合作用对财富水平的影响，式（8-3）用来检验企业家与产业集聚的联合作用对财富水平的影响，如果回归系数 a_1、e_1、b_1 显著为正，表明企业家以及企业家通过创新和产业集聚的方式对地区财富水平产生显著的正向影响。回归结果见表 8-4 至表 8-6。

从表 8-4 可以看出，企业家密度对财富水平产生显著的正向影响。具体而言，企业家密度每提高 1 个百分点，人均可支配收入提高 0.03 个百分点，人均消费支出提高 0.07 个百分点，在消费结构中，交通和通信支出会提高 0.20 个百分点，医疗保健支出提高 0.33 个百分点，家庭设备用品及服务支出提高 0.005 个百分点，百人拥有汽车数量提高 0.04 个百分点，

表8-4　　企业家与财富水平（全国面板数据，1995—2011）

	因变量：logwealth						
	式（8-1）						
	wealth 的替代指标						
	income	pincome	consume	communicate	medical	equipment	car
C	9.10 (115.10)	8.91 (86.57)	8.87 (81.14)	6.27 (26.78)	5.27 (21.34)	0.39 (5.31)	-4.39 (-1.60)
logqyj	0.03* (2.07)	0.01 (0.49)	0.07* (3.31)	0.20* (5.02)	0.33* (7.78)	0.005* (2.73)	0.04* (1.19)
log$trade$	0.05* (3.76)	0.05* (3.00)	0.02* (1.16)	0.16* (3.99)	0.08* (1.84)	-0.32* (-7.04)	0.03* (5.72)
logfdi	-0.01** (-0.86)	0.0003 (0.03)	0.01* (1.00)	-0.10* (-4.19)	-0.13* (-5.03)	0.33* (1.30)	-0.52* (-4.64)
log$market$	-0.01** (-0.73)	0.08* (3.35)	-0.16* (-5.49)	0.13* (2.45)	0.18* (3.16)	0.19* (4.10)	-1.86** (-0.82)
log$develop$	0.15* (3.56)	0.16* (2.68)	0.43* (7.12)	0.80* (6.03)	0.77* (5.51)	-0.44* (-2.31)	15.28* (2.51)
log$pgdp$	0.71* (43.88)	0.64* (32.31)	0.62* (28.06)	0.84* (18.71)	0.46* (9.73)	0.14* (16.60)	2.30* (2.92)
R^2	0.98	0.97	0.98	0.96	0.93	0.87	0.92
F 值	1129.72	571.08	677.78	322.48	196.24	85.22	68.92

注：括号内为 t 值，*、** 分别表示在1%和5%水平上显著。

虽然人均财产性收入也会提高0.01个百分点，但其 t 值没有通过检验，表明企业家密度对居民财产性收入存在弱的正向影响。

此外，生产率的提高同样会对财富水平产生正向的显著性影响，并且其影响程度相对较高，尤其是对居民人均可支配收入、交通和通信支出和汽车消费产生更为明显的影响，其影响强度都在0.7个百分点以上；贸易除了对家庭设备和服务支出没有产生显著的正向影响之外，同样也对财富水平的其他6个指标产生显著正向影响；外商直接投资对人均可支配收入和财产性收入没有产生显著性正向影响，但对人均消费支出和家庭设备用品及服务的支出产生显著正向影响；市场化水平对人均可支配收入和人均消费支出没有产生正向影响，但对财产性收入和消费结构中的交通通信、家庭设备用品及服务,以及医疗保健支出产生正向影响;经济发展水平除了对家庭设备用品及服务没有产生显著性正向影响之外,同样对其他6个财富指标产生正向影响。

因此,通过上述检验可以验证我们的判断,即企业家数量的增加对于提升地区财富水平起着显著性的影响,这将意味着拥有企业家密度越高的地区,其相应拥有越高的财富水平,企业家密度的差异是导致地区财富水平差异的重要原因,这一结论也可以在下一节的检验结果中得到验证。下面将讨论企业家与创新的联合作用对财富水平的影响,回归结果见表8-5。

表8-5 企业家、创新与财富水平(全国面板数据,1995—2011)

	因变量:log$wealth$						
	式(8-2)						
	wealth 的替代指标						
	income	pincome	consume	communicate	medical	equipment	car
C	9.07 (71.93)	6.25 (11.54)	4.24 (9.82)	7.22 (41.77)	6.78 (36.03)	5.02 (6.16)	0.03 (0.95)
log$qyj \times rd$	0.01* (1.24)	0.05*** (0.61)	0.07* (6.60)	0.05* (1.86)	0.10* (3.25)	0.06* (2.72)	0.003* (5.52)
log$trade$	0.09* (2.69)	0.06 (0.49)	0.01 (0.04)	0.18* (3.98)	0.10* (2.13)	-0.77* (-1.67)	-0.04* (-2.57)
logfdi	-0.05* (-2.75)	0.03 (0.44)	2.29* (2.14)	-0.11* (-4.28)	-0.15* (-5.44)	-2.16* (-1.07)	-0.39* (-3.39)
log$market$	-0.05* (-1.30)	0.07 (0.35)	-0.44* (-1.65)	0.22* (4.02)	0.33* (5.50)	0.12* (0.23)	-0.03* (-1.41)
log$develop$	0.20* (1.96)	1.10* (2.54)	2.90* (3.01)	0.89* (6.29)	0.94* (6.12)	-1.84* (-1.01)	0.09* (1.45)
log$pgdp$	0.77* (31.52)	0.94* (10.06)	1.20* (17.93)	1.00* (29.68)	0.70* (19.28)	0.34* (2.72)	0.01* (2.12)
R^2	0.95	0.83	0.98	0.96	0.93	0.91	0.88
F值	234.71	48.18	715.28	291.62	162.95	74.41	45.30

注:括号内为t值,*、***分别表示在1%和10%水平上显著。

从表 8-5 可以看出，企业家与创新的联合作用对财富水平的提升产生显著影响，具体而言，企业家与创新的联合作用每提升 1 个百分点，居民人均可支配收入将提升 0.01 个百分点，人均财产性收入提升 0.05 个百分点，人均消费性支出提升 0.07 个百分点，在消费支出结构中，交通和通信支出将提升 0.05 个百分点，医疗保健支出提升 0.10 个百分点，家庭设备用品及服务支出提升 0.06 个百分点，百人拥有汽车的数量提升 0.003 个百分点。总的来看，企业家与创新的联合作用对消费支出的影响要高于对收入增加的影响，并且对消费的影响从回归结果上来看，方程的拟合程度在所有的回归结果中表现最好，而在消费结构中，居民的生活质量方面的提升比较明显，尤其是医疗保健的支出受到的影响最为明显。

表 8-6 企业家、产业集聚与财富水平（全国面板数据，1995—2011）

	因变量：wealth						
	式（8-3）						
	wealth 的替代指标						
	income	pincome	consume	communicate	medical	equipment	car
logC	9.16 (114.66)	5.43 (10.54)	8.99 (83.12)	6.37 (26.44)	5.40 (21.04)	3.59 (4.95)	-0.86 (-0.96)
logqyj × cluster	0.01* (1.10)	0.19* (1.89)	0.04* (1.98)	0.16* (4.26)	0.28* (6.71)	0.34* (1.95)	0.16* (0.92)
log$trade$	0.05* (3.85)	0.21* (1.97)	0.03* (1.71)	0.16* (4.04)	0.08* (1.91)	-0.31* (-6.50)	0.25* (1.83)
logfdi	-0.01* (-0.89)	-0.04*** (-0.69)	0.01* (0.96)	-0.11* (-4.31)	-0.13* (-5.17)	0.03* (1.38)	-0.12* (-1.45)
log$market$	-0.01 (-0.42)	0.70* (5.65)	-0.15* (-5.18)	0.14* (2.40)	0.18* (3.00)	0.16* (3.69)	-0.48* (-1.69)
log$develop$	0.16* (3.93)	0.37* (1.15)	0.44* (7.21)	0.88* (6.75)	0.90* (6.46)	-0.35* (-1.88)	0.23 (0.44)
log$pgdp$	0.72* (49.24)	0.05* (3.76)	0.66* (34.67)	0.89* (20.85)	0.53* (11.63)	1.42* (16.47)	2.31* (14.23)
R^2	0.98	0.87	0.98	0.96	0.94	0.86	0.93
F 值	1217.64	49.23	660.61	316.39	188.62	84.24	111.73

注：括号内为 t 值，*、*** 分别表示在 1% 和 10% 水平上显著。

此外，生产率的提升对财富水平的影响同样显著，且影响程度更大，尤其是对消费支出的影响系数达到 1.2 个百分点，而贸易、外商直接投资、市场化水平和经济发展水平对财富水平的影响除了对财产性收入产生正向影响外，其他影响并不确定。

从表 8-6 可以看出，企业家通过产业集聚的路径对地区财富水平产生显著影响，两者的联合作用每提升 1 个百分点，居民人均可支配收入提升 0.01 个百分点，人均财产性收入提升 0.19 个百分点，人均消费性支出提升 0.04 个百分点，在消费结构中，交通和通信支出会相应提升 0.16 个百分点，医疗保健支出提升 0.28 个百分点，家庭设备用品及服务支出提升 0.34 个百分点，百人拥有汽车数量会提升 0.16 个百分点。此外，生产率提升对居民财富水平的影响也都呈现显著正向关系，贸易和经济发展水平除了对家庭设备用品及服务支出的影响没有呈现正向促进作用外，对财富水平的其他 6 个指标都产生显著的促进作用。外商直接投资的作用并不理想，只对人均消费性支出和家庭设备和服务的支出产生促进作用。

通过比较表 8-4、表 8-5 和表 8-6 可以发现，企业家、企业家与创新、企业家与产业集聚对地区财富水平都产生显著的正向促进作用，而企业家与产业集聚的联合作用对财富水平尤其是居民的消费支出的影响最为明显，这就意味着企业家对地区财富水平的影响主要仍然体现在企业家对地区工业发展水平的影响方面。一个地区企业家密度的增加除了可以直接影响财富水平之外，通过促进产业集聚这种形式对财富水平的影响要大于通过创新水平的影响。从我国整体经济发展来看，企业家创新对财富水平的影响还有待于进一步提升，目前我国地区财富水平受工业产业集聚的影响要相对更为显著。换言之，我国地区财富水平的差异主要仍然体现在工业发展水平的差异导致的分配上的差异。

第三节　不同区域面板数据的比较

上一节从全国层面的面板数据分析了企业家、企业家与创新、企业家与产业集聚对地区财富水平的显著性影响，从结果来看，企业家以及企业家通过创新和产业集聚的形式对地区财富水平的确产生显著性的正向影响，下面将讨论这些宏观层面的显著性影响结果在不同区域间的表现，参照上一节的式（8-1）、式（8-2）、式（8-3），可得到回归结果。

表8-7　企业家与财富水平（区域面板数据比较，1995—2011）

	因变量：log*wealth*						
	式（8-1）						
	wealth 的替代指标						
	income	pincome	consume	communicate	medical	equipment	car
东部地区							
C	8.96 (55.49)	4.28 (3.92)	8.41 (51.32)	5.11 (11.31)	-0.38 (-2.22)	5.41 (9.96)	-1.85 (-1.08)
log*qyj*	0.17 (4.36)	0.79* (3.03)	0.10* (3.33)	0.40* (4.85)	0.50* (2.70)	0.14* (1.42)	0.48* (1.13)
log*trade*	-0.04 (-1.58)	0.17* (0.92)	0.02* (0.89)	0.15* (2.49)	-0.11* (-2.70)	-0.31* (-4.24)	0.94* (3.57)
log*fdi*	0.03 (1.71)	0.25* (1.88)	-0.01 (-0.44)	0.03 (0.51)	-0.20* (-0.81)	-0.11* (-1.72)	0.18* (0.93)
log*market*	-0.06 (-0.53)	-2.00* (-2.64)	-0.20* (-2.74)	-0.50* (-2.55)	0.30* (2.88)	-0.12 (-0.51)	2.00* (1.32)
log*develop*	0.81 (7.71)	2.50* (3.51)	0.27* (2.66)	0.59* (2.10)	0.78* (2.08)	0.21*** (0.61)	0.32 (0.31)
log*pgdp*	0.61 (17.23)	0.57* (2.38)	0.58* (20.18)	0.82* (10.31)	0.19* (10.40)	0.31* (3.22)	2.19* (5.70)
R^2	0.99	0.90	0.98	0.97	0.97	0.80	0.94
F值	840.08	60.30	789.64	351.77	301.23	38.13	93.89
中西部地区							
C	9.12 (95.43)	5.78 (5.85)	9.08 (62.55)	6.29 (20.20)	5.78 (19.24)	6.45 (21.77)	-2.93 (-2.92)
log*qyj*	0.03* (1.78)	-0.30* (-1.60)	-0.01 (-0.46)	0.20* (3.64)	0.30* (5.70)	-0.17 (-3.25)	0.42 (2.19)
log*trade*	0.05* (2.89)	0.04 (0.29)	0.06* (2.45)	0.11* (2.13)	0.05* (1.08)	-0.05 (-0.98)	-0.34 (-2.33)
log*fdi*	-0.01* (-1.08)	0.09* (1.12)	0.01 (0.45)	-0.11* (-3.88)	-0.13* (-4.83)	0.02 (0.78)	-0.11 (-1.34)

续表

	因变量：logwealth						
	式（8-1）						
	wealth 的替代指标						
	income	pincome	consume	communicate	medical	equipment	car
	中西部地区						
log*market*	-0.01 (-0.17)	0.84* (3.33)	0.13* (4.06)	0.24* (3.63)	0.02 (0.28)	-0.04 (-0.65)	-0.25 (-0.84)
log*develop*	0.13* (2.52)	-0.77* (-1.32)	0.09* (1.22)	0.63* (3.93)	1.10* (7.04)	0.03 (0.21)	-0.69 (-1.07)
log*pgdp*	0.70* (37.33)	0.95* (5.10)	0.64* (22.51)	0.80* (13.09)	0.57* (9.58)	0.78 (13.29)	1.97 (10.33)
R^2	0.98	0.80	0.96	0.95	0.94	0.84	0.94
F 值	911.06	35.31	338.66	219.22	179.87	63.49	127.04

注：括号内为 t 值，*、*** 分别表示在 1% 和 10% 水平上显著。

从表 8-7 可以看出，log*qyj* 的系数对东部地区而言全部为正，且 t 值全部通过检验，表明东部地区的企业家密度的提升对于财富水平产生显著性正向影响，尤其是对于财产性收入的影响最为明显，系数达到 0.79，即企业家密度每提升 1 个百分点，东部地区居民的人均财产性收入将提高 0.79 个百分点。此外，对居民的人均可支配收入和人均消费性支出的影响系数也达到 0.17 个和 0.10 个百分点，而在居民的消费结构中，企业家密度每提升 1 个百分点，居民的交通和通信支出、医疗保健支出、家庭设备用品及服务支出以及百人拥有汽车数量相应会提升 0.40 个、0.50 个、0.14 个和 0.48 个百分点。对中西部地区而言，企业家密度每提升 1 个百分点，只有居民的人均可支配收入会相应提高 0.03 个百分点，而对居民的财产性收入和人均消费支出的影响并没有呈现出相应的促进作用，但对消费结构中的交通和通信支出、医疗保健支出和百人拥有汽车数量产生促进作用，但对家庭设备用品及服务同样没有产生相应的提升作用。

从表 8-8 可以看出，东部地区的人均财富水平相应指标在 16 年的平均增量要远大于中西部地区，尤其是人均可支配收入和人均消费性支出几乎是中西部增量的 2 倍。而从我国经济发展的区域性差异来看，东部地区每万人拥有的企业家的数量要远高于中西部地区，与此相对应的是东部地

表 8-8　　　1995—2011 年各区域财富水平年平均增量　　　单位：元

地区	人均可支配收入年平均增量	人均财产性收入年平均增量	人均消费性支出年平均增量	家庭设备用品及服务支出年平均增量	医疗保健支出年平均增量	交通和通信支出年平均增量
东部地区	1306	63	825	47	53	163
中部地区	784	38	495	28	32	98
西部地区	841	33	590	35	45	90

区的贸易、外商投资、市场化水平、经济发展水平和生产率都要高于中西部地区，经济增长率总体上也要快于中西部地区。从分配结果来看，东部地区的居民收入水平和消费水平也要高于中西部地区。从这个角度来看，企业家密度的差异是导致我国区域经济发展差异的重要因素，正是由于企业家密度以及企业家形成速度方面的差异才是导致区域经济发展结果上差异的原因。

表 8-9　企业家、创新与财富水平（区域面板数据比较，1995—2011）

	因变量：log$wealth$						
	式（8-2）						
	$wealth$ 的替代指标						
	income	pincome	consume	communicate	medical	equipment	car
	东部地区						
C	−0.38 (−1.76)	7.09 (9.63)	8.82 (78.19)	6.44 (20.47)	5.77 (10.17)	5.79 (18.99)	0.20 (0.16)
logqyj × rd	0.07* (2.10)	0.09** (0.62)	0.01** (0.66)	0.17 (2.98)	0.12 (1.12)	0.09 (1.80)	0.11 (0.49)
log$trade$	0.09 (1.36)	0.44 (2.01)	0.02** (0.74)	0.06 (0.84)	0.04 (0.23)	−0.21 (−2.96)	0.95 (2.20)
logfdi	0.20 (0.44)	0.16 (1.13)	−0.01** (−0.68)	0.01 (0.26)	−0.08 (−0.84)	0.01 (0.16)	0.10 (0.49)
log$market$	−0.31 (−1.72)	−0.84 (−1.19)	−0.03 (−0.53)	0.07 (0.50)	1.40 (5.47)	0.56 (4.39)	1.40 (0.98)
log$develop$	1.91 (3.32)	2.67 (3.45)	0.36 (3.24)	0.66 (2.13)	0.18 (0.37)	−1.34 (−4.12)	0.27 (0.16)

续表

	因变量：log wealth						
	式（8-2）						
	wealth 的替代指标						
	income	pincome	consume	communicate	medical	equipment	car
	东部地区						
log pgdp	0.36 (27.73)	1.31 (7.71)	0.65 (27.84)	1.00 (15.40)	0.52 (4.32)	0.59 (-3.84)	1.80 (2.58)
R^2	0.97	0.89	0.98	0.97	0.94	0.92	0.95
F 值	306.94	54.33	725.69	315.41	116.62	41.50	57.20
	中西部地区						
C	9.24 (133.98)	4.40 (6.15)	9.04 (87.87)	7.07 (30.68)	6.13 (38.49)	6.05 (32.31)	1.51 (5.23)
Log qyj × rd	-0.02* (-1.56)	-0.27 (-2.36)	-0.05 (-2.83)	0.003 (0.10)	0.03 (1.33)	-0.14 (-4.47)	-0.03 (-3.48)
log trade	0.06 (3.44)	-0.01 (-0.06)	0.07 (2.88)	0.14 (2.64)	0.05 (1.24)	0.20 (3.80)	-0.02** (-0.62)
log fdi	-0.01* (-0.88)	0.13 (1.61)	0.01* (0.88)	-0.11 (-3.84)	-0.01 (-0.30)	0.004 (0.19)	-0.14** (-0.73)
log market	0.01 (0.45)	0.77 (3.17)	0.13 (4.34)	0.31 (4.72)	-0.17 (-4.06)	-0.12 (-2.45)	0.04 (1.90)
log develop	0.16 (3.37)	-0.93 (-1.58)	0.13 (1.73)	0.79 (4.82)	0.15 (1.31)	-0.07 (-0.49)	-0.25 (-4.31)
log pgdp	0.75 (61.99)	0.85 (7.61)	0.67 (37.20)	1.00 (24.85)	0.23 (1.98)	0.34 (2.49)	-0.02 (-3.72)
R^2	0.98	0.80	0.96	0.95	0.97	0.91	0.91
F 值	908.16	36.06	350.30	206.87	252.12	65.16	52.32

注：括号内为 t 值，*、** 分别表示在 1% 和 5% 水平上显著。

从表 8-9 可以看出，log qyj × rd 的系数对东部地区而言全部为正，表明东部地区的企业家与创新的联合作用对于提升地区财富水平产生显著的正向作用，而对于中西部地区，企业家与创新的联合作用对于居民的人均可支配收入、人均财产性收入和人均消费性支出均没有产生促进作用，只是对消费结构中的医疗保健支出产生显著的促进作用，对其他消费性支出同样没有产生促进作用，这种回归结果上的差异意味着东部地区的企业家通过创新对居民财富水平的提升产生的影响要高于中西部地区，从表8-3也可以看出，东部地区的创新水平无论是从专利申请量、专利授权量还是新产品产值和销售收入来看都要远高于中西部地区，2011年，江苏省的专利授权量占全国的比重就已经超过20%，这已经相当于整个中西部地区的专利授权量总和，与此相对应的是，江苏省同样拥有着全国最高的企业家密度，每万人拥有的私营企业数量达到159个，这种情况也就暗示着这样一种结果：拥有更高企业家密度的地区其创新水平同样具有较高水平，相应地拥有较高的人均财富水平。

表8-10 企业家、产业集聚与财富水平（区域面板数据比较，1995—2011）

	因变量：log*wealth*						
	式（8-3）						
	wealth 的替代指标						
	income	pincome	consume	communicate	medical	equipment	car
	东部地区						
C	9.06 (53.33)	7.21 (8.10)	8.50 (63.53)	5.16 (10.33)	3.87 (6.34)	4.52 (6.66)	6.27 (4.77)
log*qyj* × *cluster*	0.03* (0.93)	0.22 (1.40)	0.06 (2.42)	0.43 (4.98)	0.51 (4.86)	0.14 (1.26)	0.27 (1.66)
log*trade*	-0.03** (-0.77)	0.44 (2.21)	-0.05 (-1.85)	0.14 (1.48)	0.01 (0.10)	-0.35 (-3.35)	0.11 (2.70)
log*fdi*	0.06 (2.52)	0.30 (2.83)	0.04 (2.01)	0.02 (0.30)	-0.08 (-0.92)	-0.06 (-1.07)	0.31 (0.09)
log*market*	0.07* (0.97)	0.60 (1.00)	-0.03 (-0.55)	-0.56 (-2.81)	0.87 (3.56)	0.67 (3.27)	-0.66 (-5.95)
log*develop*	0.13 (1.32)	1.05 (1.35)	0.01 (0.14)	0.54 (1.86)	0.13 (0.35)	-0.91 (-2.72)	-0.20** (-0.63)
log*pgdp*	0.76 (22.04)	-0.66 (-2.14)	0.64 (23.72)	0.71 (7.07)	0.13 (1.04)	0.21* (0.84)	0.17* (0.84)
R^2	0.99	0.94	0.99	0.98	0.95	0.95	0.97
F 值	1139.23	55.32	1497.73	372.71	153.41	43.04	62.70

续表

	因变量：logwealth						
	式（8-3）						
	wealth 的替代指标						
	income	pincome	consume	communicate	medical	equipment	car
	中西部地区						
C	9.21 (96.37)	4.40 (6.15)	9.15 (63.65)	6.33 (20.43)	5.90 (19.54)	6.71 (27.12)	-1.99 (-1.94)
logqyj × cluster	0.01 (0.48)	-0.27 (-2.36)	-0.03 (-1.22)	0.17 (3.47)	0.25 (5.13)	-0.18 (-4.32)	0.14 (0.77)
logtrade	0.05 (3.04)	-0.01 (-0.06)	0.06 (2.61)	0.10 (1.98)	0.05 (0.91)	0.20 (3.82)	-0.44 (-2.21)
logfdi	-0.01 (-1.09)	0.13 (1.61)	0.01 (0.39)	-0.11 (-3.74)	-0.13 (-4.59)	-0.01 (-0.50)	-0.05 (-0.67)
logmarket	0.004 (0.17)	0.77 (3.17)	0.14 (4.28)	0.23 (3.36)	0.004 (0.06)	-0.07 (-1.39)	-0.44 (-1.40)
logdevelop	0.14 (2.97)	-0.93 (-1.58)	0.10 (1.34)	0.70 (4.39)	1.20 (7.75)	-0.16 (-1.22)	-0.37 (-0.51)
logpgdp	0.73 (42.76)	0.85 (7.61)	0.66 (25.78)	0.84 (15.19)	0.63 (11.74)	0.29 (2.19)	2.32 (4.36)
R^2	0.98	0.81	0.97	0.95	0.94	0.91	0.94
F 值	899.55	36.06	340.55	218.11	175.47	64.77	84.80

注：括号内为 t 值，*、** 分别表示在1%和5%水平上显著。

从表8-10的回归结果可以看出，logqyj × cluster 的系数对东部地区全部为正，表明企业家通过产业集聚的形式对东部地区的财富水平提升产生促进作用。对中西部地区而言，logqyj × cluster 的系数对人均财产性收入和人均消费性支出都没有产生正向提升作用，只对人均可支配收入和消费结构中的交通和通信支出、医疗保健支出和汽车拥有量产生正向影响。这种结果同样也意味着企业家通过促进产业集聚的方式对财富水平的影响在东部地区的显著性要高于中西部地区。这与我国经济发展现状同样相吻合，东部地区的企业家密度要高于中西部地区，同时我国的工业行业的分布也主要集中于东部沿海省份，这也进一步验证了这样的一种结果：企业家在东部地区的集聚程度要高于中西部地区,正是这种差异导致工业生产的分布集中于东部地区,从而导致东部地区的人均财富水平要高于中西部地区。综合表 8-7 至表 8-10 可以得出这样一个结论:经济发展的区域差异所表现出来的财富水平差异取决于企业家密度的差异以及由此派生出来的创新的差异。换言之,企业家精神的差异才是区域经济发展差异的根本原因之所在。

第四节 区域内部比较分析

上一节分析了企业家、企业家与创新、企业家与产业集聚对地区间财富水平的影响。总的来看,东部地区的财富水平要高于中西部地区,这种财富水平的区域差异很大程度上来自企业家精神的差异,正是由于区域间企业家精神的差异所引致的一系列经济行为导致的最终经济成果存在着区域差异性。从我国经济发展的历史沿革来看,东部地区相对于中西部地区始终保持着较高的人均财富水平,但东部地区内部不同省份之间同样存在着一定的差异性,本节将进一步检验我国东部地区不同省市的企业家对财富水平的影响程度的差异,回归方程见式(8-4)至式(8-6),回归结果见表 8-11、表 8-13 和表 8-15。

$$\log wealth_{it} = \alpha_0 + \sum_{i=1}^{n} \alpha_{1i} \log wealth_{it} + \sum_{i=1}^{n} \alpha_{2i} \log qyj_{it} \quad (8-4)$$

$$\log wealth_{it} = \beta_0 + \sum_{i=1}^{n} \beta_{1i} \log wealth_{it} + \sum_{i=1}^{n} \beta_{2i} \log(qyj_{it} \times rd_{it}) \quad (8-5)$$

$$\log wealth_{it} = \gamma_0 + \sum_{i=1}^{n} \gamma_{1i} \log wealth_{it} + \sum_{i=1}^{n} \gamma_{2i} \log(qyj_{it} \times cluster_{it})$$

$$(8-6)$$

从表 8-11 可以看出,企业家密度提升对福建的财产性收入影响最大,系数达到 2.92,即企业家密度每提升 1 个百分点,人均财产性收入会相应提升 2.92 个百分点;对山东省的家庭设备和服务支出的影响最大,系数为 1.91;对浙江省的人均可支配收入、人均消费性支出、医疗保健支出和汽车拥有数量的影响最大。此外,还可以看出,在东部省份中,企业家密度对财产性收入影响小于可支配收入的,消费支出影响也小,同时在消费结构中，企业家密度对交通和通信支出、汽车拥有量的影响最大。这一结果也可以从表8-12看出，1995—2011年这16年间，浙江省人均可支配收入、人均消费性支出、医疗保健支出的年平均增量在东部5省区中都是最高的，福建省的人均财产性收入和家庭设备用品及服务支出的年平均增量最高，这也印证了表8-11中的回归结果。

表8-11 企业家与财富水平（东部5个省份的比较分析，1995—2011）

	因变量：logwealth						
	式（8-4）						
	wealth 的替代指标						
	income	pincome	consume	communicate	medical	equipment	car
	$\sum_{i=1}^{n} \alpha_{2i}$						
山东	0.33	0.22	0.18	0.24	-0.25	1.91*	0.51
江苏	0.57	0.44	0.16	0.79	0.26	0.25	1.36
浙江	0.63*	1.24	3.45*	0.82	0.65*	0.94	1.88*
福建	0.15	2.92*	0.36	1.24*	0.26	0.23	1.41
广东	0.43	2.64	0.95	1.18	0.24	0.65	1.11

注：*表示该系数为回归结果中的最大值。

表8-12　　　　　1995—2011年财富水平年平均增量　　　　　单位：元

省份	人均可支配收入年平均增量	人均财产性收入年平均增量	人均消费性支出年平均增量	家庭设备用品及服务支出年平均增量	医疗保健支出年平均增量	交通和通信支出年平均增量
山东	1158	34	705	44	52	127
江苏	1357	38	813	52	56	130
浙江	1547*	84	948*	29	66*	214*
福建	1253	101*	783	58*	44	143
广东	1216	59	875	51	46	202

注：*表示该数值为同类最大值。
资料来源：根据国研网统计数据库整理。

从表8-13可以看出，企业家与创新的联合作用对江苏省居民的财产性收入影响在5省中最为明显，对浙江省的人均可支配收入、人均消费性支出和家庭设备和服务支出的影响最为明显，对广东省的交通和通信支

表8-13 企业家、创新与财富水平（东部5个省份的比较分析，1995—2011）

	因变量：logwealth						
	式（8-5）						
	wealth 的替代指标						
	income	pincome	consume	communicate	medical	equipment	car
	$\sum_{i=1}^{n}\beta_{2i}$						
山东	0.20	0.66	0.06	0.20	0.86	0.32	1.33
江苏	0.51	1.32*	0.38	0.16	0.11	0.13	0.57
浙江	0.90*	1.01	0.68*	0.87	0.41	0.70*	0.70
福建	0.15	0.70	0.13	0.40	0.04	0.02	0.94
广东	0.30	0.92	0.32	1.45*	0.99	0.48	1.65

注：* 表示该系数为回归结果中的最大值。

出影响最为明显。总的来看，江苏、浙江和广东三省的企业家与创新的联合作用对其区域财富水平的影响要高于其他省份，这也与三个地区的企业家密度和创新水平在东部地区的发展现状相关。表8-14反映了东部5个省份的专利申请和授权量情况。

表8-14　　　东部5个省份的专利申请量占全国比重　　　单位：%

		1995年	1997年	1999年	2001年	2003年	2005年	2007年	2009年	2011年
江苏	专利受理数	5.92	6.53	6.45	6.24	7.32	9.09	15.17	17.85	21.33
	专利授权数	5.85	7.15	6.67	6.20	6.58	7.91	10.53	15.00	20.80
浙江	专利受理数	5.87	7.66	7.44	7.74	8.54	11.28	11.75	11.11	10.84
	专利授权数	5.17	7.65	7.68	8.37	9.63	11.10	13.95	13.74	13.55
福建	专利受理数	2.87	3.69	3.07	3.00	2.88	2.47	1.93	1.80	1.98
	专利授权数	2.26	3.73	3.19	3.32	3.59	3.00	2.57	1.94	2.28
山东	专利受理数	6.71	7.98	7.81	6.74	6.29	7.53	7.99	6.85	6.71
	专利授权数	6.94	7.02	7.10	6.77	6.06	6.26	7.57	5.93	6.13
广东	专利受理数	11.22	15.72	15.28	16.65	17.19	18.85	17.47	12.87	12.02
	专利授权数	11.18	17.32	15.56	18.39	19.54	21.50	18.72	14.37	13.37

资料来源：根据国研网统计数据库计算。

从专利申请受理数和授权数来看,除了福建和山东的专利申请占全国的比重较低外,江苏专利申请受理数和授权数自 2009 年超过广东占据全国第一的位置,且浙江的专利授权数也在 2011 年超过广东。江苏、浙江和广东三省的专利受理数占全国的比重为 44.19%,专利申请授权数占全国的比重为 47.72%,表明这三省的申请授权数比重要高于受理数,尤其是浙江和广东的授权数要高于受理数,意味着其专利申请成功率要高于江苏。总的来看,这三省的专利申请量基本占到全国的接近 50%,反映了这些省份的创新水平要高于其他地区,与此相对应的是,这三个省份的财富水平也相应要高于其他地区。

表 8-15 企业家、产业集聚与财富水平

（东部 5 个省份的比较分析,1995—2011）

	因变量：logwealth						
	式（8-6）						
	wealth 的替代指标						
	income	pincome	consume	communicate	medical	equipment	car
	$\sum_{i=1}^{n}\gamma_{2i}$						
山东	0.12	0.64	0.10	1.41*	1.72*	1.02*	0.79
江苏	0.72	0.85	0.11	1.03	0.99	0.34	2.63*
浙江	1.26*	1.03	0.65*	0.67	1.22	0.29	2.23
福建	0.04	1.86*	0.02	0.15	0.60	0.26	1.10
广东	0.24	0.82	0.24	0.89	0.43	0.33	0.74

注：*表示该系数为回归结果中的最大值。

从表 8-15 可以看出,企业家与产业集聚的联合作用对东部 5 个省份的财富水平的提升产生显著正向影响,即企业家通过促进产业集聚的形式对地区财富水平产生促进作用。具体到省份来看,企业家与产业集聚的联合作用对浙江省的人均可支配收入和人均消费性支出的影响最为明显;对山东省的交通与通信支出、医疗保健支出和家庭设备服务支出的影响最为明显;对江苏省的汽车拥有量的影响最明显。此外,还可以看出,虽然企业家与产业集聚的联合作用对消费支出的影响系数相对要较小,但对消费

结构中的交通通信支出、医疗保健支出、家庭设备用品及服务以及汽车拥有数量的影响要更为明显。同样地，除了浙江省之外，其他4个省份的企业家与产业集聚的联合作用对财产性收入的影响要大于对可支配收入的影响。

第五节 本章小结

经济发展的最终结果从分配的角度来看，涉及不同的经济主体从商品和劳务的产出中能够得到的份额，一个地区的居民能够从获得的商品和劳务的份额提升可以理解为居民获得的财富水平相应提升。换言之，如果以人均可支配收入、财产性收入作为衡量居民财富水平的指标的话，一个地区的人均可支配收入和财产性收入越高的地区，居民财富水平相应越高。而经济发展与企业家密度和企业家精神相关，从熊彼特意义上的经济发展来看，企业家的创造性破坏的过程即可以理解为经济发展过程，从这个角度来看，企业家与企业家精神决定着经济发展的过程，同时也决定着一个地区的居民财富水平。

实证检验的结果也同样验证了这样的结果，从我国整体经济发展来看，企业家密度的提升对于地区财富水平的提高产生显著性的促进作用，无论是对人均可支配收入还是财产性收入以及居民的消费支出都产生正向的促进作用；企业家与创新的联合作用同样对地区财富水平提升产生正向的促进作用，即企业家通过创新这一路径对地区财富水平产生显著性影响；企业家与产业集聚的联合作用对地区财富水平提升产生促进作用，即企业家通过促进产业集聚模式对地区财富水平提升产生促进作用。

从我国区域经济发展来看，东部地区的企业家、企业家与创新、企业家与产业集聚的联合作用对财富水平的提升要明显高于中西部地区，表明东部地区的企业家集聚以及创新在提升财富水平方面的作用要高于中西部地区。从这一层面来理解，可以将地区经济发展差异理解为企业家以及企业家精神的差异，正是由于企业家在东部地区的密度以及企业家创新水平要高于中西部地区，从而导致东部地区的财富水平要高于中西部地区。如果要缩小地区经济发展差异，关键在于提升中西部地区的企业家形成速度以及企业家的创新速度，其他外部条件约束只能够作为辅助，毕竟企业家决定着企业的一切行为并最终决定着经济发展。

从区域内部的比较来看，东部地区不同省份之间的企业家行为同样导致不同的结果。具体而言，企业家密度对浙江的人均财富水平的影响相对要更为明显，企业家与创新的联合作用对江苏、浙江和广东的影响更为明显，表明这三个省份的创新水平相对要高于其他地区。此外，企业家通过产业集聚的形式同样对不同省份的影响存在着差别。

第九章 总结性评论

第一节 企业家行为选择与产业集聚的内生性

产业集聚是经济发展过程中的普遍现象，这一现象是世界范围内所普遍具有的共性，如美国的几大产业带、日本东京—大阪经济带、法国巴黎地区、英国伦敦地区等都是产业高度集聚的表现结果。从表面来看，产业集聚表现为一个地区的某一产业或多个产业的产值占整个行业的比重相对较高，而随之而来的问题在于，产业集聚区更为明显的现象在于这些地区往往拥有更高的企业家密度，更高的企业家活跃度。正是企业家精神的不断显现才使这些产业集聚区始终保持活力，如美国硅谷地区的软件电子产业的高度密集区，企业家精神是维持其产业发展的根本活力，也是企业家创新不断衍生发展的动力。因此，可以从企业家这一特殊的能动性要素来理解产业集聚的过程，即产业集聚这一现象内生于企业家的行为选择过程。

产业集聚的根本动力在于企业家追求利润最大化的本能反应，企业家之所以会选择聚集在一起，最根本的原因在于企业集聚相对于分散可以获得更高的利润，集聚所带来的各种好处可以降低生产成本或者提高收益。因此，追求利润最大化是企业家选择集聚的根本动力所在。正是由于企业家对追求利润的自发性和普遍性，在竞争效应和示范效应的作用下众多企业家选择具有较低创业成本与预期较高收益的产业，在不断的模仿、创新过程中形成了产业的聚集。

产业集聚的能力取决于企业家自身的能力，企业家才能高低决定着其对市场的判断准确程度进而决定着企业究竟是选择现有知识基础上的路径依赖，还是创新基础上的路径突破。企业家能力通过竞争效应和分工效应影响着企业的自生能力,进而决定着一个区域产业集聚的能力和效果。企业家通过外部资源整合以及内部资源组合的调整决定着企业的自生能力以及产业的发展。可以说,企业家整合资源的能力决定了潜在资源转化为企业行为的程度,并最终决定着企业的机会收益。

产业集聚的活力取决于企业家活力。企业家精神的核心表现为市场机会的把握以及创造出新的市场机会,新的市场机会表现为两种形式,一是把握现有产业发展过程中体现出来的潜在利润机会,二是基于知识整合能力基础上的预期通过企业家自身不断的试错过程在平衡收益成本的前提下进行创新,以实现"创造性破坏"从而促使新产业的形成。这是企业家区别于一般人力资本的根本所在。当企业家做出决策以实现创新基础上的路径突破时,就改变了企业的目标函数,在市场给予相应的回报时,就创造出了新的市场,通过示范效应,新的企业家便在这一新的市场中不断显现,直到市场重新恢复均衡。

企业家追求利润最大化的动力决定了产业集聚的动力,企业家进行内外部资源整合的能力决定了产业集聚的能力,企业家精神显现和溢出决定了产业集聚的活力。企业家动力、能力和活力决定了区域产业集聚的效果及其所在市场交易过程中获得的动态比较优势。

企业家的种种行为决定着企业发展的动力、能力和活力,如果把产业集聚理解为企业家集聚,企业家的动力、能力和活力最终决定着产业集聚的动力、能力和活力。将企业家这一特殊的能动性最强的要素纳入分析过程中,那么,理解产业集聚的过程就必然要理解企业家的行为过程,从这个层面来讲,产业集聚的本质在于企业家集聚,产业集聚的过程正是企业家行为选择的过程,企业家基于预期所做出的判断对于企业家宏观层面、微观层面的企业再造过程即是产业集聚的过程。

第二节 企业家行为选择过程中的金融依赖

产业集聚是企业家行为选择的结果,企业家选择行为必然受到外部条件的约束。如果说企业家是基于一系列预期基础上做出的判断影响着企业行为,那么,金融市场状况则是影响企业家预期的重要因素。换言之,金融市场影响着企业家行为选择过程。

第一，金融市场影响着潜在企业家选择成为显性企业家还是一般人力资本。企业家是把握市场机会不断创新的人，从这个角度来定义企业家，实际上意味着每一个经济人都或多或少具备企业家的内涵特征，企业家精神都内生于每一个经济人行为过程，之所以只有一部分人最终成为企业家，就在于这些人的行为能力使其能够发现市场机会并实施创新。而另一部分人则可以称为潜在企业家，当其知识积累达到一定水平并能够克服不确定性承担市场风险时，这些潜在企业家就会成为显性企业家，这也就意味着企业家是一般人力资本的升华。基于这样的理解，那么金融市场在企业家显现与产业集聚的过程中就起着重要的联结作用，毕竟劳动力从原有企业流出选择成为企业家并建立自己的企业，都将涉及投资，如果投资额大于其自身拥有的财富，势必要向金融市场融资，这时，金融市场的效率将直接决定着企业家能否从隐性转化为显性，这一转化过程对于经济发展至关重要。完善的金融市场通过提供一系列信息流为新企业成立提供便利，而金融市场的扭曲则可能导致成立新企业的成本过于高昂从而降低了成为企业家的收益，这时企业家的显现过程将受到限制。

第二，金融市场影响着企业家的创新行为。企业家精神是创业创新的统一，金融作为现代经济活动的核心要素，是培育企业家精神的关键因素。如果根据熊彼特意义上的企业家精神定义，那么，企业家精神最根本的现实体现结果就是要实现新的组合，也就是经济发展，是靠从原先的利用方式中把劳动力及土地的服务抽调出来才得以成功的。在这一过程中，货币和其他支付手段起着基本作用，在实现新的组合之时，就确实出现了一个有待弥合的资金缺口，弥合这个缺口是贷款者的职能。功能良好的银行和资本市场，不仅可以通过识别并向最有机会在创新产品和生产过程中成功的企业家提供融资而促进了技术创新；而且可以通过与企业家签订合约，通过激励和监督的结合，导致了企业家最优的努力程度，从而提高企业创新成功的概率。金融制度存在的合理性不仅仅是因为它能为潜在的企业家提供资金支持，更重要的是，它还能够区别出真正的企业家。换言之，金融制度不仅仅是一个融资的制度，它还应该是一个甄别企业家精神的社会制度。

第三，金融市场影响着企业家追求利润最大化的动力。企业家发现新的市场机会，在企业家对预期收益和成本进行平衡以后，如果能够获得创新利润，市场机会将会转变为企业家的创新行为，金融市场如果能够为企业家提供一系列低成本的信息流和服务流并提供相应的低成本的资金支持，这将使得企业家实施创新的利润得以超出现有的收益，创新才可能发生；反之，金融市场的低效率将导致企业家创新成本高昂并降低其创新利润，最终使得创新变得并不具有经济性。从这个角度而言，金融市场影响着企业家创新的动力。

第四，金融市场影响着企业家自身能力拓展。金融制度的创新和不断的多元化对企业家的创业活动和经济发展具有举足轻重的作用，这不仅仅是因为制度的创新和多元化更好地满足了企业家对资本投资的融资需求，更为重要的是，金融制度的创新和多元化本身起到了甄别企业家精神的社会选择过程。这一创新不仅将有财富但风险偏好不同的人区别开来了，而且将企业家的类型也区别开来了，从而使资本家或投资者与企业家可以更好地进行链接。因此，有了资本市场、风险投资等金融制度的创新，一个创业型的企业家可以通过选择创办自己的企业而不是管理别人的企业来实现企业家才能，相当于企业家创业、初创企业创新等风险较大的活动可以通过直接融资渠道获得资金，并通过资本市场提供的一系列低成本信息流和要素流进一步提升企业家能力。

第三节　企业家行为选择与区域发展差异

区域发展差异是经济发展过程中不可避免的现象，这一现象在世界各国当中普遍存在，由于受到各种因素的约束，经济发展的不平衡是区域经济的典型特征。从现有的文献来看，对于区域发展不平衡的解释从不同的角度加以理解，诸如制度落差、人力资本、开放度、生产率等因素都是影响区域经济发展差异的外部条件。但从本质上而言，造成区域经济发展差异的根本原因在于企业家精神的区域差异。

企业家显现的区域差异决定着企业家的分布和密度差异，拥有较高企业家数量的地区往往拥有着较高的经济增长率和经济发展水平，该地区居民的财富拥有量同样相对要高于企业家密度较低的地区。如果说我国东部地区相对于中西部地区拥有较快的增长率和较高的财富水平，实际上可以理解为东部地区的企业家密度要高于中西部地区，或者说，东部地区的企业家显现的速度要快于中西部地区，这种企业家显现的差异最终决定着区域经济发展差异。这里引申出的问题在于，为什么企业家选择在东部地区而非中西部地区，这种选择的结果正是区域发展差异的根本。而更为现实的问题是，企业家密度越高的地区，企业家显现的速度和频率相应越高，这种循环累积的结果必然导致企业家密度与企业家显现呈现螺旋式的相互促进提升，企业家活力激发、动力提升和能力拓展在这些区域也表现得更为明显，从而导致企业家密度较高的地区拥有着较高的企业家才能。

企业家精神的核心在于创造性破坏过程的不断实施，与企业家显现相对应的是，随着企业家密度的提升，市场竞争程度加剧，企业家创新行为就越为频繁，企业家精神的体现就更为充分，这是企业家对市场的本能反应，从这一层面来理解区域经济发展的差异，意味着企业家创新行为的区域差异是导致经济发展差异的深层次原因所在。如果以专利和新产品来表示创新结果，那么我国东部地区省份的专利申请数量和新产品产值占全国的比重都超过70%，这也反映出我国东部地区企业家的创新行为要远高于中西部地区。创新行为一定是企业家选择的结果，而非专有技术人员研发的结果，毕竟企业家决定着研发的方向和相应的要素投入组合。正是企业家预期基础上的判断决定着企业发展方向，研发只有符合市场才可能转化为企业收益，而只有在企业家密度越高的地区，企业家预期以及预期调整才更为频繁发生，预期也才可能更加符合市场需求，这时的企业家创新精神转化为企业收益的概率相应更高。因此，企业家预期基础上的创新在企业家密度越高的地区相应也更为普遍，美国东、西海岸的经济带的发展历史实际上就是企业家创新精神的现实写照，这两大经济带的经济总量占整个美国的50%以上，同时也是企业家最为活跃的地区。

企业家在区域间密度的差异实际上意味着企业家在区域间集聚的差异，进而导致产业在空间分布的不平衡，虽然我们只是检验了工业行业在区域间分布的不平衡现象，但第三产业同样存在着相同的结果，即企业家在东部地区的集聚最终导致产业在东部地区集聚，这种由于企业家集聚行为导致的产业集聚度的空间差异一方面导致我国东中西部经济发展水平的差异，另一方面也导致财富水平的区域差异。从我国经济发展的历史来看，东部地区历来具有丰裕的企业家精神，企业家显现、企业家创新和企业家集聚三者的不断相互促进最终导致东部地区拥有着较好的经济发展水平，其相对于中西部地区具有较高的竞争优势，相应的结果就是，东部地区拥有着较高的人均财富水平。

参考文献

[1] 安纳利·萨克森宁:《地区优势：硅谷和128号公路地区的文化与竞争》，上海远东出版社1998年版。

[2] 边燕杰、丘海雄:《企业的社会资本及其功效》，《中国社会科学》2000年第2期。

[3] 陈继明:《企业家网络与中小企业集群的形成：基于传统产业领域的分析》，《南京社会科学》2007年第1期。

[4] 陈柳钦:《基于新经济地理学的产业集群理论综述》，《湖南科技大学学报》（社会科学版）2007年第3期。

[5] 程惠芳、胡晨光、杜群阳:《集群产业扩散转型的路径与条件：基于集聚经济圈的分析》，《社会科学战线》2012年第5期。

[6] 杜兴强、黄良文:《企业家人力资本计量模型探讨》，《中国工业经济》2003年第8期。

[7] 哈耶克:《自由秩序原理》，邓正来译，生活·读书·新知三联书店1997年版。

[8] 韩立岩、蔡红艳、郄冬:《基于面板数据的中国资本配置效率研究》，《经济学》（季刊）2002年第2期。

[9] 何予平:《企业家精神与中国经济增长——基于C-D生产函数的实证研究》，《当代财经》2006年第7期。

[10] 贺小刚、李新春:《企业家能力与企业成长：基于中国经验的实证研究》，《经济研究》2005年第10期。

[11] 江春、张秀丽:《金融发展与企业家精神：基于中国省级面板数据的实证检验》，《广东金融学院学报》2010年第2期。

[12] 李宏彬、李杏、姚先国、张海峰、张俊森:《企业家的创业与创新精神对中国经济增长的影响》，《经济研究》2009年第10期。

[13] 李景海、陈雪梅:《产业集聚策动性机理：一种企业家视角的分

析》,《理论学刊》2008年第8期。
[14] 李永刚、徐培:《基于权力与利益双重偏好的企业家行为后果》,《中共浙江省委党校学报》2012年第4期。
[15] 李永刚:《企业衍生机理研究》,《财经论丛》2006年第2期。
[16] 李永刚:《小企业裂变衍生机理研究》,《南昌大学学报》(人文社会科学版)2005年第1期。
[17] 李永华、吴治国、石金涛:《论产业集群生成机制中的人力资本要素》,《深圳大学学报》(人文社科版)2006年第6期。
[18] 林汉川、夏敏仁、何杰、管鸿禧:《中小企业发展中所面临的问题——北京、辽宁、江苏、浙江、湖北、广东、云南问卷调查报告》,《中国社会科学》2003年第2期。
[19] 马歇尔:《经济学原理》(上卷),朱志泰译,商务印书馆1997年版。
[20] 潘文卿、张伟:《中国资本配置效率与金融发展相关性研究》,《管理世界》2003年第8期。
[21] 钱德勒:《看得见的手:美国企业的管理革命》,重武译,商务印书馆1987年版。
[22] 田红云、陈继祥、田伟:《破坏性创新理论研究综述》,《经济学动态》2006年第12期。
[23] 汪伟:《储蓄、投资与经济增长之间的动态相关性研究——基于中国1952—2006年的数据分析》,《财经研究》2008年第2期。
[24] 王程、席酉民:《企业家对产业集群演化发展的作用分析》,《西北大学学报》(哲学社会科学版)2006年第2期。
[25] 武剑:《储蓄、投资和经济增长——中国资金供求的动态分析》,《经济研究》1999年第11期。
[26] 亚当·斯密:《国富论》,杨敬年译,陕西人民出版社2001年版。
[27] 杨小凯、张永生:《新兴古典经济学与超边际分析》,社会科学文献出版社2003年版。
[28] 叶欣、郭建伟、冯宗宪:《垄断到竞争:中国商业银行业市场结构的变迁》,《金融研究》2001年第11期。
[29] 张小蒂、贾钰哲:《全球化中基于企业家创新的市场势力构建研究——以中国汽车产业为例》,《中国工业经济》2011年第12期。

[30] 张小蒂、贾钰哲:《中国动态比较优势增进的机理与途径:基于企业家资源拓展的视角》,《学术月刊》2012年第5期。

[31] 张小蒂、王永齐:《融资成本企业家形成与内生产业集聚》,《世界经济》2009年第9期。

[32] 张小蒂、姚瑶:《民营企业家潜能拓展与区域创新绩效增进研究》,《经济地理》2012年第2期。

[33] 张小蒂、姚瑶:《企业家人力资本拓展对比较优势增进的影响研究——基于中国省级面板数据的经验分析》,《浙江大学学报》(人文社会科学版)2012年第6期。

[34] 张小蒂、赵榄:《企业家人力资本结构与地区居民富裕程度差异研究》,《中国工业经济》2009年第12期。

[35] 张小蒂、赵榄:《企业家资源与中国地区自主创新:基于省际面板数据的经验研究》,《重庆大学学报》(社会科学版)2009年第5期。

[36] 张正义:《知识外溢当地化、企业家精神与产业集中:国外一个基于知识生产函数视角的理论综述》,《江汉论坛》2007年第11期。

[37] 赵榄:《企业家能力提升与动态比较优势增进》,博士学位论文,浙江大学,2010年。

[38] 庄子银:《南方模仿、企业家精神和长期增长》,《经济研究》2003年第1期。

[39] 庄子银:《企业家精神、持续技术创新和长期经济增长的微观机制》,《世界经济》2005年第12期。

[40] Adam Jaffe, "Real Effects of Academic Research", *American Economic Review*, Vol. 79, No. 5, 1989.

[41] Adam Jaffe, Manuel Trajtenberg, Rebecca Henderson, "Geographic Localization of Knowledge Spillovers as Evidence from Patent Citations", *Quarterly Journal of Economics*, Vol. 188, No. 3, 1993.

[42] Albert Hirschman, *The Strategy of Economic Development*, Newhaven: Yale University Press, 1958.

[43] Albert Hirschmann, "Interregional and International Transmission of Economic Growth", in John Friedman, William Alonso (eds.), *Regional Development and Planning*, Cambridge: MIT Press, 1964.

[44] Allen Scott, "Industrial Organization and the Logic of Intra - Metropolitan Location", *Economic Geography*, Vol. 59, No. 3, 1983.

[45] Allen Scott, *New Industrial Spaces: Flexible Production Organization and Regional Development in North America and Western Europe*, London: Pion Press, 1988.

[46] Alwyn Young, "Increasing Returns and Economic Progress", *Economic Journal*, Vol. 38, No. 152, 1928.

[47] Alwyn Young, "Learning by Doing and the Dynamic Effects of International Trade", *Quarterly Journal of Economics*, Vol. 106, No. 2, 1991.

[48] Alwyn Young, "Invention and Bounded Learning by Doing", *Journal of Political Economy*, Vol. 101, No. 3, 1993.

[49] André Rocha, José Pontes, "Location of Vertically Linked Oligopolists", *Review of Urban and Regional Development Studies*, Vol. 18, No. 2, 2006.

[50] Andrea Lavezzi, *Division of Labor and Economic Growth: from Adam Smith to Paul Romer and Beyond*, Memio, University of Pissa, http://time.dufe.edu.cn/article/romer/5.pdf.

[51] Andrei Shleifer, Robert Vishny, "Politicians and Firms", *Quarterly Journal of Economics*, Vol. 109, No. 4, 1994.

[52] AnnaLee Saxenian, "The Origins and Dynamics of Production Networks in Silicon Valley", *Research Policy*, Vol. 20, No. 5, 1991.

[53] Anthony Venables, "Equilibrium Locations of Vertically Linked Industries", *International Economic Review*, Vol. 37, No. 2, 1996.

[54] Anthony Venables, "Fragmentation and Multinational Production", *European Economic Review*, Vol. 43, No. 4 - 6, 1999.

[55] Antonio Ciccone, Robert Hall, "Productivity and the Density of Economic Activity", *American Economic Review*, Vol. 86, No. 1, 1996.

[56] Antonio Ciccone, Giovanni Peri, "Identifying Human - Capital Externalities: Theory with Applications", *Review of Economic Studies*, Vol. 73, No. 2, 2006.

[57] Apostolos Baltzopoulos, "Agglomeration Externalities and Entrepreneurship Micro - Level Evidence from Sweden", *CESIS Electronic Working*

Paper Series, No. 190, 2009.

[58] Arthur O'Sullivan, *Urban Economics*, New York: McGraw - Hill Press, 2003.

[59] Arvind Panagariya, "Increasing Returns, Dynamic Stability, and International Trade", *Journal of International Economics*, Vol. 20, No. 1 - 2, 1986.

[60] Asli Demirguc - Kunt, Ross Levine, "Finance, Financial Sector Policies, and Long - Run Growth", *World Bank Policy Research Working Paper*, No. 4469, 2008.

[61] Asli Demirgüç - Kunt, Vojislav Maksimovic, "Financial Constraints, Uses of Funds, and Firm Growth: An International Comparison", *World Bank Policy Research Paper*, No. 1671, 1996.

[62] August Lösch, *The Economics of Location*, New York: John Wiley & Sons Press, 1952

[63] Avinash Dixit, Joseph Stiglitz, "Monopolistic Competition and Optimum Product Diversity", *American Economic Review*, Vol. 67, No. 3, 1977.

[64] Avner Greif, Andres Rodriguez - Clare, "A Transaction - Cost Theory of Agglomeration Economies", *Stanford University Department of Economics Working Paper*, No. 95003, 1995.

[65] Baizhu Chen, Yi Feng, "Determinants of Economic Growth in China: Private Enterprises, Education, and Openness - A Cross - Provincial Analysis", *China Economic Review*, Vol. 11, No. 1, 2000.

[66] Bernard Fingleton, "Testing the New Economic Geography: A Comparative Analysis Based on EU Regional Data", *Cambridge University, Kiel Institute for World Economics Working Paper*, No. April 8 - 9, 2005.

[67] Brian Arthur, "Competing Technologies, Increasing Returns, and Lock - In by Historical Events", *Economic Journal*, Vol. 99, No. 394, 1989.

[68] Brian Arthur, "Industry Location Patterns and the Importance of History", *CEPR Working Paper*, No. 84, 1986.

[69] Brian Arthur, "Silicon Valley Locational Clusters: When do Increasing Returns imply Monopoly?", *Mathematical Social Sciences*, Vol. 19, No. 3, 1990.

[70] Brian Arthur, *Increasing Returns and Path Dependence in the Economy*, Stanford: University of Michigan Press, 1994

[71] Catherine Paul, James MacDonald, "Tracing the Effects of Agricultural Commodity Prices on Food Costs", *American Journal of Agricultural Economics*, Vol. 85, No. 3, 2003.

[72] Charles Jones, "R&D – Based Models of Economic Growth", *Journal of Political Economy*, Vol. 103, No. 4, 1995.

[73] Curtis Eaton, Richard Lipsey, "The Introduction of Space into the Neo – classical Model of Value Theory", *Queen's University, Department of Economics Working Papers*, No. 39, 1977.

[74] Dahlstrand, "Growth and Inventiveness in Technology – Based Spin – off Firms", *Research Policy*, Vol. 26, No. 3, 1997.

[75] Daisuke Oyama, "Agglomeration under Forward – Looking Expectations: Potentials and Global Stability", *Regional Science and Urban Economics*, Vol. 39, No. 6, 2009.

[76] Daisuke Oyama, "p – Dominance and Equilibrium Selection under Perfect Foresight Dynamics", *Journal of Economic Theory*, Vol. 107, No. 2, 2002.

[77] Daisuke Oyama, Satoru Takahashi, Josef Hofbauer, "Monotone Methods for Equilibrium Selection under Perfect Foresight Dynamics", *Theoretical Economics*, Vol. 3, No. 2, 2008.

[78] David Audretsch, Michael Fritsch, "On the Measurement of Entry Rates", *Bergakademie Freiberg Technical University Working Papers*, No. 93 –95, 1993.

[79] David Audretsch, Paula Stephan, "Company – Scientist Locational Links: The Case of Biotechnology", *American Economic Review*, Vol. 86, No. 3, 1996.

[80] David Audretsch, Maryann Feldman, "R&D Spillovers and the Geography of Innovation and Production", *American Economic Review*, Vol. 86, No. 3, 1996.

[81] David Audretsch, Michael Fritsch, "Link Entrepreneurship to Growth: A Case of Wes t Germany", *Industry and Innovation*, Vol. 10, No. 1, 2003.

[82] David Audretsche, *Entrepreneurship, Growth, and Public Policy*, Cambridge: Cambridge Universtity Press, 2009.

[83] David Meyer, "Emergence of the American Manufacturing Belt: An Interpretation", *Journal of Historical Geography*, Vol. 9, No. 2, 1983.

[84] David Weiman, "Urban Growth on the Periphery of the Antebellum Cotton Belt: Atlanta, 1847 – 1860", *Journal of Economic History*, Vol. 48, No. 2, 1988.

[85] Didier Laussel, Thierry Paul, "Trade and the Location of Industries: Some New Results", *Journal of International Economics*, Vol. 71, No. 1, 2007.

[86] Diego Puga, "The Rise and Fall of Regional Inequalities", *European Economic Review*, Vol. 43, No. 2, 1999.

[87] Diego Puga, Anthnoy Venables, "The Spread of Industry: Spatial Agglomeration in Economic Development", *Journal of the Japanese and International Economies*, Vol. 10, No. 4, 1996.

[88] Diego Puga, "Urbanization Patterns: European versus Less Developed Countries", *Journal of Regional Science*, Vol. 38, No. 2, 1998.

[89] Donald Davis, David Weinstein, "Market access, Economic Geography and Comparative Advantage: an Empirical Test", *Journal of International Economics*, Vol. 59, No. 1, 2003.

[90] Duncan Black and Vernon Henderson, "A Theory of Urban Growth", *Journal of Political Economy*, Vol. 107, No. 2, 1999.

[91] Duncan Black and Vernon Henderson, "Spatial Evolution of Population and Industry in the United States", *American Economic Review*, Vol. 89, No. 2, 1999.

[92] Edgar Hoover, *Location Theory and the Shoe and Leather Industries*, Cambridge: Harvard University Press, 1937.

[93] Edgar Hoover, *The Location of Economic Activity*, New York: McGraw – Hill Press, 1948

[94] Edward Feser, "Agglomeration, Enterprise Size, and Productivity", *U. S. Census Bureau, Center for Economic Studies Working Papers*, No. 04 – 15, 2004.

[95] Edward Glaeser, Hedi Kallal, Jose Scheinkman, Andrei Shleifer, "Growth in Cities", *Journal of Political Economy*, Vol. 100, No. 6, 1992.

[96] Edward Glaeser, Janet Kohlhase, "Cities, Regions and the Decline of Transport Costs", *Papers in Regional Science*, Vol. 83, No. 1, 2003.

[97] Edward Glaeser, "Entrepreneurship and the City", *NBER Working paper*, No. 13551, 2007.

[98] Edward Glaeser, "Learning in Cities", *Journal of Urban Economics*, Vol. 46, No. 2, 1999.

[99] Edward Ullman, "Regional Development and the Geography of Concentration", *Papers in Regional Science*, Vol. 4, No. 1, 1958.

[100] Elaine Romanelli, Claudia Schoonhoven, *The Entrepreneurship Dynamic: Origins of Entrepreneurship and The Evolution of Industries*, Stanford: Stanford University Press, 2001

[101] Elinor Ostrom, "Collective Action and the Evaluation of Social Norms", *Journal of Economic Perspectives*, Vol. 14, No. 3, 2000.

[102] Elise Brezis, Paul Krugman, "Technology and the Life Cycle of Cities", *Journal of Economic Growth*, Vol. 2, No. 4, 1997.

[103] Elise Brezis, Paul Krugman, Daniel Tsiddon, "Leapfrogging in International Competition: A Theory of Cycles in National Technological Leadership", *American Economic Review*, Vol. 83, No. 5, 1993.

[104] Enrico Moretti, "Human Capital Spillovers in Manufacturing: Evidence from Plant - Level Production Functions", *NBER Working Paper*, No. 9316, 2002.

[105] Enrique López - Bazo, Esther Vayá, Manuel Artís, "Regional Externalities and Growth: Evidence from European Regions", *Journal of Regional Science*, Vol. 44, No. 1, 2004.

[106] Ernst Fehr, Simon Gachter, "Fairness and retaliation: The Economics of Reciprocity", *Journal of Economic Perspectives*, Vol. 14, No. 3, 2000.

[107] Esty, Daniel, Michael Porter, "Industrial Ecology and Competitiveness", *Journal of Industrial Ecology*, Vol. 2, No. 1, 1998.

[108] FranÁois Perroux, "Economic Space: Theory and Applications", *Quar-

terly *Journal of Economics*, Vol. 64, No. 1, 1950.

[109] FranÁois Perroux, *L' Economie du XX e Siecle*, Paris: Presses Universitaires de France, 1961.

[110] Frank Englmann, Uwe Walz, "Industrial Centers and Regional Growth in the Presence of Local Inputs", *Journal of Regional Science*, Vol. 35, No. 1, 1995.

[111] Frank Oort, Oedzge Atzema, "On the Conceptualization of Agglomeration Economies: The Case of New Firm Formation in the Dutch ICT Sector", *Annals of Regional Science*, Vol. 38, No. 2, 2004.

[112] Gali Jordi, "Local Externalities, Convex Adjustment Costs, and Sunspot Equilibria", *Journal of Economic Theory*, Vol. 64, No. 1, 1994.

[113] Gary Becker, *A Treatise on the Family*, Cambridge: Harvard University Press, 1981.

[114] Gary Becker, Kevin Murphy, "The Division of Labor, Coordination Costs, and Knowledge", *Quarterly Journal of Economics*, Vol. 107, No. 4, 1992.

[115] Gary Becker, Kevin Murphy, Robert Tamura, "Human Capital, Fertility, and Economic Growth", *Journal of Political Economy*, Vol. 98, No. 5, 1990.

[116] Gavin Wood, John Parr, "Transaction Costs, Agglomeration Economies, and Industrial Location", *Growth and Change*, Vol. 36, No. 1, 2005.

[117] George Stigler, "The Division of Labor is Limited by the Extent of the Market", *Journal of Political Economy*, Vol. 59, No. 3, 1951.

[118] Gerben Panne, Cees Beers, "On the Marshall – Jacobs Controversy: It Takes Two to Tango", *Industrial and Corporate Change*, Vol. 15, No. 5, 2006.

[119] Giacomo Becattini, *Industrial Districts: A New Approach to Industrial Change*, Cheltenham: Edward Elgar Press, 2004.

[120] Giacomo Becattini, Marco Bellandi, Gabi Ottati, Fabio Sforzi, *From Industrial Districts to Local Development*, Cheltenham: Edward Elgar Press, 2003.

[121] Giacomo Bonanno, "General Equilibrium Theory with Imperfect Competition", *Journal of Economic Surveys*, Vol. 4, No. 4, 1990.

[122] Gianmarco Ottaviano, Takatoshi Tabuchi, Jacques – Franàois Thisse, "Agglomeration and Trade Revisited", *International Economic Review*, Vol. 43, No. 2, 2002.

[123] Gianmarco Ottaviano, Diego Puga, "Agglomeration in the Global Economy: A Survey of the New Economic Geography", *World Economy*, Vol. 21, No. 6, 1998.

[124] Gilles Duranton, Henry Overman, "Testing for Localization Using Micro – Geographic Data", *Review of Economic Studies*, Vol. 72, No. 4, 2005.

[125] Gilles Duranton, Diego Puga, "Nursery Cities: Urban Diversity, Process Innovation and the Life Cycle of Products", *American Economic Review*, Vol. 91, No. 5, 2001.

[126] Gunnar Myrdal, *Economic Theory and Under – developed Regions*, London: Duck – worth Press, 1957.

[127] Hans Gersbach, Armin Schmutzler, "External Spillovers, Internal Spillovers and the Geography of Production and Innovation", *Regional Science and Urban Economics*, Vol. 29, No. 6, 1999.

[128] Harry Flam, Elhanan Helpman, "Vertical Product Differentiation and North – South Trade", *American Economic Review*, Vol. 77, No. 5, 1987.

[129] Hesham Abdel – Rahman, "Product Differentiation, Monopolistic Competition and City Size", *Regional Science and Urban Economics*, Vol. 18, No. 1, 1988.

[130] Hesham Abdel – Rahman, Masahisa Fujita, "Product Variety, Marshallian Externalities, and City Sizes", *Journal of Regional Science*, Vol. 30, No. 2, 1990.

[131] Hesham Abdel – Rahman, Wang Ping, "Toward a General – Equilibrium Theory of A Core – Periphery System of Cities", *Regional Science and Urban Economics*, Vol. 25, No. 4, 1995.

[132] Hirofumi Uzawa, "Optimum Technical Change in An Aggregative Model of Economic Growth", *Review of Economic Studies*, Vol. 6, No. 1, 1965.

[133] Howard Wall, Yannis Georgellis, "What Makes A Region Entrepre-

neurial? Evidence from Britain", *Annals of Regional Science*, Vol. 34, No. 3, 2000.

[134] Ian Gordon, Philip McCann, "Industrial Clusters, Complexes, Agglomeration and/or Social Networks?", *Urban Studies*, Vol. 37, No. 3, 2000.

[135] Israel Kirzner, *Competition and Entrepreneurship*, Chicago: University of Chicago Press, 1973.

[136] Israel Kirzner, *Perception, Opportunity and Profit: Studies in the Theory of Entrepreneurship*, Chicago: University of Chicago Press, 1979.

[137] Ivana Paniccia, *Industrial Districts: Evolution and Competitiveness in Italian Firms*, Cheltenham: Edward Elgar Press, 2002.

[138] Jacob Viner, "Cost Curves and Supply Curves", *Journal of Economics*, Vol. 3, No. 1, 1932.

[139] James Adams, Adam Jaffe, "Bounding the Effects of R&D: An Investigation Using Matched Establishment – Firm Data", *RAND Journal of Economics*, Vol. 27, No. 4, 1996.

[140] James Rauch, "Does History Matter Only When it Matters Little? The Case of City – Industry Location", *NBER Working Paper*, No. 4312, 1993.

[141] James Rauch, "Productivity Gains from Geographic Concentration of Human Capital: Evidence from the Cities", *Journal of Urban Economics*, Vol. 34, No. 3, 1993.

[142] James Simmie, James Sennett, "Innovative clusters: Global or local linkages?", *National Institute Economic Review*, Vol. 170, No. 1, 1999.

[143] Jeff Borland, Xiaokai Yang, "Specialization, Product Development, Evolution of the Institution of the Firm, and Economic Growth", *Journal of Evolutionary Economics*, Vol. 5, No. 1, 1992.

[144] Jeff Borland, Xiaokai Yang, "Specialization and a New Approach to Economic Orgianization and Growth", *American Economic Review*, Vol. 82, No. 2, 1992.

[145] Jeffrey Cohen, Catherine Paul, "Spatial and Supply/Demand Agglomeration Economies: State – and Industry – Linkages in the U. S. Food System", *Empirical Economics*, Vol. 28, No. 4, 2003.

[146] Jeffrey Williamson, "Antebellum Urbanization in the American Northeast", *Journal of Economic History*, Vol. 25, No. 4, 1965.

[147] Jeffrey Williamson, Joseph Swanson, *The Growth of Cities in the American Northeast, 1820 – 1870*, Madison: University of Wisconsin Press, 1966.

[148] Jeffrey Wurgler, "Financial Markets and the Allocation of Capital", *Journal of Financial Economics*, Vol. 58, No. 1 – 2, 2000.

[149] John McMillan, Christopher Woodruff, "The Central Role of Entrepreneurs in Transition Economies", *Journal of Economic Perspectives*, Vol. 16, No. 3, 2002.

[150] Jonathan Hamilton, Jacques – Francois Thisse, Anita Weskamp, "Spatial Discrimination: Bertrand vs. Cournot in a Model of Location Choice", *Regional Science and Urban Economics*, Vol. 19, No. 1, 1989.

[151] Jose Lasuen, "On Growth Poles", *Urban Studies*, Vol. 6, No. 2, 1969.

[152] Jose Pontes, "Agglomeration in a Vertically Related Oligopoly", *Portuguese Economic Journal*, Vol. 30, No. 2, 2005.

[153] Jose Pontes, "Exchange of Intermediate Goods and the Agglomeration of Firms", *Economics Bulletin*, Vol. 3, No. 27, 2002.

[154] Josef Hofbauer, Gerhard Sorger, "A Differential Game Approach to Evolutionary Equilibrium Selection", *International Game Theory Review*, Vol. 4, No. 1, 2002.

[155] Joseph Mahoney, Yasemin Y. Kor, "How Dynamic Management and Governance of Resource Deployments Influence Firm – Level Performance", *Strategic Management Journal*, Vol. 26, No. 5, 2005.

[156] Joseph Schumpeter, *Theory of Economic Development*, Cambridge: Harvard University Press, 1934.

[157] Kazuhiro Yamamoto, "A Two – Region Model with Two Types of Manufacturing Technologies and Agglomeration", *Regional Science and Urban Economics*, Vol. 35, No. 6, 2005.

[158] Kenneth Arrow, "The Division of Labor in the Economy, the Policy, and Society", in G. O' Driscoll, Jr. (ed.), *Adam Smith and Modern Political Economy*, Ames: Iowa State University Press, 1979.

[159] Kenneth Arrow, "The Economic Implications of Learning by Doing",

[160] Kevin Milligan, Enrico Moretti, Philip Oreopoulos, "Does Education Improve Citizenship? Evidence from the U. S. and the U. K", *NBER Working Paper*, No. 9584, 2003.

[161] Kevin Murphy, Andrei Shleifer, Rober Vishny, "Industrialization and the Big Push", *Journal of Political Economy*, Vol. 97, No. 5, 1989.

[162] Kiminori Matsuyama, "Increasing Returns, Industrialization, and Indeterminacy of Equilibrium", *Quarterly Journal of Economics*, Vol. 106, No. 2, 1991.

[163] Kreps, D. M., "Corporate Culture and Economic", Peter Buckley and Jonathan Michie (eds.), *Firms, Organizations and Contracts: A Reader in Industrial Organization*, Oxford: Oxford University Press, 1996.

[164] Kristian Behrens, "Agglomeration without Trade: How Non – Traded Goods Shape the Space – Economy", *Journal of Urban Economics*, Vol. 55, No. 1, 2004.

[165] Kristian Behrens, "Market Size and Industry Location: Traded vs Non – Traded Goods", *Journal of Urban Economics*, Vol. 58, No. 1, 2005.

[166] Kyoji Fukao, Roland Benabou, "History Versus Expectations: A Comment", *Quarterly Journal of Economics*, Vol. 108, No. 2, 1993.

[167] Luigi Guiso, Paola Sapienza, Luigi Zingales, "Does Local Financial Development Matter?", *Quarterly Journal of Economics*, Vol. 119, No. 3, 2004.

[168] Luigi Guiso, Fabiano Schivardi, "What Determines Entrepreneurial Clusters?", *Journal of the European Economic Association*, Vol. 9, No. 1, 2011.

[169] Luis Garicano, Thomas Hubbard, "Specialization, Firms and Markets: The Division of Labor Within and Between Law Firms", *NBER Working Paper*, No. 9719, 2003.

[170] Luis Lanaspa, Fernando Sanz, "Multiple Equilibria, Stability, and Asymmetries in Krugman's Core – Periphery Model", *Papers in Regional Science*, Vol. 80, No. 4, 2001.

[171] Luis Locay, "Economic Development and the Division of Production

Between Households and Markets", *Journal of Political Economy*, Vol. 98, No. 5, 1990.

[172] Lynne Butel, Alison Watkins, "Clusters of Entrepreneurs the application of ant colony Optimization Modeling", *Journal of Modeling in Management*, Vol. 1, No. 3, 2006.

[173] Malcolm Moseley, *Growth Centers in Spatial Planning*, Oxford: Pergamon Press, 1974.

[174] Marc Melitz, "The Impact of Trade on Intra – Industry Reallocations and Aggregate Industry Productivity", *Econometrica*, Vol. 71, No. 6, 2003.

[175] Margherita Russo, "Technical Change and the Industrial District: the Role of Interfirm Relations in the Growth and Transformation of Ceramic Tile Production in Italy", *Research Policy*, Vol. 14, No. 6, 1985.

[176] Marius Brulhart, "Trading Places: Industrial Specialization in the European Union", *Journal of the Common Market Studies*, Vol. 36, No. 3, 1988.

[177] Marius Brulhart, Rolf Traeger, "An Account of Geographic Concentration Patterns in Europe", *Regional Science and Urban Economics*, Vol. 35, No. 6, 2005.

[178] Mark Casson, Nigel Wadeson, "The Discovery of Opportunities: Extending the Economic Theory of the Entrepreneur", *Small Business Economics*, Vol. 28, No. 4, 2007.

[179] Martin Perry, "Vertical Integration by Competitive Firms: Uncertainty and Diversification", *Southern Economic Journal*, Vol. 49, No. 1, 1982.

[180] Martin Perry, Robert Groff, "Resale Price Maintenance and Forward Integration into a Monopolistically Competitive Industry", *Quarterly Journal of Economics*, Vol. 100, No. 4, 1985.

[181] Martin Philippe, Gianmarco Ottaviano, "Growing Locations: Industry Location in a Model of Endogenous Growth", *European Economic Review*, Vol. 43, No. 2, 1999.

[182] Martin Philippe, Gianmarco Ottaviano, "Growth and Agglomeration", *International Economic Review*, Vol. 42, No. 4, 2001.

[183] Marvin Goodfriend and John McDermott, "Early Development", *Ameri-

can Economic Review, Vol. 85, No. 1, 1995.

[184] Mary Amiti, "Specialisation Patterns in Europe", London School of Economics, Centre for Economic Performance Working Paper, No. 363, 1997.

[185] Mary Amiti, "Regional Specialization and Technological Leapfrogging", Journal of Regional Science, Vol. 41, No. 1, 2001.

[186] Mary Amiti, "Location of Vertically Linked Industries: Agglomeration versus Comparative Advantage", European Economic Review, Vol. 49, No. 4, 2005.

[187] Maryann Feldman, David Audretsch, "Innovation in Cities: Science – Based Diversity, Specialization and Localized Competition", European Economic Review, Vol. 43, No. 2, 1999.

[188] Maryann Feldman, David Audretsch, "Innovation in Cities: Science – based Diversity, Specialization and Localized Competition", European Economic Review, Vol. 43, No. 2, 1999.

[189] Maryann Feldman, Johanna Francis, "Fortune Favours the Prepared Region: The Case of Entrepreneurship and the Capital Region Biotechnology Cluster", European Planning Studies, Vol. 11, No. 7, 2003.

[190] Maryann Feldman, Johanna Francis, "The Entrepreneurial Spark, Individual Agents and the Formation of Innovative Clusters", In Maryann Feldman, Massard Nadine (eds.), Institutions and Systems in the Geography of Innovation, Boston: Kluwer Academic Press, 2002.

[191] Masahisa Fujita, "A Monopolistic Competition Model of Spatial Agglomeration: Differentiated Product Approach", Regional Science and Urban Economics, Vol. 18, No. 1, 1988.

[192] Masahisa Fujita, "Location and Space – Economy at Half a Century: Revisiting Professor Isard's Dream on the General Theory", Annals of Regional Science, Vol. 33, No. 4, 1999.

[193] Masahisa Fujita, and Tomoya Mori, "Structural Stability and Evolution of Urban Systems", Regional Science and Urban Economics, Vol. 27, No. 4 – 5, 1997.

[194] Masahisa Fujita, Jacques – FranÁois Thisse, "Economics of Agglomeration", Journal of Japanese and International Economies, Vol. 10,

No. 4, 1996.

[195] Masahisa Fujita, Nobuaki Hamaguchi, "Intermediate Goods and the Spatial Structure of an Economy", *Regional Science and Urban Economics*, Vol. 31, No. 1, 2001.

[196] Masahisa Fujita, Paul Krugman, "The New Economic Geography: Past, Present and the Future", *Papers in Regional Science*, Vol. 83, No. 1, 2004.

[197] Masahisa Fujita, Paul Krugman, "When is the City Monocentric? Von Thünen and Chamberlin Unified", *Regional Science and Urban Economics*, Vol. 25, No. 4, 1995.

[198] Masahisa Fujita, Paul Krugman, AnthonyVenables, *The Spatial Economy*, Cambrige: The MIT Press, 1999.

[199] Masahisa Fujita, Paul Krugman, Tomoya Mori, "On the Evolution of Hierarchical Urban Systems", *European Economic Review*, Vol. 43, No. 2, 1999.

[200] Masahisa Fujita, Tomoya Mori, Vernon Henderson, Yoshitsugu Kanemoto, "Spatial Distribution of Economic Activities in Japan and China", in Vernon Henderson, Jacques-FranÁois Thisse (eds.), *Handbook of Regional and Urban Economics*, Vol. 4, 2004.

[201] Massimo Motta, Jacques-FranÁois Thisse, Antonio Cabrales, "On the Persistence of Leadership in International Trade", *International Economic Review*, Vol. 38, No. 4, 1997.

[202] Matsui Matsui, Matsuyama Kiminori, "An Approach to Equilibrium Selection", *Journal of Economic Theory*, Vol. 65, No. 2, 1995.

[203] Matthieu Crozet, "Do Migrants Follow Market Potentials? An Estimation of a New Economic Geography Model", *Journal of Economic Geography*, Vol. 4, No. 4, 2004.

[204] Maxwell Fry, "Money and Capital or Financial Deepening in Economic Development?", *Journal of Money, Credit and Banking*, Vol. 10, No. 4, 1978.

[205] Meric Gertler, "Acit Knowledge and the Economic Geography of Context, or: The Undefinable Tacitness of Being There", *Journal of Eco-

nomic Geography, Vol. 3, No. 1, 2003.

[206] Michael Devereux, Rachel Griffith, Helen Simpson, "The Geographic Distribution of Production Activity in the UK", *Regional Science and Urban Economics*, Vol. 34, No. 5, 2004.

[207] Michael Enright, "Organization and Coordination in Geographically Concentrated Industries", *NBER Working Paper*, No. 8751, 1995.

[208] Michael Porter, "Clusters and the New Economics of Competition", *Harvard Business Review*, Vol. 76, No. 6, 1998.

[209] Michael Porter, "Location, Competition and Economic Development: Local Clusters in a Global Economy", *Economic Development Quarterly*, Vol. 14, No. 1, 2000.

[210] Michael Porter, "Location, Competition, and Economic Development: Local Clusters in a Global Economy", *Economic Development Quarterly*, Vol. 14, No. 1, 2000.

[211] Michael Porter, *On Competition*, Boston: Harvard Business School Press, 1998.

[212] Michael Porter, Örjan Sölvell, "The Role of Geography in the Process of Innovation and Sustainable Competitive Advantage of Firms", in Alfred Chandler, Peter Hagstrom, Örjan Sölvell (eds.), *The Dynamic Firm: The Role of Technology, Strategy, Organization, and Regions*, Oxford: Oxford University Press, 1998.

[213] Michael Porter, Scott Stern, "Innovation: Location Matters", *MIT Sloan Management Review*, Vol. 42, No. 4, 2001.

[214] Michael Porter, Scott Stern, "Measuring the 'Ideas' Production Function: Evidence from International Patent Output", *NBER Working Papers*, No. 7891, 2000.

[215] Michael Porter, *The Competitive Advantage of Nations*, London: MacMillan Press, 1990.

[216] Michael Storper, "The Resurgence of Regional Economies, Ten Years Later: The Region as a Nexus of Untraded Interdependencies", *European Urban and Regional Studies*, Vol. 2, No. 3, 1995.

[217] Michael Storper, Richard Walker, *The Capitalist Imperative: Territory,*

Technology, and Industrial Growth, Oxford: Basil Blackwell Press, 1989.

[218] Michael Storper, Anthony Venables, "Buzz: Face – To – Face Contact and the Urban Economy", *Journal of Economic Geography*, Vol. 4, No. 4, 2004.

[219] Morgan Thomas, "Growth Pole Theory: An Examination of Some of its Basic Concepts", in Niles Hansen (eds.), *Growth Centers in Regional Economic Development*, New York: Free Press, 1972.

[220] Nancy Stokey, "Human Capital, Product Quality, and Growth", *Quarterly Journal of Economics*, Vol. 106, No. 2, 1991.

[221] Nancy Stokey, "Learning by Doing and the Introduction of New Goods", *Journal of Political Economy*, Vol. 96, No. 4, 1988.

[222] Nancy Stokey, "R&D and Economic Growth", *Review of Economic Studies*, Vol. 62, No. 3, 1995.

[223] Nicholas Kaldor, "The Role of Increasing Returns, Technical Progress and Cumulative Causation in the Theory of International Trade and Economic Growth", *Economie Appliquée*, Vol. 34, No. 6, 1981.

[224] Nicholas Kaldor, "Economics without Equilibrium", *Journal of Economic Behavior & Organization*, Vol. 8, No. 1, 1987.

[225] Nicholas Kaldor, "Equilibrium Theory and Growth Theory", in Michael Baskin (eds.), *Economics and Human Welfare – Essays in Honor of Tibor Scitovsky*, New York: Academic Press, 1979.

[226] Nicholas Kaldor, "Market Imperfection and Excess Capacity", *Economica*, Vol. 2, No. 5, 1935.

[227] Nicholas Kaldor, "What is Wrong with Economic Theory", *Quarterly Journal of Economics*, Vol. 89, No. 3, 1975.

[228] Nicholas Kaldor, "The Irrelevance of Equilibrium Economics", *Economic Journal*, Vol. 82, No. 328, 1972.

[229] Olav Sorenson, "Social Networks and Industrial Geography", *Journal of Evolutionary Economics*, Vol. 13, No. 5, 2003.

[230] Oliver Hart, "Corporate Governance: Some Theory and Implications", *Economic Journal*, Vol. 105, No. 430, 1995.

[231] Oliver Williamson, "Transaction – Cost Economics: The Governance of

[232] Oliver Williamson, "Transactions Cost Economics", In Richard Schmalensee, Robert Willig (eds.), *Handbook of Industrial Organization*, NewYork: Elsevier Press, Vol. 1, 1989.

[233] Oliver Williamson, *Markets and Hierarchies: Analysis and Antitrust Implications*, New York: Free Press, 1975.

[234] Pak - Wai Liu, Xiaokai Yang, "The Theory of Irrelevance of the Size of the Firm", *Journal of Economic Behavior & Organization*, Vol. 42, No. 2, 2000.

[235] Paul Belleflamme, Pierre Picard, Jacques - FranÁois Thisse, "An Economic Theory of Regional Clusters", *Journal of Urban Economics*, Vol. 48, No. 1, 2000.

[236] Paul Belleframme, Eric Toulemonde, "Product Differentiation in Successive Vertical Oligopolies", *Queen Mary University of London, Department of Economics Working Papers*, No. 421, 2000.

[237] Paul David, "Clio and the Economics of QWERTY", *American Economic Review*, Vol. 75, No. 2, 1985.

[238] Paul Joskow, "Vertical Integration and Long - term Contracts: The Case of Coal - burning Electric Generating Plants", *Journal of Law, Economics and Organization*, Vol. 1, No. 1, 1985.

[239] Paul Krugman, "Urban Concentration: The Role of Increasing Returns and Transport Costs", *International Regional Science Review*, Vol. 19, No. 1 - 2, 1996.

[240] Paul Krugman, "History and Industry Location: The Case of the Manufacturing Belt", *American Economic Review*, Vol. 81, No. 2, 1991.

[241] Paul Krugman, "Increasing Returns and Economic Geography", *Journal of Political Economy*, Vol. 99, No. 3, 1991.

[242] Paul Krugman, "On the Number and Location of Cities", *European Economic Review*, Vol. 37, No. 2 - 3, 1993.

[243] Paul Krugman, Anthony Venables, "Globalization and the Inequality of Nations", *Quarterly Journal of Economics*, Vol. 110, No. 4, 1995.

[244] Paul Krugman, *Development, Geography, and Economic Theory*, Cambridge: MIT Press, 1995.

[245] Paul Krugman, *Geography and Trade*, Cambridge: MIT Press, 1991.

[246] Paul Krugrnan, "The Narrow Moving Band, the Dutch Disease, and the Competitive Consequences of Mrs. Thatcher: Notes on Trade in the Presence of Dynamic Economies of Scale", *Journal of Development Economics*, Vol. 27, No. 1 – 2, 1987.

[247] Paul Krugrnan, "Trade, Accumulation and Uneven Development", *Journal of Development Economics*, Vol. 8, No. 2, 1981.

[248] Paul Milgrom, John Roberts, *Economics, Organization and Management*, Englewood Cliffs: Prentice Hall Press, 1992.

[249] Paul Romer, "Endogenous Technological Change", *Journal of Political Economy*, Vol. 98, No. 5, 1990.

[250] Paul Romer, "Increasing Returns and Long – Run Growth", *Journal of Political Economy*, Vol. 94, No. 5, 1986.

[251] Philip McCann, Daniel Shefer, "Location, Agglomeration and Infrastructure", *Papers in Regional Science*, Vol. 83, No. 1, 2004.

[252] Philip McCann, Stephen Sheppard, "The Rise, Fall and Rise Again of Industrial Location Theory", *Regional Studies*, Vol. 37, No. 6 – 7, 2003.

[253] Philip McCann, *Urban and Regional Economics*, Oxford and New York: Oxford University Press, 2001.

[254] Philippe Aghion, Peter Howitt, "A Model of Growth through Creative Destruction", *Econometrica*, Vol. 60, No. 2, 1992.

[255] Pierre – Philippe Combes, Henry Overman, "The Spatial Distribution of Economic Activities in the European Union", *Handbook of Regional and Urban Economics*, Oxford: Elsevier Press, 2004.

[256] Poh Kam Wong, Yuen Ping Ho, Erkko Autio, "Entrepreneurship, Innovation and Economic Growth: Evidence from GEM Data", *Small Business Economics*, Vol. 24, No. 3, 2005.

[257] Pontus Braunerhjelm, "Entrepreneurship, Knowledge and Growth", *Foundations and Trends (R) in Entrepreneurship*, Vol. 4, No. 5, 2008.

[258] Raffaele Paci, Stefano Usai, "Externalities, Knowledge Spillovers and the Spatial Distribution of Innovation", *Geo Journal*, Vol. 49, No. 4, 1999.

[259] Raghuram Rajan, Luigi Zingales, "Financial Dependence and Growth", *American Economic Review*, Vol. 88, No. 3, 1998.

[260] Raghuram Rajan, Luigi Zingales, "The Great Reversal: The Politics of Financial Ddevelopment in the Twentieth Century", *Journal of Financial Economics*, Vol. 69, No. 1, 2003.

[261] Richard Baldwin, Philippe Martin, "Agglomeration and Regional Growth", *CEPR Discussion Papers*, No. 3960, 2003.

[262] Richard Baldwin, Rikard Forslid, "The Core – Periphery Model and Endogenous Growth: Stabilizing and Destabilizing Integration", *Economica*, Vol. 67, No. 267, 2000.

[263] Richard Baldwin, Toshihiro Okubo, "Heterogeneous Firms, Agglomeration and Economic Geography: Spatial Selection and Sorting", *NBER Working Paper*, No. 11650, 2005.

[264] Richard Baldwin, Toshihiro Okubo, "Tax Reform, Delocation and Heterogeneous Firms", *NBER Working Paper*, No. 15109, 2009,

[265] Richard Florida, "Entrepreneurship, Creativity and Regional Development", in David Hart (eds.), *The Emergence of Entrepreneurship Policy*, Cambridge: Cambridge University Press, 2003.

[266] Robert Barro, "Government Spending in a Simple Model of Endogenous Growth", *Journal of Political Economy*, Vol. 98, No. 5, 1990.

[267] Robert Helsley, William Strange, "Matching and Agglomeration Economics in a System of Cities", *Regional Science and Urban Economics*, Vol. 20, No. 2, 1990.

[268] Robert King, Ross Levine, "Finance and Growth: Schumpeter Might Be Right", Quarterly *Journal of Economics*, Vol. 108, No. 3, 1993.

[269] Robert Lucas, "Making a Miracle", *Economica*, Vol. 61, No. 2, 1993.

[270] Robert Lucas, "On the Mechanics of Economic Development", *Journal of Monetary Economics*, Vol. 22, No. 1, 1988.

[271] Ron Boschma, Bert Knaap, "New high – tech Industries and Windows of Locational Opportunity: The Role of Labour Markets and Knowledge

Institutions During the Industrial era", *Geografiska Annaler*, Vol. 81, No. 2, 1999.

[272] Ronald Coase, "The Nature of the Firm", *Economica*, Vol. 4, No. 16, 1937.

[273] Ross Levine, Sara Zervos, "Stock Market Development and Long – Run Growth", *World Bank Economic Review*, Vol. 10, No. 2, 1996.

[274] Rui Baptista, "Do Innovations Diffuse Faster Within Geographical Clusters?", *International Journal of Industrial Organization*, Vol. 18, No. 3, 2000.

[275] Scott Shane, *A General Theory of Entrepreneurship: The Individual – Opportunity Nexus*, Northampton: Edward Elgar Press, 2003.

[276] Sherwin Rosen, "Substitution and the Division of Labor", *Economica*, Vol. 45, No. 179, 1978.

[277] Sherwin Rosen, "Specialization and Human Capital", *Journal of Labor Economics*, Vol. 1, No. 1, 1983.

[278] Simon Anderson, "Product Choice with Economies of Scope", *Regional Science and Urban Economics*, Vol. 15, No. 2, 1985.

[279] Simon Anderson, Damien Neven, "Cournot Competition Yields Spatial Agglomeration", *International Economic Review*, Vol. 32, No. 4, 1991.

[280] Simon Anderson, Jacques – FranÁois Thisse, "Price Discrimination in Spatial Competitive Markets", *European Economic Review*, Vol. 32, No. 2 – 3, 1988.

[281] Simona Iammarino, Philip MaCann, "The Structure and Evolution of Industrial Clusters: Transactions, Technology and Knowledge Spillovers", *University of Sussex, SPRU Working Paper*, No. 138, 1995.

[282] Sjoerd Beugelsdijk, "Entrepreneurial Culture, Regional Innovativeness and Economic Growth", *Journal of Evolutionary Economics*, Vol. 17, No. 2, 2007,

[283] Sjoerd Beugelsdijk, Niels Noorderhaven, "Entrepreneurial Attitude and Economic Growth: A Cross – section of 54 Regions", *Annals of Regional Science*, Vol. 38, No. 2, 2004.

[284] Sokoloff, "Comment on Enright", In Naomi Lamoreaux, Daniel Raff

(eds.), *Coordination and Information: Historical Perspectives on the Organization of Enterprise*, Chicago: University of Chicago Press, 1995.

[285] Spence, "Product Selection, Fixed Costs, and Monopolistic Competition", *Review of Economic Studies*, Vol. 43, No. 2, 1976.

[286] Spyros Vassilakis, "Increasing Returns and Strategic Behavior", *The RAND Journal of Economics*, Vol. 20, No. 4, 1989.

[287] Steven Brakman, Harry Garretsen, Richare Gigengack, Charles Marrewijk, Rien Wagenvoort, "Negative Feedbacks in the Economy and Industrial Location", *Journal of Regional Science*, Vol. 36, No. 4, 1996.

[288] Stuart Leslie, Robert Kargon, "Electronics and the Geography of Innovation in Post-War America", *History and Technology*, Vol. 11, No. 1, 1994.

[289] Stuart Rosenthal, William Strange, "Evidence on the Nature and Sources of Agglomeration Economies", In Vernon Henderson, Jacques-FranÁois Thisse, (eds.), *Handbook of Regional and Urban Economics*, Vol. 4, 2004.

[290] Stuart Rosenthal, William Strange, "Geography, Industrial Organization and Agglomeration", *Review of Economics and Statistics*, Vol. 85, No. 2, 2003.

[291] Sukkoo Kim, "Expansion of Markets and the Geographic Distribution of Economic Activities", *Quarterly Journal of Economics*, Vol. 110, No. 4, 1995.

[292] Sukkoo Kim, "Regions, Resources and Economic Geography: Sources of U. S. Regional Comparative Advantage, 1880-1987", *Regional Science and Urban Economics*, Vol. 29, No. 1, 1999.

[293] Sukkoo Kim, Robert Margo, "Historical Perspectives on U. S. Economic Geography", *NBER Working Paper*, No. 9594, 2003.

[294] Takatoshi Tabuchi, Jacques-FranÁois Thisse, "Regional Specialization and Transport Costs", *CEPR Discussion Papers*, No. 3542, 2002.

[295] Takatoshi Tabuchi, Jacques-FranÁois Thisse, Dao-Zhi Zeng, "On the Number and Size of Cities", *Journal of Economic Geography*,

Vol. 5, No. 4, 2005.

[296] Thierry Mayer, "Spatial Cournot Competition and Heterogeneous Production Costs Across Locations", *Regional Science and Urban Economics*, Vol. 30, No. 3, 2000.

[297] Thomas Holmes, "Localization of Industry and Vertical Disintegration", *Federal Reserve Bank of Minneapolis Staff Report*, No. 190, 1995.

[298] Thomas Holmes, John Stevens, "Geographic Concentration and Establishment Size: Analysis in an Alternative Economic Geography", *Journal of Economic Geography*, Vol. 4, No. 3, 2004.

[299] Thomas Holmes, John Stevens, "Spatial Distribution of Economic Activities in North America", in Vernon Henderson, Jacques – FranÁois Thisse (eds.), *Handbook of Urban and Regional Economics*, New York: North Holland Press, Vol. 4, 2004.

[300] Thomas Weiss, "The Industrial Distribution of the Urban and Rural Workforces: Estimates for the United States: 1870 – 1910", *Journal of Economic History*, Vol. 32, No. 4, 1972.

[301] Thorsten Beck, Asli Demirguc – Kunt, Ross Levine, Vojislav Maksimovic, "Financial Structure and Economic Development: Firm Industry, and Country Evidence", *World Bank Working Paper*, No. WPS2423, 2000.

[302] Tibor Scitovsky, "Two Concepts of External Economies", *Journal of Political Economy*, Vol. 62, No. 2, 1954.

[303] Timothy Harris, Yannis Ioannides, "History Versus Expectations: An Empirical Investigation", *Tufts University, Department of Economics Discussion Papers Series*, No. 14, 2000.

[304] Timothy Stearns, Gerald Hills, "Entrepreneurship and New Firm Development: A Definitional Introduction", *Journal of Business Research*, Vol. 36, No. 1, 1996.

[305] Tjalling Koopmans, Martin Beckmann, "Assignment Problems and the Location of Economic Activities", *Yale University, Cowles Foundation Discussion Papers*, No. 4, 1955.

[306] Tomoya Mori, Koji Nishikimi, "Economies of Transport Density and In-

dustrial Agglomeration", *Regional Science and Urban Economics*, Vol. 32, No. 2, 2002.

[307] Tormord Hermansen, "Development Poles and Related Theories: A Synoptic Review", in Niles Hansen (ed.), *Growth Centers in Regional Economic Development*, New York: Free Press, 1972.

[308] Uwe Walz, "Transport Costs, Intermediate Goods, and Localized Growth", *Regional Science and Urban Economics*, Vol. 26, No. 6, 1996.

[309] Vernon Henderson, "Marshall's Scale Economies", *NBER Working Paper*, No. 7358, 1999.

[310] Vernon Henderson, "The Urbanization Process and Economic Growth: The So – What Question", *Journal of Economic Growth*, Vol. 8, No. 1, 2003.

[311] Vernon Henderson, Ari Kuncoro, Matthew Turner, "Industrial Development in Cities", *Journal of Political Economy*, Vol. 103, No. 5, 1995.

[312] Vernon Henderson, *Urban Development: Theory, Fact, and Illusion*, Oxford: Oxford University Press, 1988.

[313] Vernon Henderson, Zmarak Shalizi, Athnoy Venables, "Geography and Development", *Journal of Economic Geography*, Vol. 1, No. 1, 2001.

[314] Vernon Henderson, "The Sizes and Types of Cities", *American Economic Review*, Vol. 64, No. 4, 1974.

[315] Victor Norman Anthony Venables, "Industrial Clusters: Equilibrium, Welfare and Policy", *Economica*, Vol. 71, No. 284, 2004.

[316] Walter Isard, *Location and Space Economy*, Cambridge: MIT Press, 1956.

[317] Wilfred Ethier, "Decreasing Costs in International Trade and Frank Graham's Argument for Protection", *Econometrica*, Vol. 50, No. 5, 1982.

[318] William Baumol, "Entrepreneurship: Productive, Unproductive and Destructive", *Journal of Political Economy*, Vol. 98, No. 5, 1990.

[319] Xiaokai Yang, "Development, Structural Changes and Urbanization", *Journal of Development Economics*, Vol. 34, No. 1 – 2, 1990.

[320] Xiaokai Yang, "Endogenous Specialization, Endogenous Transaction

Costs and the Theory of the Firm", *Division of Labor & Transaction Costs*, Vol. 1, No. 2, 2006.

[321] Xiaokai Yang, "The Division of Labor, Investment and Capital", *Metroeconomica*, Vol. 50, No. 3, 1999.

[322] Xiaokai Yang, *A Microeconomic Approach to Modeling the Division of Labor Based on Increasing Returns to Specialization*, Ph. D Dissertation, Department of Economics, Princeton University, 1988.

[323] Xiaokai Yang, He-ling Shi, "Specialization and Product Diversity", *American Economic Review*, Vol. 82, No. 2, 1992.

[324] Xiaokai Yang, Ian Wills, "A Model Formalizing the Theory of Property Rights", *Journal of Comparative Economics*, Vol. 14, No. 2, 1990.

[325] Xiaokai Yang, Jeff Borland, "A Microeconomic Mechanism for Economic Growth", *Journal of Political Economy*, Vol. 99, No. 3, 1991.

[326] Xiaokai Yang, Robert Rice, "An Equilibrium Model Endogenizing the Emergence of a Dual Structure Between the Urban and Rural Sectors", *Journal of Urban Economics*, Vol. 35, No. 3, 1994.

[327] Xiaokai Yang, Yew-Kwang Ng, "Specialization and Division of Labour: A Survey", in Kenneth Arrow, Yew-Kwang Ng, Xiaokai Yang (ed.), *Increasing Returns and Economic Analysis*, London: MacMillan Press, 1998.

[328] Xiaokai Yang, Yew-Kwang Ng, "Theory of the Firm and Structure of Residual Rights", *Journal of Economic Behavior and Organization*, Vol. 26, No. 1, 1995.

[329] Xiaokai Yang, Yew-Kwang Ng, *Specialization and Economic Organization: A New Classical Microeconomic Framework*, Amsterdam: North-Holland Press, 1993.

[330] Yannis Georgellis, Howard Wall, "What Makes a Region Entrepreneurial? Evidence from Britain", *Annals of Regional Science*, Vol. 34, No. 3, 2000.

[331] Yasudada Murata, Jacques-FranÁois Thisse, "A Simple Model of Economic Geography a la Helpman-Tabuchi", *Journal of Urban Economics*, Vol. 58, No. 1, 2005.

[332] Yifan Zhang, "Vertical Specialization of Firms: Evidence from China's Manufacturing Sector", *CCER Seminar Paper*, 2004.

[333] Yoram Barzel, Ben Yu, "The Effect of the Utilization Rate on the Division of Labor", *Economic Inquiry*, Vol. 22, No. 1, 1984.

[334] Yorgos Papageorgiou, Jacques-FranÁois Thisse, "Agglomeration as Spatial Interdependence between Firms and Households", *Journal of Economic Theory*, Vol. 37, No. 1, 1985.

[335] Zoltan Acs, Bo Carlsson, Roy Thurik, *Small Business in the Modern Economy*, Oxford: Blackwell Publishers, 1996.

[336] Zoltan Acs, Catherine Armington, "Employment Growth and Entrepreneurial Activity in Cities", *Regional Studies*, Vol. 38, No. 8, 2004.

[337] Zvi Griliches, "The Search for R&D Spillovers", *NBER Working Paper*, No. 3768, 1992.

附　表

附表1　北京市相关指标

年份	cluster	qyj	private	bank	save	deep	stock	market	trade	FDI	rd	develop	GDP
1990	1.6635	0.4146	0.0120	0.9091	0.6361	1.1036	0.0000	0.2831	2.2583	0.0265	0.1175	0.3884	500.8
1991	1.4259	1.3468	0.0092	0.9297	0.5720	1.0564	0.0000	0.3043	2.1547	0.0218	0.1119	0.4368	598.9
1992	1.3545	1.3666	0.0096	0.9431	0.5578	1.0301	0.0255	0.3216	1.9429	0.0272	0.1037	0.4430	709.1
1993	1.2714	3.7253	0.0018	0.8860	0.5891	1.0963	0.0411	0.3486	1.8151	0.0434	0.1021	0.4659	886.2
1994	1.2951	6.9467	0.0022	0.8982	0.4631	0.9345	0.0491	0.4465	2.1734	0.1087	0.0984	0.4891	1145.3
1995	1.2186	8.9891	0.0024	0.7275	0.5110	1.0351	0.0371	0.4184	2.0513	0.0777	0.0976	0.5229	1507.7
1996	1.0657	9.1101	0.0023	0.6504	0.4757	1.1641	0.1034	0.4504	1.3624	0.0722	0.0829	0.5586	1789.2
1997	0.9783	17.0732	0.0015	0.6898	0.5204	1.3098	0.2855	0.4549	1.2128	0.0636	0.0729	0.5864	2077.1
1998	1.0659	37.0316	0.0093	0.6831	0.4990	1.3994	0.3718	0.5565	1.0624	0.0719	0.0395	0.6136	2377.2
1999	0.9524	75.6528	0.0090	0.6441	0.4848	1.4961	0.6227	0.6476	1.0618	0.0689	0.0633	0.6320	2678.8
2000	0.9066	92.8099	0.0132	0.4775	0.5560	2.0267	1.2104	0.7225	1.2935	0.0644	0.0620	0.6481	3161.7
2001	0.8017	110.6059	0.0154	0.4814	0.5395	2.0529	1.6961	0.7516	1.1495	0.0395	0.0629	0.6701	3708.0
2002	0.7462	132.7757	0.0163	0.4480	0.5565	2.2490	1.2533	0.8345	1.0072	0.0343	0.0566	0.6912	4315.0

续表

年份	cluster	qyj	private	bank	save	deep	stock	market	trade	FDI	rd	develop	GDP
2003	0.6491	162.6088	0.0178	0.4129	0.5889	2.4081	1.6790	0.8838	1.1323	0.0355	0.0551	0.6862	5007.2
2004	0.5865	193.1886	0.0140	0.3785	0.5709	2.2505	1.1874	0.8931	1.2975	0.0423	0.0595	0.6783	6033.2
2005	0.6200	220.5226	0.0123	0.3602	0.5294	2.2004	0.9734	0.9433	1.4752	0.0414	0.0589	0.6965	6969.5
2006	0.5716	254.4606	0.0113	0.3284	0.5365	2.2336	4.8592	0.9384	1.5519	0.0447	0.0502	0.7191	8117.8
2007	0.5245	277.4903	0.0120	0.4739	0.5268	2.0170	15.7041	0.9359	1.4904	0.0391	0.0496	0.7349	9846.8
2008	0.4835	312.0270	0.0125	0.5058	0.5232	2.0702	5.0059	0.9015	1.6976	0.0380	0.0504	0.7536	11115.0
2009	0.4515	346.9979	0.0094	0.5017	0.5452	2.5552	7.6838	0.8996	1.2073	0.0344	0.0406	0.7553	12153.0
2010	0.4193	394.7305	0.0099	0.4914	0.5479	2.5847	6.1935	0.9046	1.4469	0.0305	0.0452	0.7511	14113.6
2011	0.3771	425.7156	0.0127	0.4735	0.5288	2.4404	6.4176	0.9042	1.5483	0.0280	0.0463	0.7607	16251.9

附表 2 天津市相关指标

年份	cluster	qyj	private	bank	save	deep	stock	market	trade	FDI	rd	develop	GDP
1990	1.8756	1.5746	0.0120	0.8768	1.5801	1.1443	0.0000	0.2561	0.3399	0.0128	0.0330	0.3288	310.95
1991	1.6874	2.1418	0.0092	0.7994	1.4483	1.2286	0.0000	0.2718	0.3138	0.0146	0.0287	0.3408	342.65
1992	1.7490	3.2879	0.0096	0.7700	1.3356	1.2617	0.0000	0.3187	0.3187	0.0310	0.0285	0.3585	411.04
1993	1.7172	5.1135	0.0018	0.7630	1.3113	1.2730	0.0286	0.4113	0.2969	0.0579	0.0299	0.3621	538.94
1994	1.6035	9.5626	0.0022	0.6728	1.1580	1.2477	0.0207	0.4991	0.3895	0.1194	0.0267	0.3703	732.89
1995	1.5823	13.5212	0.0024	0.6381	1.0315	1.1800	0.0554	0.5067	0.5865	0.3450	0.0251	0.3784	931.97
1996	1.5867	18.0032	0.0023	0.6504	0.9702	1.1641	0.1185	0.6472	0.6149	0.1486	0.0226	0.3968	1121.93
1997	1.5270	21.8915	0.0015	0.6898	0.9192	1.3098	0.1788	0.6426	0.6570	0.1646	0.0206	0.4105	1264.63

续表

年份	cluster	qyj	private	bank	save	deep	stock	market	trade	FDI	rd	develop	GDP
1998	1.8066	28.1033	0.0093	0.6831	0.8755	1.3994	0.2083	0.7801	0.6394	0.1517	0.0108	0.4383	1374.60
1999	1.8349	33.7739	0.0090	0.6441	0.8860	1.4961	0.3572	0.8083	0.6952	0.1397	0.0164	0.4473	1500.95
2000	1.6781	37.3322	0.0132	0.5093	0.8168	1.9003	0.5370	0.8617	0.8346	0.1245	0.0169	0.4491	1701.88
2001	1.6321	44.2811	0.0154	0.5088	0.8429	1.9425	0.4565	0.8660	0.7844	0.1389	0.0184	0.4592	1919.09
2002	1.5246	51.4140	0.0163	0.4710	0.8346	2.1392	0.3605	0.8987	0.8785	0.1465	0.0163	0.4638	2150.76
2003	1.3154	63.7970	0.0178	0.4400	0.8494	2.2597	0.2897	0.8965	0.9430	0.0524	0.0167	0.4464	2578.03
2004	1.1957	74.6813	0.0140	0.4078	0.8080	2.0885	0.1972	0.9197	1.1179	0.0658	0.0170	0.4242	3110.97
2005	0.9951	82.3157	0.0123	0.4005	0.7771	1.9789	0.1366	0.9214	1.1197	0.0698	0.0177	0.4246	3905.64
2006	0.9879	90.5268	0.0113	0.3845	0.7818	1.9078	0.2328	0.9211	1.1535	0.0738	0.0186	0.4263	4462.74
2007	0.9683	98.1285	0.0120	0.4739	0.7804	1.7630	1.3842	0.9069	1.0358	0.0764	0.0185	0.4284	5252.76
2008	0.8023	110.4379	0.0125	0.5058	0.7668	1.7482	0.3099	0.9067	0.8325	0.0767	0.0188	0.4296	6719.01
2009	0.8065	109.0275	0.0094	0.5017	0.7852	2.0411	0.4960	0.8876	0.5807	0.0819	0.0128	0.4527	7521.85
2010	0.7685	108.2997	0.0099	0.4914	0.8085	2.0369	0.4279	0.8750	0.6032	0.0796	0.0148	0.4595	9224.46
2011	0.7333	123.0531	0.0127	0.4735	0.8810	1.9957	0.2268	0.8809	0.5906	0.0746	0.0158	0.4616	11307.28

附表3 上海市相关指标

年份	cluster	qyj	private	bank	save	deep	stock	market	trade	FDI	rd	develop	GDP
1990	2.4934	1.2499	0.1132	0.7041	1.2998	1.2342	0.0155	0.3216	0.4545	0.0108	0.0479	0.3094	781.66
1991	2.3356	1.7775	0.1124	0.6701	1.5817	1.3055	0.0310	0.3513	0.4791	0.0104	0.0484	0.3458	893.77
1992	2.4090	3.2675	0.1135	0.6376	1.3707	1.3087	0.3687	0.4281	0.4829	0.0623	0.0386	0.3614	1114.32

续表

年份	cluster	qyj	private	bank	save	deep	stock	market	trade	FDI	rd	develop	GDP
1993	2.0796	6.3696	0.1130	0.6131	1.3697	1.2123	1.0663	0.5102	0.4829	0.0879	0.0377	0.3811	1519.23
1994	2.1347	13.2537	0.1080	0.5049	1.0735	1.1670	0.9097	0.5763	0.6869	0.1399	0.0366	0.3992	1990.86
1995	2.7717	30.5978	0.1059	0.4980	1.0121	1.1293	0.5993	0.6014	0.6357	0.1086	0.0348	0.4082	2499.43
1996	1.8573	41.8443	0.1094	0.4568	1.0192	1.1692	0.8145	0.6725	0.6259	0.1326	0.0405	0.4369	2957.55
1997	2.0016	53.1774	0.1083	0.4724	0.8977	1.2104	0.9451	0.7095	0.5970	0.1159	0.0413	0.4632	3438.79
1998	1.9503	72.4831	0.1028	0.4927	0.5691	1.2661	0.9408	0.7402	0.6827	0.0792	0.0243	0.4881	3801.09
1999	1.8654	83.7502	0.1034	0.4883	0.8252	1.2951	1.1801	0.7666	0.7629	0.0602	0.0398	0.5084	4188.73
2000	1.8029	104.5595	0.0998	0.5048	0.7759	1.2491	1.6746	0.8269	0.9493	0.0548	0.0425	0.5212	4771.17
2001	1.8445	132.9053	0.1006	0.4768	0.7595	1.3796	1.2696	0.8610	0.9674	0.0698	0.0541	0.5238	5210.12
2002	1.5702	168.3833	0.0882	0.4570	0.7517	1.5805	1.1416	0.9007	1.0476	0.0725	0.0597	0.5293	5741.03
2003	1.4940	217.4076	0.0807	0.4464	0.7604	1.6704	1.0999	0.9135	1.3897	0.0723	0.1114	0.5085	6694.23
2004	1.1796	284.6272	0.0707	0.4205	0.7488	1.5336	0.7716	0.9346	1.6407	0.0671	0.0702	0.5075	8072.83
2005	1.2902	348.4253	0.0692	0.4244	0.7203	1.5550	0.5763	0.9429	1.6659	0.0612	0.0734	0.5165	9164.10
2006	1.2229	370.3190	0.0512	0.4086	0.7032	1.5117	1.0682	0.9431	1.7545	0.0548	0.0742	0.5210	10336.37
2007	1.1712	361.8243	0.0062	0.3907	0.7161	1.4884	3.2251	0.9403	1.7653	0.0494	0.0812	0.5460	12188.85
2008	1.0814	377.7030	0.0081	0.4015	0.6790	1.5093	0.9826	0.9248	1.6333	0.0511	0.0694	0.5595	13698.15
2009	0.9147	409.4778	0.0093	0.5822	0.6653	1.6022	1.8811	0.9221	1.2609	0.0478	0.0618	0.5936	15046.45
2010	0.9178	500.0283	0.0097	0.4511	0.6544	1.6294	1.4008	0.9418	1.4547	0.0439	0.0651	0.5728	17165.98
2011	0.8583	547.6412	0.0107	0.3479	0.6393	1.5964	1.0128	0.9604	1.4718	0.0424	0.0543	0.5805	19195.69

附表 4　山东省相关指标

年份	cluster	qyj	private	bank	save	deep	stock	market	trade	FDI	rd	develop	GDP
1990	0.9842	0.6230	0.0012	0.7672	1.2502	0.7721	0.0000	0.5857	0.1356	0.0048	0.0659	0.2977	1511.19
1991	0.8838	0.8048	0.0012	0.7610	1.2272	0.7887	0.0000	0.6004	0.1421	0.0053	0.0741	0.2998	1810.54
1992	1.0040	1.1656	0.0014	0.7311	1.1880	0.7833	0.0000	0.5823	0.1954	0.0244	0.0670	0.3017	2196.53
1993	1.0543	2.1588	0.0013	0.7166	1.1445	0.7505	0.0375	0.6438	0.1515	0.0383	0.0707	0.2953	2770.37
1994	1.1602	3.9561	0.0023	0.5973	0.9992	0.6556	0.0174	0.7134	0.2159	0.0568	0.0665	0.3064	3844.50
1995	1.1352	5.9669	0.0031	0.5688	0.9137	0.6317	0.0136	0.7080	0.2352	0.0440	0.0694	0.3205	4953.35
1996	1.0922	7.5492	0.0033	0.5759	0.8571	0.6255	0.0595	0.7344	0.2284	0.0366	0.0662	0.3228	5883.80
1997	1.0750	8.7017	0.0042	0.5221	0.8968	0.6818	0.1172	0.7483	0.2224	0.0317	0.0637	0.3357	6537.07
1998	1.1074	11.0504	0.0040	0.5130	0.8873	0.7273	0.1426	0.7941	0.1959	0.0262	0.0429	0.3415	7021.35
1999	1.1358	13.5857	0.0043	0.4944	0.8654	0.7579	0.1576	0.8161	0.2018	0.0273	0.0710	0.3508	7493.84
2000	1.1205	15.7358	0.0048	0.4615	0.8311	0.7447	0.2775	0.8022	0.2481	0.0295	0.0731	0.3484	8337.47
2001	1.1554	16.0371	0.0063	0.4525	0.8254	0.7632	0.2104	0.9079	0.2607	0.0326	0.0677	0.3567	9195.04
2002	1.1995	19.4027	0.0077	0.4447	0.8330	0.8308	0.1694	0.9117	0.2734	0.0450	0.0651	0.3601	10275.50
2003	1.2328	25.0938	0.0100	0.4524	0.8415	0.8666	0.1476	0.9254	0.3060	0.0486	0.0606	0.3405	12078.15
2004	1.1952	30.1333	0.0107	0.4543	0.8118	0.7844	0.1136	0.9206	0.3349	0.0479	0.0643	0.3172	15021.84
2005	1.2912	34.2390	0.0109	0.4435	0.7824	0.7286	0.0842	0.9440	0.3429	0.0400	0.0626	0.3226	18366.87
2006	1.2750	39.1080	0.0105	0.4308	0.8001	0.7173	0.1256	0.9474	0.3469	0.0364	0.0712	0.3282	21900.19
2007	1.3390	39.7409	0.0121	0.4565	0.7949	0.6807	0.3237	0.9451	0.3617	0.0325	0.0757	0.3344	25776.91
2008	1.3090	44.9319	0.0117	0.4513	0.7447	0.6483	0.1109	0.9273	0.3551	0.0184	0.0757	0.3349	30933.28
2009	381.4340	49.8465	0.0173	0.4735	0.7482	0.7659	0.2419	0.9428	0.2793	0.0161	0.0611	0.3472	33896.65
2010	1.2658	55.5789	0.0175	0.4473	0.7474	0.7843	0.2724	0.9346	0.3266	0.0158	0.0695	0.3662	39169.92
2011	1.3855	58.8051	0.0191	0.4291	0.7591	0.7755	0.1958	0.9377	0.3360	0.0159	0.0666	0.3829	45361.85

附表 5　江苏省相关指标

年份	cluster	qyj	private	bank	save	deep	stock	market	trade	FDI	rd	develop	GDP
1990	1.5947	0.5739	0.0000	0.7938	1.1753	0.7155	0.0000	0.2608	0.1398	0.0048	0.0754	0.2603	1416.50
1991	1.5000	0.6653	0.0000	0.7865	1.0795	0.7684	0.0000	0.2713	0.1765	0.0078	0.0700	0.2887	1601.38
1992	1.6270	0.8842	0.0000	0.7702	1.0336	0.6933	0.0000	0.3039	0.1797	0.0362	0.0663	0.2916	2136.02
1993	1.5324	1.8820	0.0001	0.7467	0.9891	0.5930	0.0107	0.3754	0.1754	0.0577	0.0660	0.3034	2998.16
1994	1.5855	4.0537	0.0007	0.6316	0.8940	0.5467	0.0153	0.4299	0.2498	0.0887	0.0612	0.2925	4057.39
1995	1.8453	6.0154	0.0010	0.5895	0.8214	0.5578	0.0275	0.4232	0.2637	0.0774	0.0585	0.3053	5155.25
1996	1.5602	7.4184	0.0011	0.6188	0.8161	0.6397	0.0705	0.4618	0.2865	0.0702	0.0649	0.3233	6004.21
1997	1.4746	10.0661	0.0018	0.6106	0.7846	0.6665	0.1105	0.5252	0.2931	0.0719	0.0648	0.3342	6680.34
1998	1.4821	15.4293	0.0026	0.6426	0.7697	0.7033	0.1080	0.6193	0.3039	0.0765	0.0394	0.3490	7199.95
1999	1.5215	19.3589	0.0037	0.6335	0.7409	0.7191	0.1565	0.7401	0.3362	0.0688	0.0667	0.3560	7697.82
2000	1.5123	24.6295	0.0046	0.6077	0.7104	0.6977	0.2515	0.6828	0.4417	0.0622	0.0675	0.3588	8553.69
2001	1.5416	31.7705	0.0054	0.5955	0.6878	0.7055	0.2239	0.7581	0.4495	0.0623	0.0620	0.3653	9456.84
2002	1.5267	40.1551	0.0074	0.5893	0.6931	0.7763	0.1909	0.8111	0.5486	0.0809	0.0677	0.3669	10606.85
2003	1.4671	47.9737	0.0085	0.5617	0.7348	0.9081	0.1569	0.8585	0.7561	0.1051	0.0657	0.3611	12442.87
2004	1.3873	58.0085	0.0115	0.5491	0.7403	0.8985	0.1068	0.9205	0.9425	0.0670	0.0749	0.3465	15003.60
2005	1.3565	69.9554	0.0104	0.5237	0.6998	0.8278	0.0743	0.9350	1.0040	0.0581	0.0791	0.3555	18598.69
2006	1.3827	88.8255	0.0173	0.5238	0.7148	0.8502	0.1088	0.9352	1.0413	0.0639	0.0864	0.3640	21742.05
2007	1.4166	91.9218	0.0145	0.5095	0.7255	0.8491	0.2818	0.9506	1.0219	0.0640	0.1053	0.3740	26018.48
2008	1.3742	110.4941	0.0138	0.4874	0.7067	0.8444	0.1059	0.9448	0.8793	0.0563	0.1265	0.3837	30981.98
2009	1.4190	122.8699	0.0203	0.4774	0.7225	1.0244	0.2447	0.9480	0.6717	0.0502	0.1545	0.3955	34457.30
2010	1.3853	140.3720	0.0289	0.3330	0.9736	1.0168	0.3187	0.9516	0.7612	0.0466	0.1868	0.4135	41425.48
2011	1.3492	159.4171	0.0313	0.4853	0.9717	0.9747	0.2258	0.9502	0.7099	0.0423	0.2261	0.4244	49110.27

附表 6   浙江省相关数据

年份	cluster	qyj	private	bank	save	deep	stock	market	trade	FDI	rd	develop	GDP
1990	1.3291	2.7066	0.0548	0.7793	1.0200	0.6833	0.0000	0.6879	0.1466	0.0026	0.0512	0.3001	904.69
1991	1.3008	2.5672	0.0530	0.7554	0.9497	0.6884	0.0000	0.7053	0.1882	0.0045	0.0575	0.3213	1089.33
1992	1.4002	2.6846	0.0446	0.7256	0.9377	0.7066	0.0000	0.7359	0.2004	0.0118	0.0501	0.3341	1375.70
1993	1.3298	4.5017	0.0388	0.6988	0.9478	0.6479	0.0220	0.7860	0.2014	0.0309	0.0518	0.3250	1925.91
1994	1.3270	10.5881	0.0325	0.6619	0.8519	0.6053	0.0212	0.8391	0.2882	0.0367	0.0510	0.3170	2689.28
1995	1.3308	16.3758	0.0312	0.6344	0.8018	0.5913	0.0181	0.8614	0.2702	0.0295	0.0517	0.3241	3557.55
1996	1.2399	19.9341	0.0325	0.6446	0.7600	0.6169	0.0626	0.8925	0.2489	0.0302	0.0607	0.3250	4188.53
1997	1.1926	20.7585	0.0406	0.6821	0.7619	0.6986	0.1129	0.9059	0.2526	0.0266	0.0694	0.3228	4686.11
1998	1.3629	22.6722	0.0293	0.6911	0.7403	0.7713	0.1299	0.9319	0.2434	0.0216	0.0464	0.3318	5052.62
1999	1.4145	32.7634	0.0296	0.7060	0.7413	0.8543	0.1807	0.8652	0.2784	0.0233	0.0768	0.3422	5443.92
2000	1.5366	39.7161	0.0254	0.6887	0.7430	0.8832	0.3188	0.9185	0.3752	0.0217	0.0787	0.3641	6141.03
2001	1.6509	46.2021	0.0286	0.6458	0.7347	0.9397	0.2337	0.9383	0.3935	0.0265	0.0837	0.3864	6898.34
2002	1.6755	54.5168	0.0331	0.5823	0.7661	1.0761	0.1647	0.9470	0.4339	0.0327	0.0935	0.4033	8003.67
2003	1.6747	66.3805	0.0353	0.5616	0.8141	1.2379	0.1250	0.9576	0.5237	0.0465	0.0963	0.4009	9705.02
2004	1.6576	72.7874	0.0435	0.5507	0.8326	1.2320	0.1093	0.9288	0.6055	0.0475	0.1008	0.3935	11648.70
2005	1.7170	78.0162	0.0390	0.5273	0.8079	1.2340	0.0780	0.9221	0.6547	0.0471	0.1110	0.3989	13437.85
2006	1.7045	87.6998	0.0439	0.5146	0.8255	1.2822	0.1218	0.9292	0.7046	0.0450	0.1383	0.3990	15742.51
2007	1.7129	96.6454	0.0513	0.4730	0.8470	1.2874	0.3544	0.9349	0.7215	0.0423	0.1395	0.4085	18638.36
2008	1.6249	110.4984	0.0491	0.6418	0.8320	1.3475	0.1420	0.9361	0.6820	0.0325	0.1503	0.4093	21496.90
2009	1.5459	120.1385	0.0528	0.6673	0.8570	1.6528	0.3333	0.9321	0.5578	0.0295	0.1415	0.4314	22990.35
2010	1.4965	127.3602	0.0541	0.4594	0.8474	1.6336	0.4592	0.9352	0.6191	0.0269	0.1548	0.4352	27722.31
2011	1.3480	150.5863	0.0563	0.4428	0.8585	1.5866	0.3244	0.9375	0.6183	0.0233	0.1473	0.4388	32318.85

附表 7 福建省相关指标

年份	cluster	qyj	private	bank	save	deep	stock	market	trade	FDI	rd	develop	GDP
1990	1.0318	1.3704	0.1097	0.7813	1.0625	0.7313	0.0000	0.4280	0.3974	0.0266	0.0143	0.3845	522.28
1991	1.0094	1.6850	0.0907	0.7808	0.9490	0.7310	0.0000	0.4780	0.4936	0.0553	0.0131	0.3767	619.87
1992	1.0651	2.1354	0.1074	0.7410	0.8842	0.7516	0.0000	0.5195	0.5664	0.0995	0.0112	0.3800	784.68
1993	1.0415	3.8111	0.0764	0.7234	0.9397	0.6953	0.0417	0.6034	0.5193	0.1483	0.0149	0.3626	1114.20
1994	0.9755	5.9485	0.0680	0.6864	0.8665	0.5806	0.0335	0.6718	0.6389	0.1946	0.0184	0.3409	1644.39
1995	1.1596	8.0279	0.0713	0.6728	0.8105	0.5617	0.0258	0.7217	0.5759	0.1610	0.0226	0.3569	2094.90
1996	1.0493	9.1754	0.0751	0.6711	0.7718	0.5908	0.0865	0.7537	0.5194	0.1365	0.0301	0.3704	2484.25
1997	1.0388	9.3023	0.0799	0.7836	0.7983	0.6097	0.1429	0.7944	0.5184	0.1212	0.0339	0.3760	2870.90
1998	0.9400	10.6172	0.0873	0.7768	0.7597	0.6148	0.1553	0.8090	0.4496	0.1104	0.0241	0.3844	3159.91
1999	0.9047	12.2850	0.0897	0.7960	0.7712	0.6606	0.1819	0.8163	0.4272	0.0976	0.0319	0.3957	3414.19
2000	0.9375	14.2367	0.0842	0.7690	0.7831	0.6478	0.2649	0.8291	0.4667	0.0836	0.0315	0.3973	3764.54
2001	0.9887	16.0782	0.0788	0.7263	0.7926	0.7034	0.2018	0.8570	0.4598	0.0796	0.0332	0.3973	4072.85
2002	1.0350	19.0436	0.0623	0.7630	0.7312	0.6961	0.1717	0.8823	0.5261	0.0787	0.0357	0.3953	4467.55
2003	1.1269	25.0889	0.0415	0.7356	0.7411	0.7700	0.1470	0.9038	0.5867	0.0829	0.0359	0.3913	4983.67
2004	1.3005	31.3828	0.0349	0.7174	0.7297	0.7566	0.1178	0.8913	0.6825	0.0764	0.0314	0.3828	5763.35
2005	1.4114	36.0455	0.0286	0.6813	0.6993	0.7733	0.0875	0.8976	0.6785	0.0777	0.0300	0.3892	6568.93
2006	1.1908	40.8657	0.0188	0.5852	0.7297	0.8502	0.1311	0.9051	0.6560	0.0752	0.0286	0.3986	7614.55
2007	1.4425	45.3077	0.0171	0.8142	0.8033	0.8721	0.5541	0.9312	0.6121	0.0668	0.0257	0.4076	9249.13
2008	1.4312	56.8812	0.0170	0.8192	0.8121	0.8857	0.2062	0.9433	0.5443	0.0643	0.0225	0.4016	10823.11
2009	1.2006	64.3344	0.0132	0.7563	0.8407	1.0101	0.4553	0.9387	0.4446	0.0562	0.0200	0.4126	12236.53
2010	1.2066	72.2177	0.0865	0.6101	0.8319	1.0335	0.4421	0.9426	0.4997	0.0474	0.0244	0.3970	14737.12
2011	1.2625	87.3656	0.0851	0.6452	0.8627	1.0345	0.3031	0.9433	0.5279	0.0406	0.0247	0.3917	17560.18

附表 8　广东省相关指标

年份	cluster	qyj	private	bank	save	deep	stock	market	trade	FDI	rd	develop	GDP
1990	1.1951	3.4798	0.0112	0.9572	1.1104	0.8128	0.0000	0.5976	1.2855	0.0448	0.0461	0.3583	1559.03
1991	1.3432	4.0578	0.0118	0.9648	0.9384	0.7714	0.0379	0.6143	1.4767	0.0513	0.0637	0.3669	1893.30
1992	1.4201	5.0800	0.0181	0.9663	0.7631	0.7411	0.1560	0.6544	1.4814	0.0800	0.0543	0.3601	2447.54
1993	1.4113	6.9713	0.0402	0.9651	0.9000	0.6443	0.2398	0.7240	1.3012	0.1245	0.0799	0.3475	3469.28
1994	1.3795	9.9478	0.0361	0.9466	0.7794	0.5713	0.1422	0.7852	1.8037	0.1753	0.0792	0.3623	4619.02
1995	1.4739	13.1369	0.0344	0.5433	0.7751	0.9263	0.0882	0.8344	1.4634	0.1433	0.1118	0.3655	5933.05
1996	1.4665	14.9102	0.0238	0.5491	0.6963	0.9246	0.2781	0.8533	1.3376	0.1414	0.1327	0.3793	6834.97
1997	1.4550	17.1549	0.0165	0.4621	0.7394	1.0542	0.4005	0.8728	1.3874	0.1249	0.1571	0.3977	7774.53
1998	1.6930	19.8648	0.0220	0.4478	0.7169	1.1138	0.3324	0.8946	1.2597	0.1167	0.1113	0.4067	8530.88
1999	1.6817	22.0709	0.0251	0.5236	0.7314	1.1875	0.3882	0.9067	1.2561	0.1092	0.1556	0.4197	9250.68
2000	1.6035	24.5672	0.0264	0.5286	0.6930	1.0908	0.5745	0.9091	1.3110	0.0943	0.1659	0.4427	10741.25
2001	1.5812	27.8855	0.0281	0.5121	0.6739	1.0876	0.4038	0.9373	1.2134	0.0892	0.1839	0.4605	12039.25
2002	1.4992	33.8097	0.0311	0.5015	0.6634	1.1262	0.3382	0.9441	1.3553	0.0804	0.2030	0.4698	13502.42
2003	1.4537	41.8308	0.0347	0.4899	0.6695	1.1481	0.3077	0.9642	1.4811	0.0814	0.1954	0.4531	15844.64
2004	1.3026	49.9402	0.0354	0.4724	0.6349	1.0353	0.2513	0.9370	1.5669	0.0439	0.2078	0.4434	18864.62
2005	1.3130	56.8626	0.0389	0.4070	0.5797	0.9197	0.1810	0.9424	1.5543	0.0449	0.2150	0.4332	22557.37
2006	1.2840	68.5079	0.0469	0.4019	0.5668	0.8719	0.3293	0.9346	1.5807	0.0435	0.1944	0.4358	26587.76
2007	1.3076	76.3427	0.0482	0.5213	0.5751	0.8426	0.9278	0.9495	1.5172	0.0410	0.1872	0.4430	31777.01
2008	1.2917	88.5439	0.0438	0.5194	0.5640	0.8214	0.3115	0.9560	1.2900	0.0362	0.1760	0.4436	36796.71
2009	1.2574	97.2325	0.0432	0.5415	0.5825	0.9851	0.6757	0.9465	1.0573	0.0338	0.1480	0.4572	39482.56
2010	1.2642	111.2711	0.1440	0.4813	0.5889	1.0019	0.6807	0.9465	1.1547	0.0298	0.1611	0.4501	46013.06
2011	1.4020	123.0515	0.1410	0.5077	0.6007	0.9804	0.4479	0.9462	1.1086	0.0265	0.1453	0.4529	53210.28

附表9　黑龙江省相关指标

年份	cluster	qyj	private	bank	save	deep	stock	market	trade	FDI	rd	develop	GDP
1990	0.9068	0.1722	0.0120	0.9058	1.6856	0.9753	0.0000	0.1948	0.0998	0.0017	0.0342	0.2687	715.20
1991	0.8753	0.2931	0.0119	0.9664	1.4733	0.9908	0.0000	0.1893	0.1306	0.0012	0.0315	0.3170	822.30
1992	0.8357	0.4529	0.0114	0.9512	1.3820	0.9936	0.0000	0.1977	0.1655	0.0059	0.0302	0.3122	959.70
1993	0.7450	0.9876	0.0012	0.7137	1.6382	1.0408	0.0152	0.2416	0.1586	0.0109	0.0347	0.2922	1198.40
1994	0.7012	1.8900	0.0015	0.5552	1.4881	0.9391	0.0260	0.3005	0.1303	0.0184	0.0371	0.2800	1604.90
1995	0.7531	4.0732	0.0020	0.5296	1.1417	0.8920	0.0188	0.3484	0.1001	0.0188	0.0340	0.2870	1991.40
1996	0.7549	5.4083	0.0032	0.5130	1.0400	0.8868	0.0650	0.4158	0.0859	0.0192	0.0303	0.2767	2370.50
1997	0.6634	7.0160	0.0043	0.4679	1.0477	0.9464	0.0797	0.4568	0.0765	0.0228	0.0282	0.2903	2667.50
1998	0.4609	8.8094	0.0043	0.5109	1.0522	1.0290	0.1054	0.5772	0.0600	0.0157	0.0158	0.3111	2774.40
1999	0.4592	10.8049	0.0043	0.6381	1.0288	1.0829	0.1530	0.5693	0.0633	0.0237	0.0258	0.3253	2866.30
2000	0.4484	10.9036	0.0056	0.5528	0.9435	0.9980	0.2919	0.7991	0.0784	0.0218	0.0236	0.3289	3151.40
2001	0.5091	10.9053	0.0073	0.5495	0.8975	0.9907	0.2189	0.8325	0.0826	0.0210	0.0188	0.3484	3390.10
2002	0.4944	11.4647	0.0060	0.5360	0.8554	0.9964	0.2146	0.8433	0.0990	0.0215	0.0186	0.3628	3637.20
2003	0.4485	13.4737	0.0071	0.5849	0.8277	0.9812	0.1740	0.8307	0.1087	0.0210	0.0187	0.3618	4057.40
2004	0.3971	15.1530	0.0074	0.5725	0.7601	0.8502	0.1114	0.8349	0.1183	0.0215	0.0186	0.3516	4750.60
2005	0.3901	17.8534	0.0073	0.5797	0.5963	0.6635	0.0752	0.8842	0.1422	0.0215	0.0169	0.3369	5513.70
2006	0.3617	15.7002	0.0079	0.5142	0.5737	0.6394	0.1010	0.8880	0.1650	0.0219	0.0162	0.3375	6211.84
2007	0.3513	25.7725	0.0059	0.5132	0.5630	0.5992	0.2274	0.8800	0.1852	0.0223	0.0143	0.3509	7103.96
2008	0.3497	33.0196	0.0112	0.5325	0.5040	0.5452	0.0906	0.8448	0.1913	0.0213	0.0130	0.3495	8314.40
2009	0.3681	36.7224	0.0223	0.5088	0.5433	0.6974	0.1672	0.8354	0.1290	0.0188	0.0090	0.3927	8587.00
2010	0.3746	40.9558	0.0273	0.4743	0.5633	0.6973	0.1999	0.8526	0.1665	0.0174	0.0092	0.3724	10368.60
2011	0.3493	46.5185	0.0333	0.4369	0.5966	0.6963	0.1104	0.8833	0.1977	0.0167	0.0138	0.3616	12582.00

附录 · 161 ·

附表10　吉林省相关数据

年份	cluster	qyj	private	bank	save	deep	stock	market	trade	FDI	rd	develop	GDP
1990	1.3479	0.8979	0.0003	0.9834	2.0107	1.1922	0.0000	0.2963	0.1072	0.0068	0.0322	0.2778	425.28
1991	1.0192	0.8237	0.0003	0.9896	1.9960	1.3572	0.0000	0.2847	0.1550	0.0186	0.0258	0.3020	463.47
1992	1.0123	1.0226	0.0005	0.9698	1.8637	1.3654	0.0000	0.3024	0.1900	0.0186	0.0242	0.3050	558.06
1993	0.8257	1.6886	0.0007	0.9671	1.8903	1.3010	0.0340	0.3459	0.2390	0.0280	0.0237	0.2943	718.58
1994	0.7486	5.0922	0.0015	0.6330	1.7992	1.1728	0.0300	0.3735	0.3320	0.0743	0.0231	0.3001	937.73
1995	0.8453	6.2025	0.0008	0.5714	1.6467	1.1456	0.0242	0.3791	0.1994	0.0662	0.0200	0.3148	1137.23
1996	1.0515	7.4933	0.0010	0.5385	1.5502	1.1946	0.1329	0.4342	0.1752	0.0619	0.0171	0.3220	1346.79
1997	1.0593	7.8682	0.0020	0.5163	1.5857	1.3068	0.2891	0.4051	0.1050	0.0566	0.0149	0.3614	1464.34
1998	0.6613	9.4461	0.0021	0.5576	1.5747	1.3435	0.2647	0.3751	0.0868	0.0304	0.0109	0.3563	1577.05
1999	0.5917	9.1289	0.0030	0.6275	1.3382	1.5341	0.3276	0.4034	0.1091	0.0207	0.0168	0.3591	1682.07
2000	0.6025	10.2588	0.0043	0.5324	1.1853	1.3585	0.4589	0.5771	0.1083	0.0209	0.0173	0.4017	1951.51
2001	0.6477	11.9848	0.0095	0.5278	1.1385	1.3339	0.3322	0.6392	0.1223	0.0208	0.0145	0.4050	2120.35
2002	0.7740	12.2990	0.0066	0.5115	1.0623	1.3020	0.2662	0.6302	0.1307	0.0194	0.0134	0.4083	2348.54
2003	0.5830	14.3440	0.0076	0.5236	0.9944	1.2355	0.2596	0.7089	0.1919	0.0157	0.0113	0.4040	2662.08
2004	0.5216	19.1059	0.0193	0.5000	0.9325	1.1003	0.1494	0.7193	0.1801	0.0151	0.0142	0.3919	3122.01
2005	0.5267	22.4796	0.0207	0.4319	0.7805	0.9206	0.1027	0.7868	0.1477	0.0150	0.0118	0.3905	3620.27
2006	0.4975	26.2142	0.0207	0.7253	0.7797	0.9053	0.1666	0.8345	0.1476	0.0142	0.0104	0.3946	4275.12
2007	0.5489	28.5490	0.0156	0.6965	0.8096	0.8148	0.4993	0.8365	0.1482	0.0127	0.0095	0.3833	5284.69
2008	0.5662	36.1557	0.0154	0.8139	0.7601	0.7525	0.1407	0.8545	0.1442	0.0107	0.0085	0.3754	6426.10
2009	0.5874	40.0809	0.0215	0.8290	0.7495	0.8566	0.3404	0.8615	0.1102	0.0107	0.0058	0.3787	7278.75
2010	0.5965	44.0561	0.0749	0.4321	0.7501	0.8314	0.2662	0.8646	0.1316	0.0100	0.0059	0.3589	8667.58
2011	0.6224	51.3479	0.0787	0.4321	0.7473	0.7689	0.2190	0.9034	0.1347	0.0091	0.0056	0.3482	10568.83

附表 11　辽宁省相关数据

年份	cluster	qyj	private	bank	save	deep	stock	market	trade	FDI	rd	develop	GDP
1990	0.9359	2.2978	0.0003	0.7913	1.3774	1.0705	0.0000	0.2702	0.2845	0.0112	0.0925	0.3325	1062.70
1991	0.8555	2.2597	0.0001	0.7857	1.3777	1.1587	0.0000	0.2741	0.2985	0.0139	0.0894	0.3576	1200.10
1992	0.8737	2.6623	0.0002	0.7731	1.2590	1.1172	0.0405	0.2932	0.2868	0.0164	0.0753	0.3642	1473.00
1993	0.9924	4.2903	0.0003	0.5655	1.2759	0.9904	0.0319	0.3051	0.2424	0.0352	0.0756	0.3535	2010.80
1994	1.0821	7.0034	0.0003	0.4915	1.1923	0.9798	0.0151	0.3693	0.3396	0.0498	0.0683	0.3590	2461.80
1995	1.0750	9.9970	0.0003	0.4766	1.0992	1.0316	0.0262	0.3859	0.3286	0.0420	0.0665	0.3620	2793.40
1996	1.0850	12.1335	0.0004	0.4436	1.0256	1.1264	0.0855	0.4196	0.2962	0.0440	0.0616	0.3629	3157.70
1997	1.0359	12.6982	0.0032	0.4400	0.9925	1.1110	0.1930	0.4403	0.2999	0.0512	0.0575	0.3808	3582.50
1998	0.8998	14.8631	0.0027	0.4407	0.9513	1.1437	0.1975	0.4640	0.2717	0.0470	0.0329	0.3852	3881.70
1999	0.8792	15.9746	0.0032	0.5196	0.9221	1.1587	0.2173	0.5279	0.2725	0.0410	0.0533	0.3954	4171.70
2000	0.8697	17.9334	0.0050	0.4731	0.8836	1.1128	0.3742	0.6879	0.3372	0.0453	0.0508	0.3901	4669.10
2001	0.8580	20.2026	0.0091	0.4670	0.8492	1.1121	0.2776	0.7770	0.3274	0.0512	0.0448	0.4069	5033.10
2002	0.8228	23.4817	0.0075	0.4590	0.8220	1.1446	0.2131	0.8012	0.3297	0.0594	0.0406	0.4137	5458.20
2003	0.8470	27.4930	0.0081	0.4378	0.8076	1.2032	0.2057	0.8407	0.3662	0.0770	0.0378	0.4145	6002.50
2004	0.8366	32.8005	0.0175	0.4415	0.7606	1.1620	0.1447	0.8485	0.4272	0.0671	0.0380	0.4215	6672.00
2005	0.8445	39.4388	0.0147	0.4524	0.6650	0.9889	0.0992	0.8728	0.4175	0.0365	0.0361	0.4095	8047.30
2006	0.9579	44.8888	0.0142	0.7944	0.6705	0.9799	0.1946	0.8842	0.4146	0.0513	0.0331	0.4082	9304.50
2007	0.9874	50.0142	0.0134	0.7507	0.6882	0.9319	0.5066	0.8853	0.4050	0.0620	0.0319	0.4019	11164.30
2008	0.9774	56.5225	0.0139	0.8135	0.6472	0.8629	0.1493	0.8516	0.3681	0.0611	0.0303	0.3810	13668.60
2009	1.0329	64.1917	0.0157	0.8041	0.6832	1.0222	0.2844	0.9039	0.2825	0.0693	0.0216	0.3873	15212.50
2010	1.0044	72.6100	0.0207	0.3942	0.6828	1.0126	0.2354	0.9149	0.2959	0.0761	0.0231	0.3711	18457.30
2011	0.9431	81.9857	0.0257	0.3589	0.7405	1.0272	0.1485	0.9380	0.2788	0.0705	0.0217	0.3671	22226.70

附表12 山西省相关数据

年份	cluster	qyj	private	bank	save	deep	stock	market	trade	FDI	rd	develop	GDP
1990	0.6304	1.0073	0.0019	0.9909	1.1361	0.8314	0.0000	0.2730	0.0390	0.0004	0.0198	0.3224	429.27
1991	0.5396	1.1387	0.0016	0.9781	1.1362	0.9238	0.0000	0.2656	0.0005	0.0005	0.0179	0.3489	468.51
1992	0.5462	1.7903	0.0018	0.9762	1.1174	0.9342	0.0000	0.2863	0.0054	0.0054	0.0153	0.3591	551.12
1993	0.6136	2.6993	0.0020	0.9629	1.1190	0.9378	0.0000	0.3274	0.0060	0.0060	0.0150	0.3646	680.41
1994	0.6360	4.2746	0.0018	0.8279	1.1702	0.9702	0.0178	0.3641	0.0875	0.0033	0.0139	0.3705	826.66
1995	0.6409	5.4428	0.0007	0.6211	0.9494	1.1367	0.0187	0.3619	0.1092	0.0050	0.0138	0.3837	1076.03
1996	0.5748	6.2703	0.0010	0.6250	0.9046	1.0991	0.0537	0.4182	0.0778	0.0089	0.0131	0.3820	1292.11
1997	0.6050	6.8926	0.0070	0.7969	0.8508	1.0332	0.1278	0.4615	0.0756	0.0149	0.0107	0.3906	1476.00
1998	0.5400	7.7785	0.0055	0.7960	0.8370	1.0811	0.1519	0.3901	0.0571	0.0126	0.0067	0.3989	1611.08
1999	0.5208	7.9257	0.0056	0.8185	0.8099	1.1452	0.2074	0.6319	0.0639	0.0194	0.0100	0.4329	1667.10
2000	0.5048	7.8207	0.0045	0.8440	0.9333	1.3291	0.3887	0.6788	0.0791	0.0101	0.0102	0.4375	1845.72
2001	0.4945	8.5581	0.0075	0.7459	0.7792	1.1867	0.3058	0.7244	0.0792	0.0095	0.0105	0.4446	2029.53
2002	0.4942	10.3267	0.0063	0.7246	0.7828	1.2488	0.2121	0.7812	0.0823	0.0089	0.0083	0.4270	2324.80
2003	0.5029	12.9361	0.0105	0.6979	0.7588	1.2441	0.2284	0.8435	0.0894	0.0064	0.0079	0.4121	2855.22
2004	0.4747	16.7400	0.0122	0.6678	0.6910	1.1245	0.1864	0.8550	0.1247	0.0021	0.0079	0.3852	3571.37
2005	0.4214	21.2493	0.0113	0.6190	0.5966	0.9996	0.1087	0.8654	0.1074	0.0053	0.0071	0.3808	4230.53
2006	0.4016	25.9590	0.0102	0.6108	0.5583	0.9815	0.4702	0.8758	0.1083	0.0077	0.0063	0.3784	4878.61
2007	0.4075	31.9883	0.0095	0.5218	0.5372	0.8954	1.2550	0.8785	0.1460	0.0169	0.0076	0.3748	6024.45
2008	0.3796	37.5472	0.0093	0.5067	0.4669	0.8148	0.3263	0.8353	0.1366	0.0097	0.0057	0.3772	7315.40
2009	1.7178	40.6327	0.0140	0.4951	0.4978	1.0620	0.8043	0.8700	0.0794	0.0046	0.0057	0.3923	7358.31
2010	0.3303	44.3959	0.0218	0.4484	0.5187	1.0471	0.6792	0.8700	0.0925	0.0053	0.0064	0.3709	9200.86
2011	0.3193	51.0124	0.0199	0.4295	0.5339	0.9939	0.4085	0.8627	0.0848	0.0119	0.0056	0.3525	11237.55

附表 13　河南省相关数据

年份	cluster	qyj	private	bank	save	deep	stock	market	trade	FDI	rd	develop	GDP
1990	0.6291	0.5032	0.0057	0.8233	1.3015	0.8271	0.0000	0.4482	0.0514	0.0005	0.0322	0.2964	934.65
1991	0.6720	0.4861	0.0056	0.8184	1.2545	0.9045	0.0000	0.4685	0.0019	0.0019	0.0281	0.3089	1045.73
1992	0.7126	0.5499	0.0042	0.8055	1.2043	0.8808	0.0000	0.5132	0.0046	0.0046	0.0265	0.2974	1279.75
1993	0.6708	0.7778	0.0050	0.8095	1.1953	0.8234	0.0063	0.5765	0.0119	0.0119	0.0293	0.2925	1660.18
1994	0.7080	1.2355	0.0054	0.7940	1.0636	0.7690	0.0098	0.6523	0.0634	0.0165	0.0319	0.2757	2216.83
1995	0.7408	1.8953	0.0061	0.7910	1.0181	0.7262	0.0173	0.6606	0.0623	0.0134	0.0278	0.2779	2988.37
1996	0.7350	2.8583	0.0068	0.7822	0.9844	0.7333	0.0260	0.7042	0.0450	0.0120	0.0313	0.2805	3634.69
1997	0.7259	3.7004	0.0072	0.7819	1.0150	0.8218	0.0505	0.7236	0.0389	0.0133	0.0270	0.2898	4041.09
1998	0.7486	4.3719	0.0060	0.5550	1.0281	0.9003	0.0831	0.7116	0.0333	0.0119	0.0187	0.3015	4308.24
1999	0.7350	4.8122	0.0045	0.5306	0.9956	0.9251	0.1333	0.7100	0.0321	0.0091	0.0312	0.3129	4517.94
2000	0.7056	5.1066	0.0029	0.4946	0.9166	0.8622	0.2177	0.7721	0.0373	0.0088	0.0290	0.3161	5052.99
2001	0.7106	5.7529	0.0031	0.4835	0.8835	0.8830	0.1634	0.7992	0.0418	0.0054	0.0260	0.3232	5533.01
2002	0.6775	6.8736	0.0018	0.4911	0.8608	0.9202	0.1196	0.7990	0.0439	0.0062	0.0231	0.3278	6035.48
2003	0.6066	8.4101	0.0022	0.4814	0.8431	0.9352	0.1283	0.8222	0.0568	0.0068	0.0198	0.3435	6867.70
2004	0.6163	11.0750	0.0036	0.4737	0.8216	0.8291	0.0854	0.8491	0.0640	0.0085	0.0219	0.3183	8553.79
2005	0.6375	13.6707	0.0031	0.4385	0.7432	0.7022	0.0497	0.8686	0.0599	0.0095	0.0218	0.3005	10587.42
2006	0.7142	15.8766	0.0037	0.4063	0.7455	0.6930	0.0819	0.9015	0.0632	0.0119	0.0234	0.3010	12362.79
2007	0.7542	18.2261	0.0041	0.3910	0.7590	0.6358	0.2263	0.9129	0.0649	0.0155	0.0232	0.3005	15012.46
2008	0.8002	22.9885	0.0088	0.7410	0.6796	0.5754	0.0715	0.9185	0.0674	0.0155	0.0259	0.2830	18018.53
2009	0.8458	28.3686	0.0153	0.7100	0.7008	0.6898	0.1644	0.9011	0.0471	0.0168	0.0202	0.2926	19480.46
2010	0.8557	32.3369	0.0282	0.4236	0.6856	0.6873	0.1903	0.9081	0.0522	0.0183	0.0223	0.2862	23092.36
2011	0.9587	37.3963	0.0411	0.4148	0.6570	0.6500	0.1300	0.8974	0.0783	0.0242	0.0218	0.2967	26931.03

附表 14　湖北省相关数据

年份	cluster	qyj	private	bank	save	deep	stock	market	trade	FDI	rd	develop	GDP
1990	0.9803	0.1669	0.0015	1.0000	1.8024	0.8889	0.0000	0.2694	0.0704	0.0098	0.0373	0.2687	824.38
1991	0.8810	0.3071	0.0013	1.0000	1.6822	0.9309	0.0000	0.2625	0.0887	0.0155	0.0317	0.3002	913.38
1992	0.8823	0.3893	0.0013	1.0000	1.5915	0.9036	0.0138	0.2643	0.0884	0.0211	0.0236	0.3131	1088.39
1993	0.9883	1.0135	0.0015	1.0000	1.4570	0.8757	0.0394	0.3066	0.0969	0.0263	0.0274	0.3333	1325.83
1994	1.0973	2.6019	0.0017	1.0000	1.3382	0.8212	0.0192	0.3873	0.1393	0.0473	0.0264	0.3186	1700.92
1995	1.1701	4.3281	0.0011	1.0000	1.3205	0.8298	0.0162	0.4436	0.1350	0.0439	0.0247	0.3363	2109.38
1996	1.2761	5.5843	0.0018	1.0000	1.3014	0.9094	0.0928	0.5250	0.0952	0.0436	0.0251	0.3439	2499.77
1997	1.3234	6.6407	0.0027	0.8786	1.2306	0.9164	0.2175	0.5834	0.0931	0.0415	0.0228	0.3559	2856.47
1998	1.0038	8.2370	0.0024	0.8962	1.2495	1.0074	0.2363	0.5821	0.0753	0.0517	0.0132	0.3650	3114.02
1999	1.0089	8.9806	0.0036	0.8991	1.1264	0.9823	0.3006	0.5998	0.0687	0.0235	0.0242	0.3904	3229.29
2000	0.9348	8.8468	0.0037	0.9009	0.9780	0.9855	0.5376	0.6473	0.0750	0.0220	0.0231	0.4078	3545.39
2001	0.9094	9.7775	0.0047	0.9039	0.8935	0.9760	0.4252	0.6568	0.0763	0.0258	0.0222	0.4159	3880.53
2002	0.8691	11.7661	0.0051	0.8604	0.8586	1.0237	0.3150	0.7452	0.0777	0.0275	0.0197	0.4263	4212.82
2003	0.7541	14.3551	0.0049	0.5405	0.8354	1.0511	0.2464	0.7028	0.0889	0.0271	0.0192	0.4210	4757.45
2004	0.5753	18.9078	0.0082	0.5089	0.7645	0.9546	0.2056	0.7447	0.0995	0.0304	0.0217	0.4070	5633.24
2005	0.5837	21.3943	0.0067	0.4423	0.6903	0.8573	0.1336	0.7465	0.1130	0.0272	0.0225	0.4030	6590.19
2006	0.5798	24.8410	0.0060	0.4288	0.6719	0.8442	0.2052	0.7470	0.1228	0.0256	0.0211	0.4085	7617.47
2007	0.6218	28.0079	0.0059	0.4193	0.6758	0.8032	0.5541	0.7569	0.1211	0.0225	0.0219	0.4085	9333.40
2008	0.6170	33.5472	0.0069	0.3924	0.6236	0.7473	0.1592	0.7597	0.1261	0.0199	0.0238	0.3943	11328.92
2009	0.6162	37.5400	0.0115	0.3860	0.6660	0.8996	0.3245	0.7748	0.0908	0.0193	0.0201	0.3956	12961.10
2010	0.6587	43.1671	0.0105	0.4755	0.6554	0.8853	0.3171	0.7904	0.1098	0.0172	0.0234	0.3791	15967.61
2011	0.7091	53.4709	0.0105	0.4454	0.6540	0.7978	0.1944	0.8190	0.1103	0.0153	0.0215	0.3691	19632.26

附表 15   湖南省相关数据

年份	cluster	qyj	private	bank	save	deep	stock	market	trade	FDI	rd	develop	GDP
1990	0.7133	0.5238	0.0022	0.8710	1.4028	0.6972	0.0000	0.2471	0.0605	0.0007	0.0583	0.2893	744.44
1991	0.6072	0.4961	0.0022	0.8708	1.3543	0.7474	0.0000	0.2547	0.0879	0.0015	0.0554	0.3004	833.30
1992	0.6263	0.6060	0.0024	0.8340	1.3053	0.7870	0.0000	0.2719	0.1161	0.0072	0.0499	0.3302	986.98
1993	0.7023	1.2313	0.0042	0.8226	1.3089	0.7587	0.0092	0.3421	0.1087	0.0200	0.0486	0.3141	1244.71
1994	0.6911	2.4979	0.0034	0.6845	1.1928	0.7117	0.0044	0.3657	0.1054	0.0170	0.0407	0.3196	1650.02
1995	0.6473	3.1311	0.0038	0.6614	1.1365	0.6633	0.0029	0.3844	0.0790	0.0191	0.0367	0.3171	2132.13
1996	0.6920	3.6977	0.0043	0.6005	1.1101	0.6971	0.0504	0.4498	0.0577	0.0230	0.0316	0.3252	2540.13
1997	0.6171	3.6857	0.0048	0.6246	1.1995	0.7451	0.1261	0.4904	0.0551	0.0267	0.0292	0.3340	2849.27
1998	0.4678	4.0283	0.0046	0.6682	1.0776	0.7517	0.1251	0.3908	0.0488	0.0224	0.0169	0.3550	3025.53
1999	0.5216	4.0349	0.0050	0.6347	0.9483	0.7492	0.1946	0.5209	0.0504	0.0168	0.0274	0.3868	3214.54
2000	0.4917	3.7787	0.0040	0.5908	0.8360	0.6767	0.3230	0.5948	0.0586	0.0159	0.0268	0.4149	3551.49
2001	0.5166	4.6097	0.0047	0.5800	0.8340	0.7276	0.2338	0.6105	0.0596	0.0175	0.0242	0.4158	3831.90
2002	0.5304	5.7469	0.0034	0.5844	0.8227	0.7774	0.1759	0.6593	0.0573	0.0206	0.0209	0.4289	4151.54
2003	0.5023	8.4850	0.0039	0.5785	0.8131	0.8147	0.1502	0.7082	0.0664	0.0264	0.0212	0.4283	4659.99
2004	0.4686	10.3023	0.0058	0.5637	0.7741	0.7547	0.1167	0.6983	0.0798	0.0208	0.0217	0.4305	5641.94
2005	0.5053	12.5597	0.0067	0.5761	0.6939	0.6836	0.0781	0.7542	0.0746	0.0257	0.0213	0.4371	6596.10
2006	0.5108	14.8430	0.0050	0.5552	0.6702	0.6729	0.1311	0.7880	0.0762	0.0269	0.0251	0.4200	7688.67
2007	0.5450	17.0326	0.0071	0.8914	0.6647	0.6396	0.3632	0.8070	0.0781	0.0263	0.0189	0.4063	9439.60
2008	0.5640	20.0140	0.0105	0.9640	0.6415	0.6049	0.1164	0.8296	0.0755	0.0241	0.0174	0.4010	11555.00
2009	0.6166	23.2256	0.0109	0.9226	0.6718	0.7302	0.2616	0.8634	0.0531	0.0240	0.0147	0.4137	13059.69
2010	0.6643	26.1315	0.0213	0.4618	0.6792	0.7184	0.3141	0.8702	0.0620	0.0219	0.0187	0.3971	16037.96
2011	0.7350	30.7090	0.0335	0.4385	0.6924	0.6844	0.2129	0.8961	0.0624	0.0202	0.0182	0.3833	19669.56

附表 16　安徽省相关数据

年份	cluster	qyj	private	bank	save	deep	stock	market	trade	FDI	rd	develop	GDP
1990	0.7064	0.1924	0.0010	0.8986	1.5200	0.6779	0.0000	0.2898	0.0536	0.0007	0.0153	0.2438	658.00
1991	0.7326	0.2147	0.0008	0.8829	1.4125	0.8452	0.0000	0.2971	0.0685	0.0008	0.0120	0.2905	663.60
1992	0.7650	0.3820	0.0008	0.8799	1.4120	0.8504	0.0000	0.3208	0.0760	0.0034	0.0112	0.2967	801.20
1993	0.8536	0.8535	0.0009	0.8814	1.3509	0.7740	0.0451	0.3671	0.0693	0.0139	0.0161	0.2813	1069.80
1994	0.9075	1.3560	0.0010	0.8503	1.2451	0.6965	0.0786	0.4894	0.1070	0.0214	0.0150	0.2940	1488.50
1995	0.9086	2.0897	0.0004	0.8320	1.1507	0.7065	0.0594	0.5158	0.0837	0.0201	0.0139	0.2827	2003.60
1996	1.0346	2.7047	0.0006	0.8402	1.0796	0.7337	0.1500	0.5859	0.0790	0.0180	0.0140	0.2919	2339.30
1997	1.1034	3.4150	0.0024	0.8161	1.1186	0.8121	0.1593	0.6902	0.0738	0.0135	0.0140	0.2930	2669.70
1998	0.5964	4.6647	0.0057	0.8151	1.0740	0.8465	0.1533	0.5954	0.0669	0.0082	0.0097	0.3131	2805.50
1999	0.6151	5.9662	0.0061	0.7696	1.0641	0.8645	0.1720	0.6149	0.0754	0.0103	0.0154	0.3408	2908.60
2000	0.6161	7.4759	0.0042	0.5421	0.9595	0.8218	0.3271	0.6905	0.0911	0.0087	0.0156	0.3629	3041.20
2001	0.5963	8.8047	0.0047	0.5344	0.8961	0.8025	0.2434	0.7388	0.0911	0.0085	0.0129	0.3742	3290.10
2002	0.6165	9.7376	0.0046	0.5385	0.8528	0.8357	0.2174	0.7805	0.0974	0.0087	0.0127	0.3937	3553.60
2003	0.6124	11.6716	0.0054	0.5510	0.8054	0.8602	0.2405	0.7995	0.1238	0.0081	0.0108	0.4124	3973.00
2004	0.5637	13.7765	0.0067	0.5430	0.7731	0.8196	0.1791	0.8272	0.1240	0.0094	0.0106	0.4079	4814.70
2005	0.5885	16.2673	0.0057	0.5335	0.7197	0.8063	0.1327	0.8312	0.1390	0.0105	0.0113	0.3977	5375.12
2006	0.6170	19.7901	0.0071	0.5117	0.7228	0.8396	0.2046	0.8317	0.1588	0.0181	0.0100	0.3887	6148.73
2007	0.6472	21.7039	0.0071	0.5360	0.7188	0.8209	0.5990	0.8829	0.1645	0.0310	0.0113	0.3788	7364.18
2008	0.7039	25.8122	0.0082	0.5104	0.6744	0.7850	0.1961	0.8910	0.1603	0.0274	0.0123	0.3654	8851.66
2009	0.7421	27.8734	0.0136	0.4875	0.6981	0.9231	0.4207	0.8996	0.1061	0.0264	0.0152	0.3639	10062.82
2010	0.8047	33.4847	0.0177	0.4602	0.6998	0.9266	0.4290	0.9377	0.1330	0.0275	0.0216	0.3393	12359.33
2011	0.9169	38.3944	0.0221	0.4358	0.7076	0.8973	0.2778	0.9067	0.1323	0.0280	0.0370	0.3252	15300.65

附表 17　广西壮族自治区相关数据

年份	cluster	qyj	private	bank	save	deep	stock	market	trade	FDI	rd	develop	GDP
1990	0.6834	0.3814	0.0048	0.9608	1.2033	0.7266	0.0000	0.2783	0.0956	0.0032	0.0154	0.3426	449.06
1991	0.6340	0.3938	0.0045	0.8130	1.1077	0.7516	0.0000	0.2880	0.1051	0.0040	0.0164	0.3517	518.59
1992	0.6805	0.4788	0.0036	0.7730	0.9951	0.7720	0.0000	0.3438	0.1397	0.0154	0.0132	0.3497	646.60
1993	0.7010	0.8182	0.0029	0.7214	1.0030	0.7625	0.0368	0.4447	0.1373	0.0576	0.0144	0.3447	871.70
1994	0.7188	1.2664	0.0044	0.6893	0.9129	0.6973	0.0073	0.5519	0.1769	0.0586	0.0159	0.3294	1198.29
1995	0.7093	2.1451	0.0050	0.6355	0.9161	0.7049	0.0082	0.6018	0.1791	0.0373	0.0161	0.3396	1497.56
1996	0.6709	2.3423	0.0055	0.6514	0.8841	0.7088	0.0307	0.6373	0.1386	0.0326	0.0163	0.3390	1697.90
1997	0.6800	2.3881	0.0067	0.7009	0.9074	0.7833	0.0583	0.6593	0.1400	0.0401	0.0154	0.3414	1817.25
1998	0.5292	3.3803	0.0059	0.7623	0.8462	0.7934	0.0675	0.7117	0.1292	0.0384	0.0089	0.3439	1911.30
1999	0.5025	3.9699	0.0074	0.6855	0.8553	0.8721	0.0951	0.7380	0.0736	0.0268	0.0134	0.3659	1971.41
2000	0.5079	4.3490	0.0063	0.6813	0.7110	0.7756	0.2734	0.7719	0.0811	0.0209	0.0125	0.3798	2080.04
2001	0.4844	4.8569	0.0089	0.6715	0.7003	0.7739	0.2067	0.8122	0.0653	0.0139	0.0111	0.4088	2279.34
2002	0.4497	5.8034	0.0058	0.6903	0.6972	0.7691	0.1529	0.8287	0.0797	0.0137	0.0094	0.4259	2523.73
2003	0.4349	7.1773	0.0056	0.6839	0.7308	0.8226	0.1264	0.8363	0.0936	0.0134	0.0089	0.4177	2821.11
2004	0.4084	8.8431	0.0039	0.6562	0.7513	0.8037	0.0982	0.8608	0.1034	0.0071	0.0084	0.3967	3433.50
2005	0.4153	10.5431	0.0024	0.6358	0.7273	0.7673	0.0665	0.8599	0.1066	0.0078	0.0071	0.3918	3984.10
2006	0.4304	12.2556	0.0020	0.6171	0.7231	0.7575	0.0880	0.8758	0.1121	0.0075	0.0064	0.3867	4746.16
2007	0.4572	13.9716	0.0029	0.5665	0.7457	0.7363	0.2430	0.8753	0.1211	0.0089	0.0063	0.3704	5823.41
2008	0.4323	17.8253	0.0055	0.5662	0.7161	0.7216	0.0675	0.8846	0.1310	0.0096	0.0063	0.3603	7021.00
2009	0.4752	18.1749	0.0131	0.4937	0.7636	0.9486	0.1647	0.8915	0.1251	0.0091	0.0048	0.3762	7759.16
2010	0.5231	18.4326	0.0112	0.4945	0.7601	0.9384	0.1590	0.8902	0.1252	0.0065	0.0049	0.3535	9569.85
2011	0.6005	20.1198	0.0068	0.4383	0.7737	0.8880	0.1014	0.8743	0.1286	0.0056	0.0050	0.3411	11720.87

附表 18　海南省相关数据

年份	cluster	qyj	private	bank	save	deep	stock	market	trade	FDI	rd	develop	GDP
1990	0.5377	3.2922	0.0029	0.7629	1.4269	1.5319	0.0000	0.2428	0.4376	0.0470	0.0013	0.3566	102.42
1991	0.6232	4.0620	0.0027	0.7377	1.3544	1.6576	0.0000	0.2893	0.5957	0.0778	0.0015	0.3818	120.52
1992	0.6057	5.7692	0.0025	0.7790	0.7771	1.4574	0.1406	0.2893	0.5053	0.1347	0.0012	0.5032	184.92
1993	0.5563	13.7566	0.0025	0.8096	0.8564	1.4238	0.1555	0.4215	0.5684	0.2319	0.0021	0.4512	260.41
1994	0.5184	17.3202	0.0018	0.7750	0.9417	1.4075	0.1675	0.4997	0.7002	0.2270	0.0017	0.4294	331.98
1995	0.6419	19.4983	0.0005	0.7550	0.9965	1.5263	0.0955	0.6020	0.5213	0.2425	0.0026	0.4291	363.25
1996	0.6438	19.2029	0.0042	0.6740	0.9892	1.6553	0.3978	0.6011	0.4879	0.1685	0.0017	0.4286	389.68
1997	0.6922	19.6776	0.0034	0.6668	1.0184	1.8386	0.6187	0.6701	0.3930	0.1434	0.0037	0.4366	411.16
1998	0.6612	23.1471	0.0037	0.6670	1.0358	1.8092	0.6919	0.6474	0.3575	0.1343	0.0025	0.4403	442.13
1999	0.6760	26.4945	0.0045	0.6983	1.0405	1.8508	0.8954	0.7535	0.2116	0.0841	0.0037	0.4364	476.67
2000	0.5647	26.7997	0.0043	0.7538	0.7004	1.1816	1.4329	0.7874	0.2024	0.0677	0.0034	0.4382	526.82
2001	0.5163	27.2580	0.0025	0.7763	0.7291	1.0992	0.8809	0.7657	0.2519	0.0667	0.0031	0.4292	579.17
2002	0.5602	26.2951	0.0009	1.0159	0.7763	1.0073	0.6696	0.7473	0.2404	0.0659	0.0018	0.4216	642.73
2003	0.5611	33.1043	0.0007	0.8578	0.7391	1.0268	0.5300	0.7110	0.2642	0.0673	0.0020	0.4116	713.96
2004	0.4902	31.4141	0.0015	0.8732	0.7213	0.9775	0.4154	0.6647	0.3435	0.0650	0.0018	0.4091	819.66
2005	0.4835	39.4064	0.0005	0.9436	0.6927	0.9516	0.2768	0.8815	0.2311	0.0610	0.0012	0.4105	918.75
2006	0.4697	45.2186	0.0005	0.5958	0.6565	0.9325	0.4843	0.8475	0.2972	0.0560	0.0011	0.4069	1065.67
2007	0.4194	46.5951	0.0003	0.5517	0.5929	0.8666	1.1776	0.8845	0.4461	0.0679	0.0010	0.4217	1254.17
2008	0.3366	47.5920	0.0008	0.4550	0.5290	0.8115	0.2974	0.9184	0.4863	0.0593	0.0010	0.4281	1503.06
2009	0.2750	50.0648	0.0011	0.4787	0.5564	1.0451	0.6650	0.9191	0.3679	0.0387	0.0011	0.4525	1654.21
2010	0.2827	54.0554	0.0015	0.4585	0.5441	1.0979	0.7298	0.9140	0.3547	0.0496	0.0010	0.4619	2064.50
2011	0.2421	58.6926	0.0021	0.4422	0.6278	1.1075	0.4868	0.9273	0.3266	0.0390	0.0009	0.4554	2522.66

附表 19 四川省相关数据

年份	cluster	qyj	private	bank	save	deep	stock	market	trade	FDI	rd	develop	GDP
1990	1.0126	0.3837	0.0008	0.8281	1.3207	1.0240	0.0000	0.2571	0.0452	0.0008	0.0541	0.2883	890.95
1991	0.9915	0.4352	0.0006	0.8204	1.2657	1.1361	0.0000	0.2709	0.0602	0.0013	0.0582	0.2960	1016.31
1992	0.9456	0.6839	0.0006	0.7938	1.2503	1.2244	0.0000	0.2810	0.0663	0.0039	0.0509	0.3089	1177.27
1993	1.0162	1.2500	0.0007	0.7828	1.2930	1.1995	0.0503	0.3735	0.0687	0.0145	0.0508	0.3071	1486.08
1994	0.9692	2.3893	0.0010	0.6556	1.2098	1.1083	0.0508	0.4277	0.0800	0.0222	0.0493	0.3104	2001.41
1995	1.0023	3.6035	0.0002	0.6046	1.1198	1.1477	0.0634	0.4389	0.0705	0.0097	0.0489	0.3274	2443.21
1996	0.6595	4.5896	0.0373	0.5956	1.0697	1.1699	0.1689	0.4593	0.0622	0.0065	0.0464	0.3293	2871.65
1997	0.6605	3.5751	0.0255	0.4702	1.0774	0.9095	0.3289	0.4743	0.0458	0.0064	0.0348	0.3381	3241.47
1998	0.5883	4.5972	0.0288	0.5366	0.9471	0.9072	0.3112	0.6197	0.0499	0.0120	0.0205	0.3563	3474.09
1999	0.5667	5.6951	0.0053	0.5724	1.0005	1.0754	0.3294	0.6543	0.0560	0.0103	0.0399	0.3764	3649.12
2000	0.5648	6.4896	0.0059	0.5572	0.8981	1.0319	0.4511	0.7137	0.0536	0.0092	0.0338	0.3945	3928.20
2001	0.5683	7.7902	0.0062	0.5636	0.8558	1.0478	0.3680	0.7599	0.0597	0.0112	0.0338	0.4052	4293.49
2002	0.5809	9.9666	0.0056	0.5744	0.8492	1.0918	0.2654	0.7837	0.0783	0.0115	0.0304	0.4114	4725.01
2003	0.5789	12.9387	0.0058	0.5757	0.8169	1.1083	0.2209	0.8176	0.0875	0.0090	0.0271	0.4106	5333.09
2004	0.5767	15.7905	0.0053	0.5813	0.7653	1.0151	0.1624	0.8256	0.0892	0.0091	0.0293	0.3935	6379.63
2005	0.6056	20.6784	0.0050	0.5301	0.6807	0.9131	0.1270	0.8236	0.0877	0.0098	0.0268	0.3841	7385.10
2006	0.6228	23.9555	0.0067	0.5773	0.6637	0.9014	0.2290	0.8546	0.1011	0.0060	0.0319	0.3820	8690.24
2007	0.6901	25.7057	0.0075	0.5301	0.6581	0.8711	0.6316	0.8641	0.1036	0.0107	0.0329	0.3675	10562.39
2008	0.7430	32.1067	0.0083	0.5117	0.5982	0.8859	0.2163	0.8751	0.1215	0.0170	0.0379	0.3620	12601.23
2009	0.7933	36.1726	0.0120	0.5039	0.6278	1.1081	0.4127	0.8799	0.1169	0.0173	0.0356	0.3674	14151.28
2010	0.7843	40.1513	0.0123	0.4742	0.6314	1.1131	0.4363	0.8819	0.1291	0.0237	0.0435	0.3509	17185.48
2011	0.8647	44.6694	0.0131	0.4492	0.6438	1.0707	0.2812	0.9077	0.1468	0.0291	0.0322	0.3336	21026.68

附表 20 陕西省相关数据

年份	cluster	qyj	private	bank	save	deep	stock	market	trade	FDI	rd	develop	GDP
1990	0.8595	0.5715	0.0010	0.8986	1.5200	0.6779	0.0000	0.6873	0.0683	0.0050	0.0327	0.3260	404.30
1991	0.8034	0.6236	0.0008	0.8829	1.4125	0.8452	0.0000	0.6852	0.0925	0.0036	0.0267	0.3287	468.37
1992	0.8068	0.7589	0.0008	0.8799	1.4120	0.8504	0.0000	0.6605	0.1161	0.0048	0.0259	0.3439	531.63
1993	0.7876	1.3819	0.0009	0.8814	1.3509	0.7740	0.0071	0.6097	0.1271	0.0199	0.0341	0.3428	678.20
1994	0.7852	2.1092	0.0010	0.8503	1.2451	0.6965	0.0341	0.5794	0.1644	0.0245	0.0330	0.3609	839.03
1995	0.8722	3.2536	0.0004	0.8320	1.1507	0.7065	0.0224	0.5876	0.1396	0.0261	0.0263	0.3645	1036.85
1996	0.7427	5.0155	0.0006	0.8402	1.0796	0.7337	0.0781	0.5746	0.1220	0.0226	0.0244	0.3709	1215.84
1997	0.6960	6.6992	0.0024	0.8161	1.1186	0.8121	0.1622	0.5297	0.1054	0.0382	0.0397	0.3967	1363.60
1998	0.6735	9.5843	0.0057	0.8151	1.0740	0.8465	0.1905	0.5516	0.1165	0.0170	0.0179	0.4002	1458.40
1999	0.6303	13.0481	0.0061	0.7696	1.0641	0.8645	0.2294	0.5591	0.1044	0.0138	0.0170	0.4123	1592.64
2000	0.5733	16.8499	0.0042	0.5421	0.9595	0.8218	0.3257	0.5686	0.0982	0.0138	0.0154	0.4231	1804.00
2001	0.5629	19.2051	0.0047	0.5344	0.8961	0.8025	0.2167	0.5682	0.0850	0.0145	0.0136	0.4318	2010.62
2002	0.5159	21.8801	0.0046	0.5385	0.8528	0.8357	0.1814	0.5654	0.0817	0.0151	0.0136	0.4276	2253.39
2003	0.4741	21.9953	0.0054	0.5510	0.8054	0.8602	0.1419	0.5636	0.0890	0.0149	0.0108	0.4111	2587.72
2004	0.4358	23.5359	0.0067	0.5430	0.7731	0.8196	0.0846	0.5540	0.0949	0.0137	0.0133	0.3937	3175.58
2005	0.4158	26.6772	0.0057	0.5335	0.7197	0.8063	0.0568	0.5676	0.0953	0.0131	0.0110	0.3932	3933.72
2006	0.4295	27.5731	0.0071	0.5117	0.7228	0.8396	0.0987	0.6031	0.0901	0.0155	0.0110	0.3808	4743.61
2007	0.4332	28.4564	0.0071	0.5360	0.7188	0.8209	0.2115	0.6088	0.0910	0.0158	0.0114	0.3783	5757.29
2008	0.4101	30.9340	0.0082	0.5104	0.6744	0.7850	0.1147	0.5863	0.0791	0.0130	0.0125	0.3691	7314.58
2009	0.4351	45.6649	0.0136	0.4875	0.6981	0.9231	0.2521	0.5466	0.0703	0.0126	0.0108	0.3848	8169.80
2010	0.4160	50.1977	0.0177	0.4602	0.6998	0.9266	0.3062	0.5555	0.0808	0.0122	0.0135	0.3644	10123.48
2011	0.4161	52.9846	0.0221	0.4358	0.7076	0.8973	0.1506	0.5564	0.0755	0.0122	0.0132	0.3481	12512.30

附表 21　云南省相关数据

年份	cluster	qyj	private	bank	save	deep	stock	market	trade	FDI	rd	develop	GDP
1990	0.4111	0.2600	0.0020	0.8778	0.9423	0.6096	0.0000	0.1617	0.0581	0.0003	0.0188	0.2784	451.67
1991	0.3611	0.2596	0.0020	0.8718	0.8949	0.6327	0.0000	0.1655	0.0566	0.0003	0.0146	0.3254	517.41
1992	0.3823	0.2685	0.0019	0.8489	0.8875	0.6695	0.0000	0.1600	0.0598	0.0021	0.0108	0.3440	618.69
1993	0.4678	0.4036	0.0024	0.8347	0.8861	0.6750	0.0092	0.1662	0.0621	0.0072	0.0121	0.3417	779.21
1994	0.4930	0.7436	0.0027	0.7521	0.8140	0.7030	0.0142	0.1549	0.1189	0.0180	0.0110	0.3274	973.97
1995	0.5674	1.1437	0.0023	0.7057	0.7788	0.7663	0.0142	0.1860	0.1312	0.0156	0.0138	0.3188	1206.68
1996	0.4861	1.3720	0.0035	0.7069	0.7759	0.8008	0.0423	0.2033	0.1071	0.0100	0.0152	0.3273	1491.62
1997	0.4905	1.7330	0.0056	0.6854	0.8183	0.9104	0.0727	0.2502	0.0977	0.0083	0.0152	0.3317	1644.23
1998	0.4871	3.3686	0.0071	0.7530	0.8256	0.9554	0.1115	0.3089	0.0878	0.0067	0.0086	0.3398	1793.90
1999	0.4611	4.0900	0.0098	0.7534	0.8091	0.9829	0.1571	0.3382	0.0740	0.0069	0.0129	0.3670	1855.74
2000	0.4601	4.7347	0.0093	0.6909	0.8062	1.0167	0.2585	0.4033	0.0768	0.0054	0.0128	0.3816	1955.09
2001	0.4445	6.7027	0.0100	0.6668	0.7819	1.0476	0.1918	0.4658	0.0794	0.0026	0.0136	0.3980	2074.71
2002	0.4440	7.9070	0.0075	0.6473	0.7748	1.0834	0.1422	0.4915	0.0825	0.0041	0.0101	0.4097	2232.32
2003	0.4060	9.9950	0.0071	0.6236	0.7887	1.1989	0.1263	0.5211	0.0896	0.0056	0.0081	0.4112	2465.29
2004	0.3887	11.7834	0.0074	0.5993	0.7716	1.1483	0.1121	0.6739	0.1048	0.0040	0.0080	0.4077	2959.48
2005	0.3845	14.8319	0.0069	0.5468	0.7757	1.1484	0.0907	0.6998	0.1118	0.0041	0.0080	0.3959	3472.34
2006	0.4042	17.1760	0.0070	0.3451	0.7835	1.2003	0.1788	0.7450	0.1241	0.0060	0.0073	0.3893	4001.87
2007	0.4004	18.7718	0.0081	0.4155	0.7909	1.1962	0.7376	0.8221	0.1408	0.0063	0.0071	0.4001	4741.31
2008	0.3622	25.5338	0.0089	0.4859	0.7833	1.1569	0.1959	0.8538	0.1170	0.0095	0.0057	0.3893	5700.10
2009	0.3471	29.9160	0.0074	0.4955	0.7895	1.4229	0.4225	0.8423	0.0888	0.0101	0.0052	0.4084	6169.75
2010	0.3323	33.8024	0.0070	0.4768	0.7904	1.4673	0.3845	0.8332	0.1253	0.0125	0.0052	0.4004	7224.18
2011	0.3212	38.6094	0.0079	0.4591	0.7889	1.3622	0.2084	0.8609	0.1166	0.0156	0.0048	0.4163	8893.12

附录 · 173 ·

附表22　贵州省相关数据

年份	cluster	qyj	private	bank	save	deep	stock	market	trade	FDI	rd	develop	GDP
1990	0.4082	0.4887	0.0043	0.9412	1.2737	0.7070	0.0000	0.1506	0.0401	0.0009	0.0070	0.2584	260.14
1991	0.5115	0.5666	0.0051	0.9302	1.2533	0.7927	0.0000	0.1366	0.0443	0.0013	0.0061	0.2658	295.90
1992	0.5898	0.7135	0.0068	0.9145	1.2457	0.8532	0.0000	0.1322	0.0550	0.0032	0.0058	0.2843	339.91
1993	0.6231	1.0951	0.0086	0.9068	1.2259	0.8547	0.0000	0.1721	0.0503	0.0059	0.0055	0.3045	417.69
1994	0.6528	1.4906	0.0069	0.9059	1.1541	0.8028	0.0078	0.1862	0.0881	0.0105	0.0062	0.2705	524.46
1995	0.7461	2.1011	0.0072	0.8910	1.0736	0.8070	0.0044	0.2170	0.0894	0.0075	0.0066	0.2655	636.21
1996	0.6397	2.8841	0.0077	0.9006	1.0414	0.8442	0.0454	0.2724	0.0739	0.0036	0.0065	0.2786	723.18
1997	0.6392	3.3829	0.0083	0.8897	1.0689	0.9455	0.1000	0.3028	0.0649	0.0051	0.0074	0.2826	805.79
1998	0.5811	4.3504	0.0109	0.9260	1.0309	0.9793	0.1066	0.3846	0.0600	0.0044	0.0043	0.2924	858.39
1999	0.5807	4.7490	0.0117	0.8737	0.9514	0.9598	0.1434	0.1784	0.0484	0.0036	0.0067	0.3154	937.50
2000	0.5996	5.3196	0.0113	0.7114	0.9622	1.0339	0.2829	0.2072	0.0531	0.0020	0.0075	0.3568	1029.92
2001	0.5751	5.8570	0.0073	0.6987	0.9039	1.0697	0.3477	0.2306	0.0475	0.0021	0.0065	0.3753	1133.27
2002	0.5690	6.2518	0.0062	0.6873	0.9040	1.1291	0.2602	0.2636	0.0460	0.0025	0.0055	0.3863	1243.43
2003	0.5401	7.2616	0.0065	0.6710	0.9028	1.2017	0.1830	0.3170	0.0571	0.0033	0.0048	0.3914	1426.34
2004	0.5262	9.2489	0.0066	0.6627	0.8699	1.2040	0.2119	0.3184	0.0747	0.0032	0.0049	0.3944	1677.80
2005	0.4790	10.5527	0.0055	0.6431	0.8295	1.1642	0.2009	0.3170	0.0581	0.0045	0.0054	0.3991	1979.06
2006	0.4518	12.3336	0.0051	0.5995	0.8170	1.1872	0.4502	0.3420	0.0551	0.0032	0.0060	0.4230	2338.98
2007	0.4252	13.7544	0.0052	0.5442	0.8176	1.1410	0.9569	0.5780	0.0599	0.0033	0.0057	0.4552	2884.11
2008	0.4007	15.8543	0.0056	0.5374	0.7535	1.0708	0.3821	0.6565	0.0657	0.0029	0.0049	0.4639	3561.56
2009	0.4004	17.3284	0.0100	0.5152	0.7895	1.1901	0.6769	0.7004	0.0403	0.0023	0.0037	0.4820	3912.68
2010	0.3867	18.5660	0.0103	0.4768	0.7805	1.2489	0.6723	0.7118	0.0463	0.0043	0.0041	0.4731	4602.16
2011	0.4083	22.3195	0.0109	0.4444	0.7826	1.1999	0.5106	0.7403	0.0553	0.0058	0.0038	0.4878	5701.84

附表 23 新疆自治区相关数据

年份	cluster	qyj	private	bank	save	deep	stock	market	trade	FDI	rd	develop	GDP
1990	0.5069	0.5376	0.0047	0.8192	1.2033	0.8940	0.0000	0.1973	0.0751	0.0013	0.0072	0.2837	261.44
1991	0.4617	0.6117	0.0045	0.8130	1.1077	0.8919	0.0000	0.2134	0.0728	0.0006	0.0064	0.3455	335.91
1992	0.4098	0.8826	0.0036	0.7730	0.9951	0.9452	0.0000	0.2165	0.1029	0.0014	0.0062	0.3484	402.31
1993	0.4641	1.8315	0.0029	0.7214	1.0030	0.9446	0.0000	0.2144	0.1073	0.0062	0.0080	0.3298	495.25
1994	0.3591	2.8701	0.0023	0.6893	0.9129	0.9547	0.0159	0.2474	0.1354	0.0063	0.0090	0.3405	662.32
1995	0.4620	4.2158	0.0050	0.6355	0.9161	1.0350	0.0093	0.2226	0.1463	0.0068	0.0076	0.3561	814.85
1996	0.4216	5.3768	0.0055	0.6514	0.8841	1.1279	0.0733	0.2387	0.1295	0.0061	0.0091	0.3751	900.93
1997	0.4192	6.1400	0.0067	0.7009	0.9074	1.1688	0.1164	0.2473	0.1153	0.0020	0.0072	0.3604	1039.85
1998	0.4086	7.2189	0.0059	0.7623	0.8462	1.1910	0.1889	0.3390	0.1146	0.0016	0.0048	0.3796	1106.95
1999	0.3915	8.2462	0.0074	0.6855	0.8553	1.1922	0.2880	0.3681	0.1256	0.0017	0.0093	0.4077	1163.17
2000	0.4011	10.2676	0.0063	0.6813	0.7110	1.0290	0.5813	0.7560	0.1375	0.0012	0.0075	0.3944	1363.56
2001	0.5008	11.9604	0.0089	0.6715	0.7003	1.0624	0.4493	0.8568	0.0983	0.0011	0.0076	0.4221	1491.60
2002	0.3546	14.6642	0.0058	0.6903	0.6972	1.1169	0.4015	0.8591	0.1382	0.0022	0.0056	0.4369	1612.65
2003	0.2791	18.9338	0.0056	0.6839	0.7308	1.1128	0.3113	0.8783	0.2094	0.0018	0.0050	0.3997	1886.35
2004	0.3412	21.9407	0.0039	0.6562	0.7513	1.0025	0.1856	0.8721	0.2112	0.0017	0.0052	0.3841	2209.09
2005	0.3238	25.7179	0.0024	0.6358	0.7273	0.8725	0.1219	0.8999	0.2498	0.0015	0.0054	0.3569	2604.14
2006	0.3212	30.9317	0.0020	0.6171	0.7231	0.7923	0.2416	0.9060	0.2383	0.0027	0.0053	0.3475	3045.26
2007	0.3439	32.8829	0.0029	0.5665	0.7457	0.7621	0.9010	0.8968	0.2960	0.0027	0.0051	0.3539	3523.16
2008	0.3351	42.2375	0.0055	0.5662	0.7213	0.6757	0.3445	0.9165	0.3689	0.0032	0.0042	0.3398	4183.21
2009	0.3853	43.3627	0.0110	0.4937	0.5526	0.8845	0.7064	0.9035	0.2208	0.0034	0.0033	0.3712	4277.05
2010	0.3854	46.8775	0.0113	0.5025	0.5606	0.9146	0.6614	0.9338	0.2132	0.0030	0.0035	0.3249	5437.47
2011	0.3543	48.3594	0.0125	0.4504	0.6037	0.9486	0.3379	0.9078	0.2230	0.0033	0.0030	0.3397	6610.05

附录 · 175 ·

附表 24　　各地区人均可支配收入

单位：元

地区	1995	1996	1997	1998	1999	2000	2001	2002	2003	2004	2005	2006	2007	2008	2009	2010	2011
北京	5868.40	6885.50	7813.10	8472.00	9182.76	10349.69	11577.78	12463.92	13882.62	15637.84	17652.95	19977.52	21988.71	24724.89	26738.48	29072.93	32903.03
天津	4929.53	5967.71	6608.56	7110.54	7649.83	8140.50	8958.70	9337.56	10312.91	11467.16	12638.55	14283.09	16357.35	19422.53	21402.01	24292.60	26920.86
上海	71.72	8159.00	8439.00	8773.00	10931.64	11718.01	12883.46	13249.80	14867.49	16682.82	18645.03	20667.91	23622.73	26674.90	28837.78	31838.08	36230.48
山东	4264.10	4890.20	5190.80	5380.10	5808.96	6489.97	7101.08	7614.36	8399.91	9437.80	10744.79	12192.24	14264.70	16305.41	17811.04	19945.83	22791.84
江苏	4634.30	5186.00	5765.00	6018.00	6538.20	6800.23	7375.10	8177.64	9262.46	10481.93	12318.57	14084.26	16378.01	18679.52	20551.72	22944.26	26340.73
浙江	6221.00	6956.00	7359.00	7837.00	8427.95	9279.16	10464.67	11715.60	13179.53	14546.38	16293.77	18265.10	20573.82	22726.66	24610.81	27359.02	30970.68
福建	4853.00	5574.00	6144.00	6486.00	6859.81	7432.26	8313.08	9189.36	9999.54	11175.37	12321.31	13753.28	15506.05	17961.45	19576.83	21781.31	24907.40
广东	7438.68	8157.81	8561.71	8839.68	9125.92	9761.57	10415.19	11137.20	12380.43	13627.65	14769.94	16015.58	17699.30	19732.86	21574.72	23897.80	26897.48
黑龙江	3375.00	3768.00	4091.00	4269.00	4595.14	4912.88	5425.87	6100.56	6678.90	7470.71	8272.51	9182.31	10245.28	11581.28	12565.98	13856.51	15696.18
吉林	3174.84	3805.61	4190.61	4206.64	4480.01	4810.00	5340.46	6260.16	7005.17	7840.61	8690.62	9775.07	11285.52	12829.45	14006.27	15411.47	17796.57
辽宁	3691.40	4207.20	4518.10	4617.20	4898.61	5357.79	5797.01	6524.52	7240.58	8007.56	9107.55	10369.61	12300.39	14392.69	15761.38	17712.58	20466.84
山西	3305.98	3702.69	3989.92	4098.73	4342.61	4724.11	5391.05	6234.36	7005.03	7902.86	8913.91	10027.70	11564.95	13119.05	13996.55	15647.66	18123.87
河南	3299.46	3755.44	4093.62	4219.42	4532.36	4766.26	5267.42	6245.40	6926.12	7704.90	8667.97	9810.26	11477.05	13231.11	14371.56	15930.26	18194.80
湖北	4016.30	4350.20	4673.20	4826.40	5212.82	5524.54	5855.98	6788.52	7321.98	8022.75	8785.94	9802.65	11485.80	13152.86	14367.48	16058.37	18373.87
湖南	4705.20	5052.10	5209.70	5434.30	5815.37	6218.73	6780.56	6958.56	7674.20	8617.48	9523.97	10504.67	12293.54	13821.16	15084.31	16565.70	18844.05
安徽	3778.86	4493.00	4599.27	4770.47	5064.60	5293.55	5668.80	6032.40	6778.03	7511.43	8470.68	9771.05	11473.58	12990.35	14085.74	15788.17	18606.13
广西	4792.00	5033.00	5110.00	5412.00	5619.54	5834.43	6665.73	7315.32	7785.04	8689.99	9286.70	9898.75	12200.44	14146.04	15451.48	17063.89	18854.06
海南	4770.00	4926.00	4850.00	4853.00	5338.31	5358.32	5838.84	6822.72	7259.25	7735.78	8123.94	9395.13	10996.87	12607.84	13750.85	15581.05	18368.95
四川	4002.91	4406.09	4763.26	5127.08	5477.89	5894.27	6360.47	6610.80	7041.87	7709.87	8385.96	9350.11	11098.28	12633.38	13839.40	15461.16	17899.12
陕西	3310.00	3810.00	4001.00	4220.00	4654.06	5124.24	5483.73	6330.84	6806.35	7492.47	8272.02	9267.70	10763.34	12857.89	14128.76	15695.21	18245.23
云南	4064.93	4977.95	5558.29	6042.78	6178.68	6324.64	6797.71	7240.56	7643.57	8870.88	9265.90	10069.89	11496.11	13250.22	14423.93	16064.54	18575.62
贵州	3931.46	4221.24	4441.91	4565.39	4934.02	5122.21	5451.91	5944.08	6569.23	7322.05	8151.13	9116.61	10678.40	11758.76	12862.53	14142.74	16495.01
新疆	4151.40	4669.90	4859.20	5131.40	5319.76	5644.86	6395.04	6899.64	7173.54	7503.42	7990.15	8871.27	10313.44	11432.10	12257.52	13643.77	15513.62

附表 25 各地区人均财产性收入

单位：元

地区	1995	1996	1997	1998	1999	2000	2001	2002	2003	2004	2005	2006	2007	2008	2009	2010	2011
北京	61.38	82.72	103.93	108.60	91.91	112.25	105.11	82.44	174.67	146.45	190.44	270.52	530.83	452.75	586.72	655.91	696.64
天津						112.04	108.19	124.08	96.41	123.55	148.15	165.05	233.01	256.87	305.31	333.17	462.28
上海	92.46	61.01	68.72	56.60	68.32	64.68	38.46	94.44	130.05	214.74	292.17	300.26	368.79	369.12	473.4	512.12	633.12
山东	66.6	103	118.9	118.5	108.08	112.52	147.83	79.08	109.78	116.84	151.86	220.66	304.71	346.9	412.76	490.22	615.69
江苏	65.35	84.40	145.92	150.55	112.20	87.45	91.01	99.12	151.13	202.02	240.43	259.57	402.85	307.31	381.71	471.04	667.06
浙江	224	227.62	193	230	179.98	156.44	165.32	202.08	373.97	383.55	552.94	888.78	1,080.28	1,324.94	1,414.52	1,470.13	1,572.34
福建	130.17	136.53	187.63	229.16	176.31	155.55	164.42	146.76	285.75	347.97	447.98	508.74	739.89	952.91	1,172.76	1,420.84	1752.82
广东	297.38	366.88	421.09	383.27	432.77	429.94	491.49	228.48	307.52	371.29	417.25	565.47	649.44	701.25	736.55	956.6	1242.95
黑龙江	47.71	74.51	89.97	46.12	43.59	32.9	30.21	23.4	38.03	46.04	72.97	99.33	98.26	122.83	88.94	102.05	141.26
吉林					31.39	28.38	32.42	68.52	100.76	69.69	80.7	117.26	131.8	97.74	145.73	163.83	235.31
辽宁	39.27	58.26	46.63	45.93	50	49.99	45.68	58.08	63.26	79.35	95.6	146.49	263.73	248.04	239.81	249.59	333.55
山西	54.74	60.61	85.87	101.66	75.81	50.94	37.31	90.48	87.23	141.19	136.38	159.43	187.46	202.31	252.39	198.59	274.09
河南	57.76	148.4	181.96	196.68	210.59	299.93	340.24	74.88	84.64	126.04	95.77	129.72	159.63	156.46	164.85	222.07	286.02
湖北					137.78	136.26	116.43	96	85.03	122.72	112.34	122.79	217.86	244.13	296.63	378.34	357.15
湖南	81.60	86.80	112.00	142.60	153.86	158.79	239.48	111.00	100.65	92.9	195.6	287.22	388.19	316.48	419.17	541.11	770.66
安徽	52.32	72.25	61.79	76.17	69.95	73.21	76.65	106.08	114.37	117.96	124.59	148.27	249.78	293.92	272.87	427.01	569.96
广西	210.62	224.55	289.24	330.74	289.45	305.85	354.32	142.08	169.18	174.2	176.13	189.81	449.41	441.15	493.36	576.87	844.91
海南					90.4	100.81	89.01	226.2	288.08	267.81	198.15	231.24	282.99	396.89	424.46	559.76	715.4
四川					152.68	183.38	199.53	130.44	183.45	197.4	211.41	260.22	297.53	262.9	305.38	378.08	523.24
陕西	95.94	126.82	172.51	213.97	213.69	152.62	53.82	60.72	138.06	138.45	135.15	175.41	121.02	151.46	152.3	187.39	214.18
云南					112.77	178.46	203.65	70.8	86.43	334.41	428.07	467.25	476.78	849.45	1,043.93	1,162.12	1,273.99
贵州	40.42	42.28	45.39	53.62	44.69	40.04	18.71	53.04	55.12	54.21	90.25	120.92	161.3	110.9	134.34	213.83	356.41
新疆	6.05	10.52	3.02	16.88	45.00	38.03	41.49	53.40	76.01	62.95	54.51	58.39	67.97	141.75	115.77	151.94	149.06

附表26　各地区人均全年消费性支出

单位：元

地区	1995	1996	1997	1998	1999	2000	2001	2002	2003	2004	2005	2006	2007	2008	2009	2010	2011
北京	5019.80	5729.50	6531.80	6970.80	7498.48	8493.49	8922.72	10284.60	11123.84	12200.40	13244.20	14825.41	15330.44	16460.26	17893.30	19934.48	21984.37
天津	4064.10	4679.61	5204.29	5471.01	5851.53	6121.04	6987.22	7191.96	7867.53	8802.44	9653.26	10548.05	12028.88	13422.47	14801.35	16561.77	18424.09
上海	5868.00	6763.00	6820.00	6866.00	8247.69	8868.19	9336.10	10464.00	11040.34	12631.03	13773.41	14761.75	17255.38	19397.89	20992.35	23200.40	25102.14
山东	3285.50	3771.00	4040.60	4144.00	4515.05	5022.00	5252.41	5596.32	6069.35	6673.75	7457.31	8468.40	9666.61	11006.61	12012.73	13118.24	14560.67
江苏	3772.28	4057.50	4533.57	4889.43	5010.91	5323.18	5532.74	6042.60	6708.58	7332.26	8621.82	9628.59	10715.15	11977.55	13153.00	14357.49	16781.74
浙江	5263.00	5764.00	6170.00	6218.00	6521.54	7020.22	7952.39	8713.08	9712.89	10636.14	12253.74	13348.51	14091.19	15158.30	16683.48	17858.20	20437.45
福建	4132.00	4568.00	4936.00	5181.00	5266.69	5638.74	6015.11	6631.68	7356.26	8161.15	8794.41	9807.71	11055.13	12501.12	13450.57	14750.01	16661.05
广东	6253.68	6736.09	6853.48	7054.09	7517.81	8016.91	8099.63	8988.48	9636.27	10694.79	11809.87	12432.22	14336.87	15527.97	16857.50	18489.53	20251.82
黑龙江	1674.00	2394.00	2644.00	2703.00	3481.74	3824.44	4192.36	4462.08	5015.19	5567.53	6178.01	6655.43	7519.28	8622.97	9629.60	10683.92	12054.19
吉林	2598.00	3037.32	3408.00	3449.76	3661.68	4020.87	4337.22	4973.88	5492.10	6068.99	6794.71	7352.64	8560.30	9729.05	10914.44	11679.04	13010.63
辽宁	2900.00	3250.00	3468.00	3795.00	3989.93	4356.06	4654.42	5342.64	6077.92	6543.28	7369.27	7987.49	9429.73	11231.48	12324.58	13280.04	14789.61
山西	1640.73	3035.59	3228.71	3267.70	3492.98	3941.87	4123.01	4710.96	5105.38	5654.15	6342.63	7170.94	8101.84	8806.55	9355.10	9792.65	11354.30
河南	2673.95	3009.35	3378.02	3415.65	3497.53	3830.71	4110.17	4504.68	4941.60	5294.19	6038.02	6685.18	7826.72	8837.46	9566.99	10838.49	12336.47
湖北	3433.80	3713.50	3855.60	4074.40	4340.55	4644.50	4804.79	5608.92	5963.25	6398.52	6736.56	7397.32	8701.18	9477.51	10294.07	11450.97	13163.77
湖南	3886.00	4098.00	4317.20	4371.00	4799.51	5218.79	5546.22	5574.72	6082.62	6884.61	7504.99	8169.30	8990.72	9945.52	10828.23	11825.33	13402.87
安徽	3161.41	3607.43	3693.55	3777.41	3901.81	4232.98	4517.65	4736.52	5064.34	5711.33	6367.67	7294.73	8531.90	9524.04	10233.98	11512.55	13181.46
广西	4045.83	4339.42	4452.70	4381.08	4587.22	4852.31	5224.73	5413.44	5763.50	6445.73	7032.80	6791.95	8151.26	9627.40	10352.38	11490.08	12848.37
海南	3760.00	3815.00	3909.00	3832.00	4017.75	4082.56	4367.85	5459.64	5502.43	5802.40	5928.79	7126.78	8292.89	9408.48	10086.65	10926.71	12642.75
四川	3429.00	3733.36	4092.59	4382.59	4499.19	4855.78	5176.17	5413.08	5759.21	6371.14	6891.27	7524.81	8691.99	9679.14	10860.20	12105.09	13696.30
陕西	3048.00	3487.00	3672.00	3861.00	3953.25	4276.67	4637.74	5378.04	5666.54	6233.07	6656.46	7553.28	8427.06	9772.07	10705.67	11821.88	13782.75
云南	3448.27	4007.48	4537.08	5032.67	4941.26	5185.31	5252.60	5827.92	6023.56	6837.01	6996.90	7379.81	7921.83	9076.61	10201.81	11074.08	12248.03
贵州	3250.55	3572.35	3555.69	3799.38	3964.35	4278.28	4273.90	4598.28	4948.98	5494.45	6159.29	6848.39	7758.69	8349.21	9048.29	10058.29	11352.88
新疆	2573.00	2916.00	3328.00	3614.00	4163.98	4422.93	4931.40	5636.40	5540.61	5773.62	6207.52	6730.01	7874.27	8669.36	9327.55	10197.09	11839.40

附表27　各地区人均交通和通信支出　单位：元

地区	1995	1996	1997	1998	1999	2000	2001	2002	2003	2004	2005	2006	2007	2008	2009	2010	2011
北京	235.99	257.02	348.94	369.5	467.87	604.69	768.34	1270.8	1688.08	1562.19	1943.5	2173.3	2328.5	2293.2	2767.9	3420.9	3521.2
天津	221.49	247.15	267.04	258.56	284.19	348.92	585.94	570.36	721.28	787.71	998.01	1092.9	1309.9	1567.9	1968.4	2454.4	2699.53
上海	321	496	397	406	527	691.61	875.35	1114.92	1258.72	1702.86	1983.7	2332.8	3153.7	3373.2	3498.7	4076.5	3808.41
山东	169.2	194.2	236	269.5	272.59	353.61	411.29	538.44	638.22	801.23	902.32	1175.6	1333.6	1410.5	1719.7	2140.4	2203.99
江苏	176.31	233.48	265.23	255.65	302.09	392.38	483.77	499.68	686.47	765.17	1050.9	1203.5	1303	1358	1721.9	1935.1	2262.19
浙江	306	307.82	384	389	514.66	623.05	689	899.28	1223.95	1419.09	2097.4	2492	2473.4	2392.6	3290.6	3437.2	3728.23
福建	187.44	203.65	297.99	346.75	405.14	487.04	559.69	647.88	867.82	1055.59	1048.7	1232.7	1606.9	1777.1	1993.8	2196.9	2470.18
广东	395.52	421.81	484.26	640.56	811.88	1076.8	1075.32	1272.6	1272.78	1754.12	2333.1	2394.7	2966.1	2623.1	2979.9	3419.7	3630.62
黑龙江	111.6	137.3	165.2	185.8	224.65	288.88	318.34	411	499.69	548.39	596.97	665.01	746.03	749.05	922.77	1191.3	1363.62
吉林	112.68	137.4	158.88	172.68	220.69	294.99	344.97	465.36	550.17	643.16	733.5	815.02	873.88	954.96	1305.5	1363.9	1541.37
辽宁	118.12	154.07	162.28	201.87	239.18	307.21	347.47	482.16	631.14	652.4	744.02	797.64	1033.4	1295.7	1493.2	1773.3	1899.06
山西	95.03	144.96	166.02	137.11	201.5	285.25	317.83	406.2	478.09	587	604.35	825.18	1028	931.33	1095.8	1340.9	1487.66
河南	114.35	131.74	171.6	193.65	217	246.24	299.89	477.6	533.86	569.85	636.57	762.08	858.33	915.12	1034	1374.8	1573.64
湖北	142.1	175.41	186.25	214.4	237.6	280.74	336.19	532.08	571.93	600.48	649.87	763.14	903.02	890.12	953.69	1205.5	1382.2
湖南	206.9	210.6	276.7	255.8	321.29	395.65	474.69	596.04	680.21	881.89	801.27	965.09	986.89	971.05	1233.8	1541.4	1975.5
安徽	167.55	196.13	225.3	237.16	250.56	307.87	333.39	462.36	502.72	564.92	676.86	788.25	891.38	920.77	1013.4	1356.6	1365.01
广西	211.41	252.3	265.03	252.37	329.06	372.78	457.24	606.96	608.27	584.12	703.39	785.01	932.87	1376	1598.7	1973	2000.57
海南	114.05	140.55	226.29	265.98	329.65	350.38	349.44	649.8	601.92	701.92	728.29	1154.9	1401.9	1303.5	1548.8	1805.1	1830.8
四川	134.4	131.72	180.54	212.46	240.24	304.52	381.47	501.24	586.79	769.24	827.66	1009.4	1074.9	1121.5	1416.5	1674.1	1757.52
陕西	141.07	167.61	195.05	191.76	230.61	297.66	366.3	485.04	528.62	583.19	630.16	824.46	866.76	967.52	1071.5	1194.8	1502.44
云南	174.78	208.3	237.68	266.48	290.84	421.76	467.6	623.88	763.59	882.19	930.59	1076.9	1034.7	1216.5	1587.2	2039.7	1905.86
贵州	131.93	154.88582	176.84	227.21	254.66	335.28	371.68	460.92	561.22	601.08	625.44	775.07	895.04	871.15	983.13	1270.5	1395.28
新疆	184.87	191.9	204.64	237.15	250.28	331.03	406.72	643.2	601.13	615.19	757.09	765.72	890.3	1003.9	1198.7	1255.9	1377.67

附录 ·179·

附表28　各地区人均医疗保健支出

单位：元

地区	1995	1996	1997	1998	1999	2000	2001	2002	2003	2004	2005	2006	2007	2008	2009	2010	2011
北京	147.76	217.82	297.68	347.9	513.34	588.8	677.66	949.92	994.01	1182.81	1295.76	1322.36	1294.07	1563.1	1389.45	1327.22	1523.32
天津	97.36	141	193.1	229.77	302.87	407.75	435.38	624.96	697.76	823.99	996.35	1049.33	1163.98	1220.92	1273.38	1275.64	1415.39
上海	113	148	197	261	346.93	500.86	557.96	733.44	602.73	761.7	796.82	762.92	857.11	755.29	1002.14	1005.54	1140.82
山东	107.2	147.2	179.9	188.1	219.79	322.6	327.49	407.64	444.04	484.42	579.01	624.06	708.58	799.79	885.16	885.79	938.86
江苏	73.56	94.4	141.67	164.15	211.92	294.39	297.46	376.08	493.8	496.77	579.32	600.69	689.37	794.63	808.37	805.73	962.45
浙江	196	246.32	311	345	435.69	541.06	532.69	667.8	738.49	828.81	831.79	852.27	859.06	933.11	984.62	1033.7	1248.9
福建	64.38	89.74	119.37	160.08	160.77	266	283.24	323.16	348.81	476.75	478.41	513.61	502.41	540.63	591.5	617.36	773.26
广东	205.39	240.97	320.13	290.82	356.27	346.56	392.41	500.88	616.81	649.7	704.9	707.86	752.52	836.39	925.62	929.5	948.18
黑龙江	118.5	173.7	207.3	245.9	277.11	341.85	353.48	415.2	456.29	537.44	613.15	634.3	729.55	864.89	978.79	948.44	1082.96
吉林	101.52	138	160.44	179.28	218.36	336	325.37	430.44	462.12	527.32	675.77	671.44	854.8	914.47	1120.44	1171.25	1108.51
辽宁	106.37	135.6	179.89	220.32	279.81	352.2	378.31	462.84	534.3	541.26	751.16	767.13	879.08	913.13	1018.44	1079.81	1208.3
山西	84.59	145.89	167.2	195.1	208.57	300.81	347.49	364.8	367.47	401.75	538.7	589.97	640.22	769.79	789.92	774.89	851.3
河南	96.67	125.97	159.64	172.84	208.14	280.78	298.74	389.64	443.27	436.53	472.31	520.57	626.55	790.87	875.52	941.32	919.83
湖北	88.42	113.16	148.57	176.3	201.01	208.96	241.87	370.56	397.49	461.4	499.34	517.19	525.32	675.32	694.61	709.58	915.72
湖南	108.7	149.8	161.2	183.9	206.06	270.24	328.63	343.68	391.29	475.61	601.34	632.52	668.53	790.95	784.66	776.85	790.76
安徽	49.21	75.23	92.99	120.16	126.33	181.23	205.13	297.96	318.2	395.74	400.34	441.42	554.44	633.93	716.87	737.05	907.58
广西	99.02	106.33	135.24	136.9	157.78	228.01	253.23	241.68	322.68	461.67	466.04	401.06	542.07	529.36	538.17	625.45	779.08
海南	98.48	125.95	140.16	133.86	171.79	247.31	243.85	301.44	413.95	350.17	351.06	369.33	503.78	536.4	604.15	579.89	783.34
四川	104.99	132.82	141.86	170.34	203.21	266.07	300.26	361.44	425.13	433.36	442.83	449.87	511.78	564.93	648.31	661.03	735.26
陕西	119.78	144.75	178.56	222.91	259.51	336.24	361.18	444.24	491.17	513.27	605.31	612.3	678.38	862.7	863.36	935.38	1100.51
云南	141.24	180.51	209.63	215.35	249.54	291.76	369.63	466.2	545.76	623.22	663.01	600.08	631.7	606.86	708.78	637.89	822.41
贵州	77.91	93.02454	125.43	145.43	153.32	233.28	249.39	265.32	291.82	301.26	403.43	329.77	354.52	471.39	535.43	546.84	578.33
新疆	133.61	145.27	197.97	204.94	235.82	330.54	302.82	341.04	357.64	375.18	499.16	472.35	598.78	643.48	684.01	708.16	912.99

附表29 各地区人均家庭设备用品及服务支出

单位：元

地区	1995	1996	1997	1998	1999	2000	2001	2002	2003	2004	2005	2006	2007	2008	2009	2010	2011
北京	442.51	436.31	652.35	794.1	749.41	1097.82	847.39	636	704.17	823.84	852.18	977.47	981.13	1096.57	1225.68	1377.77	1562.55
天津	376.4	372.27	555.49	705.62	697.33	722.24	806.36	500.4	467.03	497.48	524.2	634.39	760.56	817.18	911.92	1119.93	1174.62
上海	637	614	525	453	893.37	735.75	642.08	653.4	792.51	780.26	800.3	877.59	959.49	1182.24	1365.39	1800.19	1826.22
山东	309.2	323.6	344.3	384.6	550.71	561.15	522.36	396.96	461.09	457.33	503.36	526.29	661.03	806.35	885.04	915	1013.82
江苏	362.8	364.72	401.57	579.34	572.4	570.37	603.36	436.68	452.06	493.53	586.84	647.52	707.31	813.45	923.32	1026.32	1193.81
浙江	638	650.11	649	693	689.73	662.31	926.68	521.52	592.61	596.62	609.18	615.45	666.02	713.31	828.96	916.16	1109.42
福建	255.99	304.75	317.89	346.73	334.12	484.67	488.37	446.16	440.43	435.32	455.36	525.65	645.4	722.17	859.06	972.24	1179.84
广东	546.52	531.97	507.82	515.2	564.56	603.19	556.14	562.56	658.04	592.66	605.12	633.03	853.18	947.54	1052.57	1208.03	1370.28
黑龙江	141	162.5	185.9	200.1	211.88	227.52	259.61	200.76	217	215.07	282.78	319.37	355.67	494.49	547.87	618.76	723.58
吉林	121.56	161.4	177.96	214.8	200.49	232.07	257.73	238.8	245.62	254.33	279.58	318.65	407.35	510.49	543.69	710.28	839.31
辽宁	161.29	167.58	200.15	264.95	246.91	298.66	272.75	274.08	257.41	276.89	304.8	362.1	439.28	507.4	607.51	785.67	929.37
山西	195.08	202.2	237.72	236.39	290.15	356.05	316.99	284.4	314.34	314.82	359.44	441.82	477.74	471.65	563.82	612.59	832.74
河南	220.24	215.52	256.77	280.23	288.55	312.97	333.24	324.48	345.68	332.06	376.27	431.02	549.14	633.32	684.79	866.72	977.52
湖北	261.16	279.58	250.55	289.3	282.84	377.27	347.84	398.04	383.4	334.12	371	401.22	550.16	604.4	759.24	867.33	814.81
湖南	370.7	334.1	327.8	332.2	401.39	544.53	460.15	420.36	420.19	388.15	450.97	513.63	603.18	674.84	798.4	903.81	940.79
安徽	237.37	232.77	209.11	207.68	271.28	301.43	327.36	247.8	257.19	257.01	290.88	336.99	465.68	579.59	589.73	678.75	690.66
广西	384.18	344.15	322.52	320.55	338.65	436.88	480.73	362.76	376.86	397.33	420.66	360.62	491.03	603.84	754.79	853.59	884.85
海南	272.47	222.21	227.27	204.35	202.72	201.76	282.49	304.44	318.99	302.41	304.05	405.81	519.99	565.51	585.72	616.33	729.86
四川	294.52	279.81	310.18	410.4	344.79	418.81	460.55	386.4	399.6	384.08	422.73	505.83	562.02	590.51	679.16	876.34	1020.16
陕西	312.39	318.43	317.33	328.66	447.95	472.63	529.68	436.8	383.48	409	371.81	478.58	513.08	618.16	683.51	723.73	914.26
云南	225.48	284.49	312.46	423.85	369.07	384.15	306.73	311.52	269.57	302.04	291.17	335.14	280.62	331.94	393.22	509.41	570.46
贵州	307.04	285.5472	272.52	337.26	461.61	408.93	361.88	280.92	286.62	286.56	335.68	446.53	463.56	525.7	589.35	673.33	857.55
新疆	236.94	238.71	308.63	263.38	432.46	410.88	440.37	361.32	271.14	292.14	309.97	364.11	475.23	535.31	552.5	669.87	791.43

附表 30　　　　　　　　　　　各地区每百人汽车拥有量

单位：辆

地区	1999	2000	2001	2002	2003	2004	2005	2006	2007	2008	2009	2010	2011
北京	2.5	2.5	2.6	4.05	6.6	12.64	14.06	18.14	19.85	22.7	29.55	33.83	37.71
天津	0	0.2	0.2	1.09	2.2	2.33	3	4.6	5.62	7.6	11.86	15.96	20.62
上海	0	0	0.2	0.25	1.8	3.6	3.8	4.91	9.37	11.34	14.04	16.81	18.15
山东	0.05	0.19	0.34	1.02	1.28	2.51	4.47	6.15	9.4	12.91	16	19.82	28.12
江苏	0	0	0.14	0.15	1.5	1.83	4.29	5.46	6.79	10.39	11.92	13.83	23.92
浙江	0.37	0.48	0.67	1.26	2.98	3.52	8.71	11.03	13.86	19.65	23.72	26.37	33.85
福建	0.39	0.4	0.41	0.72	0.73	1.42	1.7	2.52	4	8.08	9.57	10.97	17.83
广东	0.69	1.7	2.29	3.33	4.37	6.56	9.69	12.9	17.6	19.6	23.31	26.58	30.71
黑龙江	0.11	0.31	0.31	0.72	1.07	0.95	1.51	1.55	2.03	2.36	3.23	3.6	5.29
吉林	0.17	0.45	0.49	0.39	0.57	1.16	1.41	1.97	2.59	3.89	5.95	7.11	11.24
辽宁	0.49	0.4	0.43	0.43	0.58	0.42	1.16	1.56	2.07	4.66	7.23	9	11.15
山西	0.28	0.66	0.52	0.89	1.16	1.23	3.13	4.01	4.66	8.4	10.03	11.53	18.6
河南	0.06	0.1	0.08	0.26	0.54	0.76	1.58	1.61	1.99	4.15	5.03	6.75	14.06
湖北	0.08	0.2	0.2	0.17	0.21	0.31	0.92	1.72	2.81	3.54	4.41	5.53	9.69
湖南	0.23	0.1	0.23	0.33	0.27	0.56	1.1	2.05	2.47	4.1	5.51	7.69	12.82
安徽	0.28	0.65	0.62	0.26	0.18	0.53	0.76	0.88	0.7	2.33	2.76	4.95	9.2
广西	0.44	0.21	0.39	0.53	0.82	0.48	1.88	2.37	3.76	8.49	10.68	13.26	17.24
海南	0	0.83	1	1.36	2.25	2.25	3.52	5.01	5.78	9.57	10.72	11.76	15.82
四川	0.63	0.47	0.87	0.76	0.88	2.14	2.37	2.97	4.01	6.08	6.83	8.6	12.25
陕西	0.14	0.11	0.11	0.24	0.44	0.35	0.44	0.75	1.38	4.5	5.72	7.07	12.22
云南	0.29	1.37	1.04	1.54	2.2	6.91	7.92	8.67	8.85	11.11	14.88	18.26	23.32
贵州	0	0.19	0.4	0.52	0.46	0.38	1.81	2.07	2.01	3.29	4.85	5.96	10.48
新疆	1.11	0.82	0.78	0.46	0.51	0.79	2.81	2.08	1.8	4.62	7.61	8.63	12.32

后　记

　　一本专著的写作，总是反映出笔者对某一知识点的聚焦以及围绕这一焦点不断进行的拓展性的思考。在这一过程中，不同知识点之间的融合、衔接甚至冲突都有可能增加写作的难度，而引申出来的另一个问题则在于，新观点往往不经意间蕴藏其中，新观点刹那间的闪现正是写作灵感的来源，也是写作动力的根本所在。

　　就本书而言，我们将产业集聚理解为企业家集聚，企业家的决策和行为过程决定着其对外部资源整合以及企业内部资源优化配置的效率，这一结果所引发的一系列效应正是集聚的动力，也是区域经济发展的动力源。这一观点发端于笔者在浙江大学攻读博士学位期间关于"企业家能力与资本积累效率"这一主题的研究。通过对大量的中外文献的阅读，才真正理解"企业的企业家"和"企业家的企业"的含义。

　　如果把产业集聚理解为一种现象，那么产业集聚表现出来的无非是大量同类型企业在特定区域的共生以及围绕着这些企业不断衍生出来的上下游企业所形成的完整产业链；如果把产业集聚理解为一种过程，那么特定产业在特定区域的形成和发展为什么没有出现在其他区域是一个重要的问题。无论是把产业集聚理解为现象还是过程，都离不开企业家这一能动性最强的要素所实施的创造性破坏的过程对产业集聚形成的作用。可以说，企业家的活力、能力和动力决定着产业集聚区的活力、能力和动力。随着相关研究在《世界经济》、《中国工业经济》和《浙江大学学报》的发表，笔者增强了进一步深化研究企业家在经济过程中的作用的想法，而将企业家、金融市场与产业集聚加以联系正是本书的出发点。

　　如果说企业家是产业集聚的原动力，金融市场则在企业家与产业集聚过程中起着重要的联结作用。金融市场的完善程度对企业家显现、企业家精神激发、企业家动力提升和企业家能力拓展起着重要作用。在创新金融资源配置方式，协调金融内部发展结构，充分发挥金融体系的筹资融资、资源配置、价值增值、信息揭示和传递、风险管理、监督激励等多种功能，构建和完善一个多元化、多层次的企业家精神金融支持体系过程中，金融制度的创新和不断多元化对企业家的创业活动和经济发展具有举足轻重的作用，这不仅仅是因为制度的创新和多元化更好地满足了企业家对资本投资的融资需求，更为重要的是，金融制度的创新和多元化本身可以甄别企业家精神的社会选择过程，这一创新不仅将有财富但风险偏好不同的人区别开来，而且将企业家的类型也区别开来了，从而使投资者与企业家可以更好地进行联结。

将企业家与金融市场的联结纳入产业集聚分析框架，可以说是本人对于产业集聚研究的一个总结，但同样也是本人的担心所在：书中的观点能否得到读者的认可尚未可知，由此引发的观点冲突也在所难免，但这正是学术发展的动力，为本人今后进一步研究这一问题提供思路，这也大概是经济学研究者深感经济学之美的原因吧。

当然，一本专著的完成离不开他人的帮助，浙江工商大学李永刚教授关于企业家形成方式的阐述为本书关于企业家显现过程的分析提供了有力的帮助。浙江省经济学会青年论坛的讨论提升了本书的学术水平，尤其是浙江大学潘士远教授对模型设定的建议进一步避免了理论过程中可能出现的问题。同时，感谢教育部人文社科青年项目和浙江省社科基金为本书出版提供资助；感谢教育部人文社科重点基地浙江工商大学现代商贸研究中心和浙江省人文社科重点研究基地浙江工商大学应用经济学研究项目的支持。

最后，还要感谢中国社会科学出版社的侯苗苗老师，是她的耐心和严谨使得本书得以顺利出版并增色不少，对于书中仍然可能出现的错误皆由作者自负。

王永齐
2015年11月7日于杭州